东北财经大学会计学系列配套教材

国家重点学科
国家级特色专业 / 国家级—
省级精品课程

7th Edition

第7版

Cost Accounting: Exercises and Cases

成本会计

习题与案例

万寿义 任月君 李日昱 主编

东北财经大学出版社
Dongbei University of Finance & Economics Press
大连

图书在版编目（CIP）数据

成本会计习题与案例 / 万寿义，任月君，李日昱主编. —7版. —大连：东北财经大学出版社，2025.7. —（东北财经大学会计学系列配套教材）. —ISBN 978-7-5654-5709-8

Ⅰ. F234.2

中国国家版本馆CIP数据核字第2025S79D11号

成本会计习题与案例
CHENGBEN KUAIJI XITI YU ANLI

东北财经大学出版社出版
（大连市黑石礁尖山街217号　邮政编码　116025）
网　　址：http://www.dufep.cn
读者信箱：dufep@dufe.edu.cn

大连东泰彩印技术开发有限公司印刷　　东北财经大学出版社发行

幅面尺寸：148mm×210mm　　字数：350千字　　印张：11.75
2025年7月第7版　　2025年7月第1次印刷

责任编辑：李　彬　王芃南　　责任校对：何　群
封面设计：张智波　　版式设计：原　皓

书号：ISBN 978-7-5654-5709-8　　定价：35.00元

教学支持　售后服务　　联系电话：（0411）84710309

如有印装质量问题，请联系营销部：（0411）84710711

第7版前言

为了适应高等院校会计学、财务管理等专业成本会计课程教学的需要，我们根据东北财经大学出版社出版的“东北财经大学会计学系列教材”中的《成本会计》(第7版)(万寿义、任月君主编，2025年6月出版)，并依据财政部发布的《企业会计准则》和《管理会计应用指引》组织编写了《成本会计习题与案例》(第7版)一书。本书不仅适合高等院校会计学、财务管理等管理类和经济类专业本科、专科学生学习使用，还可作为从事成本会计实际工作的人员学习成本会计及各类教育培训的教材使用。

本书在编写过程中强化思政引领，认真落实党的二十大关于高等教育的各项要求，力求适应高等院校会计学、财务管理专业的特点，满足学生自学的需要，在编写体例、内容方法等方面进行了有益的探索。学生在接受课堂教学及其他教学方式的学习之后，通过阅读本书，能全面掌握成本会计课程的主要内容。

在本书编写过程中，得到了作者所在单位东北财经大学会计学院许多教师的大力支持，部分教师还对本书提出了有益的修改意见，在此表示衷心的感谢！

本书由万寿义、任月君、李日昱教授任主编。具体分工情况如下：第一章、第三章、第十三章、第十五章和第十九章由任月君教授编写；第二章、第十章、第十一章和第十四章由李日昱教授编写；第四章、第五章、第六章、第七章、第八章、第九章和第十二章由万寿义教授编写；第十六章和第二十章由崔刚副教授编写；第十七章和第十八章由周萍副教授编写。初稿完成后，主编对全书进行了修改和总纂。

由于作者水平有限，书中难免存在不足之处，诚请读者批评指正。

编　者

2025年4月

目　录

第一章　总论

一、学习目的与要求

通过本章学习，了解成本的作用及降低成本的意义和途径，一般性了解成本的理论含义；掌握产品成本、期间成本等相关概念；熟练掌握成本开支范围，重点掌握成本的几种主要分类，包括成本按其经济用途或职能的分类，成本按其与特定产品关系的分类。

二、预习要览

（一）关键概念

1. 理论成本	2. 期间成本
3. 制造成本	4. 非制造成本
5. 直接成本	6. 间接成本
7. 变动成本	8. 固定成本
9. 半变动成本	10. 半固定成本

（二）关键问题

1. 商品价值的组成内容是什么？

2. 成本的经济内涵是什么？

3. 成本开支范围是什么？哪些开支不能计入产品成本？

4. 成本按其经济用途或职能划分可分为哪几类？这种分类的作用是什么？

5. 成本按其与特定产品的关系可分为哪几类？这种分类的作用是什么？

6. 成本按其习性或可变性可分为哪几类？这种分类的作用是什么？

7. 成本按可控性可分为哪几类？这种分类的作用是什么？

8. 成本的作用是什么？降低成本的途径有哪些？

三、本章重点与难点

☞ 成本的经济内涵

☞ 成本开支范围

☞ 商品价值的组成内容

☞ 成本按其经济用途或职能进行的分类及其作用

☞ 成本按其与特定产品的关系进行的分类及其作用

（一）成本的含义

1.产品成本的经济内涵

成本是一个价值范畴，是商品价值的主要构成部分。马克思从耗费角度，指明了成本是由物化劳动和活劳动中必要劳动的价值组成的。因此，成本是商品价值的最重要组成部分，它既是生产中耗费的反映，又是生产耗费补偿的尺度。

社会主义社会商品价值的组成内容包括：（1）生产经营过程中耗费的生产资料价值（c）；（2）劳动者为自己劳动所创造的价值（v）；（3）劳动者为社会劳动创造的价值（m）。其中c+v，即商品价值中物化劳动转移价值和活劳动中必要劳动所创造价值的货币表现，就是社会主义制度下成本的经济内涵，也称为理论成本。

为了使企业成本计算口径一致，国家规定了成本开支范围。按有关规定可计入成本的各项支出包括：（1）为制造产品而消耗的原材料、辅助材料、外购半成品和燃料等；（2）为制造产品而耗用的动力费用；（3）企业生产单位人员发生的职工薪酬；（4）生产用固定资产的折旧费用；（5）企业生产单位因生产发生的废品损失，以及季节性、修理期间的停工损失；（6）生产单位为管理和组织生产而发生的办公费等各项费用。

2.期间成本的含义

期间成本是与产品生产活动没有直接联系的成本。我国《企业会计准则》规定，期间成本包括销售费用、管理费用和财务费用。

（二）成本的分类

1.成本按其经济用途或职能可分为制造成本和非制造成本

制造成本是指产品在制造过程中发生的成本，一般包括直接材料、直接人工和制造费用三个项目。非制造成本是与产品制造过程没有联系的非生产性耗费，包括销售费用、管理费用和财务费用三类。

2.成本按其与特定产品的关系可分为直接成本和间接成本

直接成本是指与某一特定产品之间具有直接联系，能够经济而又方便地直接计入该产品的成本。构成产品实体的原材料成本、生产工人工资等，均属于直接成本。只生产一种产品的企业，所有产品成本都是直接成本。

间接成本是指与某一特定产品之间没有直接联系，或者虽有直接联系但不能用经济合理的方式计入成本对象的成本。车间管理人员工资、厂房的折旧等，都属于间接成本。

区分直接成本与间接成本，并非单纯按成本项目或费用的性质来决定，还应考虑以下几点：第一，该项成本占产品成本比重的大小；第二，计算技术水平；第三，生产设备布局；第四，生产工人工资制度和原材料利用方式；第五，企业生产特点。

将成本划分为直接成本和间接成本，对于正确计算产品成本是十分重要的。凡是直接成本必须根据原始凭证直接计入该种产品的成本，对于间接成本则要选择合理的分配标准和方法分配给相关产品。

3.成本的其他分类

除了前两种分类方法外，成本还可有多种分类方法。例如，成本按其习性或可变性可分为变动成本、固定成本和混合成本；按成本是否与决策相关可分为相关成本和无关成本；按成本可控性可分为可控成本和不可控成本。

（三）成本的作用、意义及降低成本的途径

在社会主义市场经济条件下，成本的作用包括：（1）成本是生产耗费的补偿尺度；（2）成本是反映企业工作质量的一个综合指标；（3）成本是制定价格的重要依据；（4）成本是进行经营预测、决策和分析的重要依据。

降低成本的意义在于：（1）降低产品成本可以提高企业的经济效益，增加利润；（2）降低产品成本可以节约人力、物力，可以用最少的人力和物力，生产出较多的产品；（3）降低产品成本是降低产品价格的重要条件；（4）降低产品成本可使企业生产规模不断扩大。

降低成本的途径有：（1）提高劳动生产率；（2）节约材料消耗；（3）控制生产损失；（4）控制制造费用；（5）采用高新技术；（6）优化企业价值链，实现集团优势。

四、练习题

（一）单项选择题

1.社会主义制度下成本的经济内涵是（　　）。

A.已耗费的生产资料的转移价值

B.劳动者为自己劳动所创造的价值

C.劳动者为社会劳动所创造的价值

D.已耗费的生产资料的转移价值和劳动者为自己劳动所创造的价值

2.下列各项中可以列入产品成本的开支是（　　）。

A.购置和建造固定资产的支出

B.购置和建造无形资产的支出

C.废品损失和停工损失

D.企业行政管理部门发生的各项费用

3.实际工作中的成本开支范围与理论成本包括的内容（　　）。

A.是有一定差别的　　B.是完全一致的

C.是完全不同的　　D.是可以相互替代的

4.产品成本按其经济用途分类，一般可分为（　　）。

A.外购材料　　B.工资和提取的职工福利费

C.制造成本和非制造成本　　D.其他支出

5.下列各项中应计入管理费用的是（　　）。

A.企业专设销售机构人员的工资

B.销售产品发生的广告费用

C.企业的职工教育经费

D.生产单位管理和组织生产发生的各项费用

6.下列各项中属于产品成本项目的是（　　）。

A.原材料　　B.外购燃料

C.外购动力　　D.折旧费用

7.下列各项中属于直接生产成本的是（　　）。

A. 辅助生产工人的工资及福利费

B. 基本生产工人的工资及福利费

C. 车间管理人员的工资及福利费

D. 生产车间的办公费用

8.下列各项费用中，计入产品成本的是（　　）。

A.管理费用　　B.制造费用

C.销售费用　　D.财务费用

9.按成本习性或可变性可将成本分为（　　）。

A.直接成本和间接成本　　B.变动成本和固定成本

C.可控成本和不可控成本　　D.机会成本和差别成本

10.构成产品制造成本的项目是（　　）。

A.燃料和动力费用　　B.管理费用

C.销售费用　　D.固定资产重置费用

（二）多项选择题

1.生产过程中发生的各种耗费包括（　　）。

A.劳动对象方面的耗费　　B.劳动手段方面的耗费

C.活劳动方面的耗费　　D.对外投资的支出

E.其他方面的支出

2.产品成本开支范围包括（　　）。

A.行政管理部门为管理和组织生产而发生的各种管理费用

B.为制造产品而消耗的材料费用

C.为制造产品而消耗的动力费用

D.生产过程中发生的废品损失

E.生产单位为管理组织生产而发生的费用

3.产品成本项目包括（　　）。

A.废品损失　　B.直接人工

C.制造费用　　D.应付职工薪酬

E.管理费用

4.以计算产品成本和确定损益为目的，成本的分类形式有（　　）。

A. 按经济用途或职能分类

B. 按成本与特定产品的关系分类
C. 按成本的习性或可变性分类
D. 按成本与决策的相关性分类
E. 按成本可控性分类
5. 成本在企业经济管理中的作用包括（　　）。
A. 生产耗费的补偿尺度
B. 制定价格的重要依据
C. 进行经营预测的重要依据
D. 进行经营决策和分析的重要依据
E. 反映企业工作质量的一个综合指标
6. 降低产品成本的途径包括（　　）。
A. 控制工资费用
B. 降低材料采购成本
C. 控制制造费用
D. 控制管理费用
E. 控制废品损失
7. 降低产品成本的意义是（　　）。
A. 可以节约劳动耗费，增加产量
B. 可以提高经济效益
C. 是降低产品价格的重要条件
D. 可以提高劳动生产率
E. 可以降低各项间接费用
8. 以规划成本和控制成本为目的，成本分类形式有（　　）。
A. 按经济用途或职能分类
B. 按成本与特定产品的关系分类
C. 按成本的习性或可变性分类
D. 按成本与决策的相关性分类
E. 按成本可控性分类
9. 与决策相关或无关的各种成本有（　　）。
A. 差别成本
B. 机会成本
C. 重置成本
D. 沉没成本
E. 专属成本
10. 不能计入产品成本的下列各项支出有（　　）。

A. 生产单位发生的低值易耗品摊销费

B. 生产单位购建固定资产的支出

C. 生产单位发生的季节性停工损失

D. 生产单位因违约而支出的违约金

E. 生产单位超过标准支付的生产工人工资

（三）判断题

1. 成本的经济内涵，就是生产过程中所耗费生产资料转移价值的货币表现。（ ）

2. 产品成本不仅包括物化劳动和活劳动所创造的价值，而且包括劳动者为社会劳动所创造的价值。（ ）

3. 为了保持成本的可比性，应由国家统一规定产品成本开支范围。（ ）

4. 废品损失不应计入产品成本。（ ）

5. 期间费用是企业在生产经营过程中发生的费用，应在其发生时计入产品成本。（ ）

6. 生产费用按经济用途所进行的分类称为生产费用要素。（ ）

7. 直接成本是为某一特定产品所消耗，可以直接计入该产品的成本。（ ）

8. 制造费用是企业在生产过程中发生的各项可以直接计入产品成本的费用。（ ）

9. 企业除对外投资的支出和分配给投资者的利润支出外，其他各项支出均可计入成本中。（ ）

10. 废品损失可以计入产品成本，但季节性和修理期间发生的停工损失不能计入产品成本。（ ）

11. 成本按经济用途进行的分类，是最基本的分类。（ ）

12. 差别成本、机会成本应与企业发生的其他各项成本一样，根据其发生的地点和用途分别记入相关账户中。（ ）

13. 变动成本是指在一定期间和一定业务量范围内，其总额不随着业务量变动而变动的成本。（ ）

14. 混合成本兼有固定成本和变动成本两种性质。（ ）

15. 将成本按其习性或可变性分为变动成本和固定成本，是为了便

于计算产品成本。 ( )

16.废品损失虽然不是生产产品所必需的支出，但是可以按规定计入产品成本。 ( )

17.企业发生的各项费用支出标准，可由企业自行确定。 ( )

18.按成本计算模式分类，可将成本分为实际成本计算模式和标准成本计算模式。 ( )

五、案例

某企业在本会计期间内发生的部分经济业务内容如下：

（1）为制造产品消耗了材料费用250 000元，消耗的全部材料均为前期储备材料。

（2）为制造产品支付了工资费用150 000元。

（3）生产设备和生产用房屋计提折旧费用80 000元，行政管理部门办公设备和办公用房屋计提折旧费用30 000元。

（4）生产过程中发生废品损失5 000元。

（5）购买新的生产设备支付银行存款500 000元。

（6）租用生产用厂房，以银行存款支付本月租金9 000元。

（7）对外投资支付现金20 000元。

（8）向投资者分配利润30 000元。

（9）以现金支付财务部门办公费用4 000元。

（10）以银行存款支付广告费50 000元。

（11）因违反税法有关规定被处罚，支付现金6 000元。

（12）支付财产保险费8 000元，其中生产车间保险费5 000元，行政管理部门保险费3 000元。

（13）支付本期利息支出600元。

（14）支付生产车间水电费1 000元。

（15）向长期合作单位捐赠现金40 000元。

该企业将上述各项支出，按照其用途分别计入当期生产的甲、乙两种产品成本中。

要求：对该企业的上述会计处理进行评述，并说明原因。

◆ **案例参考答案**

本案例的处理涉及成本开支范围问题。

为了使企业成本计算口径一致，国家规定了成本开支范围。综合有关财务制度规定，可以计入产品成本的各项支出包括：（1）为制造产品而消耗的材料费用；（2）为制造产品而耗用的动力费用；（3）企业生产单位人员发生的职工薪酬；（4）生产用固定资产发生的折旧费用；（5）企业生产单位因生产原因发生的废品损失，以及季节性、修理期间的停工损失；（6）生产单位为管理和组织生产而发生的办公费等各项费用。但是，下列各项支出不能计入产品成本：一是购置和建造固定资产、无形资产和其他长期资产的支出。这些支出属于资本性支出，不能一次列入成本或当期费用，只能按期逐月摊入；二是对外投资的支出和分配给投资者的支出；三是被没收的财物，支付的滞纳金、罚款和捐赠支出等；四是公积金支出。

按照上述规定，对该企业发生的各项支出分析评述如下：

（1）为制造产品消耗的材料费用250 000元，虽然消耗的全部材料均为前期储备材料，但因在本期用于产品生产，符合产品成本开支范围的规定，故应计入产品成本中。

（2）为制造产品支付的工资费用150 000元，符合产品成本开支范围的规定，故应计入产品成本中。

（3）对于生产设备和生产用房屋计提的折旧费用80 000元，符合产品成本开支范围的规定，故应计入产品成本中；而行政管理部门办公设备和办公用房屋计提折旧费用30 000元，应计入管理费用，从当期利润中一次扣除，与产品成本没有关系。

（4）生产过程中发生的废品损失5 000元，虽然它不能形成产品的价值，但为了促使企业加强成本核算，应当将其计入产品成本中。

（5）购买新生产设备支付的银行存款500 000元，是一项资本性支出，不能计入当期产品成本中，而应在该项资产投入使用后，按照合理的方式分期转入各期的成本费用中。

（6）支付生产用厂房本月租金9 000元，属于生产车间发生的管理和组织生产的费用，可先记入制造费用科目，待会计期末时选择合理的分配方法分配计入产品生产成本中。

（7）对外投资支付的现金20 000元，不符合产品成本开支范围的规定，故不应计入产品成本中。

（8）向投资者分配的利润30 000元，属于企业利润分配，与生产过程没有关联，不符合产品成本开支范围的规定，故不应计入产品成本中。

（9）以现金支付财务部门办公费用4 000元，应计入管理费用，而不应计入产品成本中。

（10）以银行存款支付广告费50 000元，应计入销售费用，而不应计入产品成本中。

（11）因被罚款支付的现金6 000元，应计入营业外支出中，与产品成本没有关系。

（12）支付财产保险费8 000元，其中生产车间保险费5 000元，行政管理部门保险费3 000元。生产车间保险费5 000元虽然不形成产品价值，但按规定应先计入制造费用，会计期末时选择合理的分配方法分配计入产品生产成本中；但支付的行政管理部门保险费3 000元，应计入管理费用中。

（13）支付本期利息支出600元，应计入财务费用，不应计入产品成本中。

（14）支付生产车间水电费1 000元，符合产品成本开支范围的规定，故应计入产品成本中。

（15）向长期合作单位捐赠现金40 000元，与产品成本没有关系，不应计入产品成本中。

第二章　成本会计的发展、职能与分类

一、学习目的与要求

通过本章学习，了解成本会计的形成和发展，一般性了解成本会计三个发展阶段的主要特点和当代成本会计的发展趋势；掌握现代成本会计发展阶段的主要内容和成本会计的任务；熟练掌握成本会计的种类；重点掌握成本会计的七大职能。

二、预习要览

（一）关键概念

1. 适时制
2. 全面质量管理
3. 战略管理
4. 基准管理
5. 持续改进
6. 限制理论
7. 成本企划
8. 成本预测
9. 成本决策
10. 成本计划
11. 成本控制
12. 成本核算
13. 成本分析
14. 成本考核
15. 目标成本
16. 实际成本制度
17. 估计成本制度
18. 标准成本制度
19. 全额成本计算模式
20. 变动成本计算模式

（二）关键问题

1. 早期成本会计阶段取得的成果有哪些？
2. 近代成本会计阶段取得了哪些进步？
3. 新型的着重管理的经营型成本会计有哪些内容？

4. 新制造环境对成本会计有哪些冲击?

5. 管理理论与方法的创新对成本会计有哪些影响?

6. 何谓成本会计“七大职能”?

7. 标准成本制度与估计成本制度有何异同?

三、本章重点与难点

☞ 成本会计的种类

☞ 成本会计的七大职能

☞ 现代成本会计发展阶段的主要内容

☞ 管理理论与方法的创新对成本会计的影响

(一)成本会计的形成和发展

多数学者认为，成本会计经历了三个阶段：

(1)早期成本会计阶段(1880—1920年)：成本会计仅限于对生产过程的生产消耗进行系统的记录和计算，也称记录型成本会计。这时的成本会计主要有以下工作：建立材料的核算和管理办法；建立工时记录和人工成本计算办法；建立间接制造费用的分配办法。制造业采用了分批法和分步法计算产品成本，形成了一些有影响的成本会计专著，建立了一些成本会计工作组织。

(2)近代成本会计阶段(1921—1945年)：标准成本制度产生，预算控制进一步完善，成本会计形成了独立学科，应用范围更加广泛。

(3)现代成本会计阶段(1945年以后)：成本会计发展重点由事中控制、事后计算和分析转移到事前预测、决策和规划，形成了新型的着重管理的经营型成本会计。开展成本的预测和决策、实行目标成本计算、实施责任成本计算、试行变动成本计算法、推行质量成本计算、应用了作业成本计算法，电子计算机在成本会计中得到了广泛运用。

(二)当代成本会计的发展趋势

管理理论与方法的创新对成本会计的影响主要体现在六个方面：适时制、全面质量管理、战略管理、基准管理和持续改进、限制理论、成本企划。

其具体变化主要体现在两个方面：一是成本会计技术手段与方法不断更新，会计电算化已经或正在取代手工记账，成本会计电算化，不仅使计算更快、更准确，而且增强了业务处理能力。二是成本会计的应用范围不断拓展，传统上对成本控制并不关注的行业如医院、计算机生产厂商、航空公司等都对成本控制投入了越来越多的精力。

当代成本会计的变化源于企业制造环境的变化以及管理理论与方法的创新，而后两者又起因于外部环境的变化。企业外部环境的变化主要体现在以下四个方面：（1）大多数产品供过于求，市场竞争日趋激烈；（2）产品需求多样化，而且顾客对产品质量的要求也日益苛刻；（3）国际化潮流势不可挡，国家间分工合作日趋密切，国家间竞争也趋向残酷、激烈；（4）新技术、新工艺的创新蔚然成风。以上外部环境的变化既要求企业的制造环境有别于往昔，也要求企业对管理理论与方法进行创新。

1.新制造环境对成本会计的冲击

相对于传统制造环境而言，新制造环境充分利用了现代科学技术的最新成果，表现为自动化和电脑化两个特征。面对企业新制造环境的冲击，如果继续使用传统的成本会计技术与方法将造成：（1）产品成本计算不正确。（2）成本控制可能产生反功能行为。例如，为获得有利的差异，可能导致企业片面追求大量生产，造成存货的增加；为获得有利的价格差异，采购部门可能购买低质量的原材料或进行大宗采购，造成质量问题或材料库存积压；为获得有利的原材料数量差异，生产者可能将不良质量的产品转入下一工序，使废品损失进一步扩大等。

针对传统成本会计不适应新制造环境的局面，美国会计学者提出了作业成本法（ABC）。在美国、日本、欧洲地区的企业，尤其是竞争激烈和人工成本很低的高新技术企业，ABC法得到了广泛的应用。它是将制造费用以作业别归集到不同的成本库中，然后分别成本库采用各自的分配标准，将制造费用分配给各种产品。传统成本计算方法只根据一种或两种不同的标准把制造费用分配给各产品。所以，这种方法较传统成本计算方法更为精细，成本数据更加准确。

在作业成本法的基础上，又发展为作业基础管理（ABM）。简单地说，ABM就是以ABC法为基础，利用作业成本信息，帮助管理人员找出不增值但消耗资源的作业。ABC法所提供的成本信息量也能够促使管理人员重新设计整个价值链上的作业活动以节省企业资源。

2.管理理论与方法的创新对成本会计的影响

随着市场竞争日趋激烈，新技术、新工艺不断涌现，管理理论与方法也不断创新，其中对成本会计有影响的主要有六种。

（1）适时制（JIT）。适时制是一种严格的需求带动生产制度。要求企业生产经营管理各环节紧密配合，原材料、零部件、产成品保质保量并适时地送到后一加工（或销售）环节，其目的是尽可能实现“零存货”，以降低存货库存成本。在存货水平很低的情况下，会计人员为简化存货计价，可能采用倒推成本法。所谓倒推成本法，简言之，就是当产品完工或销售时，倒过来计算在产品、产成品等生产成本的方法。这与传统的成本计算方法正好相反，传统的生产成本的记录、归集和分配是随着材料与产品实体的转移而转移，即生产成本的会计记录和生产成本发生的实物流转是同步的。但在采用JIT的企业，从收到原材料到产品制成所耗用的时间大幅缩短，而且期末存货量也变得很小，使得传统的分批或分步成本法详细记录各类存货（如原材料、在产品及产成品）的必要性受到怀疑。从成本–效益原则来考虑，对少量的存货做详尽精确的追溯，无疑得不偿失。这样，倒推成本法便应运而生。

（2）全面质量管理。全面质量管理是从传统质量管理发展起来的，随着国际国内市场环境的变化，它已经成为企业竞争的一种战略武器，一种由顾客期望驱动的、持续改进产品质量的管理哲学。同传统质量管理不同，它从事后的质量检验转向以事先预防为主；从只管理产品质量转向管理产品质量赖以形成的工作质量；从专职人员的检验转向广泛吸收全体人员参加，把重点放在操作工人自我质量监控上，自动纠正质量缺陷，以保证企业整个生产过程实现“零缺陷”，并由顾客最终界定质量。对计量和报告员工业绩的会计来讲，产生了质量会计这一学科。但由于提高质量所产生的收益难以计量，质量会计发展的重点就放在质量成本会计上。它在以往质量成本核算的基础上，根据全面质量管理的要求，通过质量成本决策、最佳质量成本模型和质量成本综合控制等方法进行系统管理，借以全面降低质量成本，并提高产品的社会效益、企业效益和用户效益。另外，在实行全面质量管理的情况下，绩效衡量标准包括了产品的可靠度、服务的及时性等促使管理人员努力提高产品质量的非货币性指标。而传统的货币性绩效衡量标准往往会挫伤管理人员提高产品和服务质量的积极性。

（3）战略管理。战略管理是着眼于对企业发展有长期性、根本性影响的问题进行决策和制定政策，以便在市场中取得竞争优势，确保有效完成公司目标。战略管理思想对成本会计的影响主要体现在战略成本管理的提出上。所谓战略成本管理，是指成本工作者提供竞争对手的分析资料，参与形成和评估企业发展战略，实施相应的成本管理，并随着企业战略的改变作相应的调整，达到提高成本效益水平，获得竞争优势的目的，并且使公司有效地适应外部环境变化，保持竞争优势。关于战略成本管理所包括的范围，学者观点不一，没有定论，一般认为包括价值链分析、战略定位和成本动因分析。

① 价值链分析，主要是分析如何控制从原材料供应一直到产品消费这一过程的相关作业成本。

② 战略定位是利用成本信息帮助企业确定采用怎样的竞争战略在市场竞争中取胜。企业采取的战略通常有低成本战略、差异化战略和集中一点战略。低成本战略是指产品成本低于竞争对手，有利于使价格低于对手，从而扩大销售量。差异化战略是指产品的功能、质量超过对方。集中一点战略适用于一部分市场（目标市场），它有两种形式：一种形式是成本集中（在目标市场取得成本领先优势）；另一种形式是差异化集中（在目标市场取得别具一格的形象）。

③ 成本动因分析就是发现浪费，找到可以降低成本的作业，提高作业活动效率。

（4）基准管理和持续改进。基准管理就是以公司外部或内部最优的业绩标准来衡量自身的生产活动；持续改进意味着管理人员确定基准不是一次性的，而是一个持续不断改进提高的过程。基准管理和持续改进被称为“永无终点”的比赛，管理人员和员工不会满足于某一特定工作水平，而是谋求不断提高。采用该方法的企业发现降低成本是一个永无止境的过程，公司总是可以找出办法使本年度的成本和费用低于去年，以前似乎高不可攀的目标现在竟然达到了。基准管理与持续改进对成本会计的影响主要表现在促使管理人员和会计师认识到降低成本要向本行业最好的公司学习，以同质产品的最低成本作为基准，了解自身与最优者的差距，并分析其原因，进而实行企业再造，以增强竞争力。

（5）限制理论。根据限制理论，每个公司至少有一个瓶颈制约着它的发展，否则无论公司定下什么目标都会实现（如利润最大化）。企业限制因素通常可分为资源、市场、政策、原材料和后勤五类。限制理论把企业看成一系列链状相连的过程，如果薄弱的联结处得到了加强，那么整个链也就得到了加强，限制理论对成本会计的影响是使管理人员和会计人员认识到在有些情况下不能一味强调降低成本和费用，要有逆向思维，要在企业链条中的薄弱环节加大投入量，“为了省钱而花钱”。如果企业待解决的瓶颈是设备，就要引进新型设备，这可能导致一笔较大的支出，但在今后设备使用期间，因设备利用效率的提高而增加的产出加上设备维修费用降低的综合效益，可能抵补支出而有余，就总体而言，效益可有所增加。这也是“成本-效益”原则的另一种诠释。

（6）成本企划。成本企划是指在产品的策划、开发中，根据用户需求设定相应的目标，希冀同时达成这些目标的综合性利润管理活动。成本企划对成本会计的影响，是要求成本会计领域由制造阶段扩展到制造前后阶段，特别是要深入到产品成本形成过程的产品策划、开发设计、工艺准备等整个技术领域；要突破单纯经济方法，使成本会计与工程技术、组织措施有机结合起来；在满足顾客要求的前提下，从各方面挖掘提高成本效益的潜力，保证目标利润的实现。

（三）成本会计的七大职能

（1）成本预测：是根据有关的成本资料及其他资料，通过一定的程序、方法，对本期以后的某一个期间的成本所作的估计。成本预测可就某种产品的成本进行预测，也可就企业的总成本进行预测。通过成本预测，可以了解未来企业的成本水平，从众多的方案中选择最佳的方案。同时，还可以通过成本预测，检查企业能否完成既定的成本计划，从而采取相应的措施，降低成本。

（2）成本决策：是指在成本预测的基础上，通过对各种方案的比较、分析、判断后，从多种方案中选择最佳方案的过程。成本决策的好坏，直接关系到日后成本水平的高低。所以，要进行正确的成本决策，应进行多种方案的比较，考虑多种因素，才能作出正确的决策。做好成本决策工作，对于完成成本计划，提高企业的经济效益也有着十分重要的意义。

（3）成本计划：是根据计划期内所确定的目标，具体规定计划期内各种消耗定额、成本水平以及相应的完成计划成本所应采取的一些具体的措施。成本计划是成本管理工作的一项重要内容，它对建立成本管理责任制，控制成本和降低成本具有重要意义。

（4）成本控制：是预先制定成本标准作为各项费用消耗的限额，在生产经营过程中对实际发生的费用进行控制，及时揭示实际与标准的差异额并对产生差异的原因进行分析，提出进一步改进的措施，消除差异，保证目标成本实现的过程。进行成本控制，不仅可以使成本目标得以实现，同时，也可以通过有效的成本控制，不断降低成本。

（5）成本核算：是指对生产过程中发生的费用按一定的对象进行归集和分配，采用适当的方法计算出成本计算对象的总成本和单位成本的过程。成本核算是成本管理中最基本的内容。成本管理的其他内容，都是在成本核算的基础上进行的。所以成本核算在成本管理中占有十分重要的地位。通过成本核算，计算出产品的总成本和单位成本，可以考核企业成本计划的执行情况，揭露生产过程中存在的问题。同时，它还为制定产品的价格提供了重要的依据。

（6）成本分析：是根据成本核算所提供的资料及其他有关资料，对实际成本的水平、构成情况，采用一定的技术经济分析方法计算其完成情况、差异额，分析产生差异原因的过程。通过成本分析，可以总结成本管理工作中的成绩，找出存在的问题，提出解决问题的办法，掌握成本变动的规律，提出改进的措施。这样，有利于实现降低成本的目标，并为以后编制成本计划和制定下期的成本决策提供重要的参考资料。

（7）成本考核：是将企业制订的成本计划、成本目标等指标，分解成企业内部的各种成本考核指标，并下达到企业内部的各个责任单位或个人，明确各单位和个人的责任，并按期进行考核。成本考核是实行内部经济责任制必不可少的一个环节，它可以调动各责任单位完成成本计划的积极性。所以，在进行成本考核时，应与一定的奖惩措施相联系，以经济手段促使企业成本不断降低。

上述“七大职能”的内容是相互联系的一个整体，它们相互依存、相互结合地发挥作用。

（四）成本会计的任务

（1）正确计算产品成本，及时提供成本信息：计算产品成本是成本管理的最基本任务，它是完成成本管理其他任务的前提条件。没有产品成本资料，就无法进行成本管理的其他方面的工作。所以，成本管理的首要任务就是要计算出产品的成本，向有关方面提供产品成本相关信息。在成本计算工作中，应根据国家的有关规定、制度进行，按照规定的方法计算，使成本资料真实、可靠。

（2）加强成本预测，优化成本决策：成本预测和成本决策是成本管理的重要职能。成本决策应建立在可靠的成本预测基础之上。只有成本预测准确，成本决策才能实现优化。所以，成本预测与优化成本决策是密切相联的，它们相互联系地在成本管理中发挥作用。把两者有机地结合起来，可以为企业挖掘降低成本的潜力、提高经济效益服务。

（3）制定目标成本，加强成本控制：目标成本是指企业在一定时期内为保证目标利润的实现而制定的成本控制指标。目标成本一般包括计划成本、定额成本和标准成本三类。制定目标成本的目的是进行有效的成本控制。因此，目标成本制定得准确与否，直接关系到成本控制能否达到目的。所以，制定目标成本应根据企业特点，采用科学的方法、可靠的数据计算，使制定的目标成本先进合理，切实可行，经过努力能够达到。

（4）建立成本责任制，加强成本控制：成本责任制是对企业内部各部门和人员在成本方面的责权利所作的规定。成本责任制的建立，可以提高企业内部各部门以及全体职工努力降低成本的责任心和积极性。在建立成本责任制时，应在划清各部门、各位职工职责的前提下，将成本责任指标按一定的方式进行分解，并具体落实到相关的部门和每位职工。建立成本责任制的核心是将权责利结合起来，以增强各单位、人员降低成本的责任心和积极性，从而增强企业的活力。

（五）成本会计的种类

1.按成本会计制度分类，成本会计分为实际成本制度、估计成本制度和标准成本制度

（1）实际成本制度。实际成本制度是根据实际发生的各项支出计算成本的一种成本会计制度，也称为历史成本会计制度。采用实际成本会

计制度进行成本核算时，产品成本是在实际费用的基础上进行计算的。在计算时，有时存货等可采用计划成本计算，产品成本也可采用定额成本计算，但在最后，都要将其调整为实际成本。计算出来的产品的实际成本，可为企业正确计算当期损益提供重要的资料。

（2）估计成本制度。估计成本是在产品生产前预先估算单位产品成本，凭以确定售价，然后将算出的估计成本与账面实际成本比较，据以修改估计成本的一种成本会计制度。它是过去所采用的一种不是十分完整的成本会计制度。采用估计成本会计制度，主要是因为有些企业需要在产品生产前定价，并以估计的成本作为定价的基础，同时，估计成本会计制度也可以减轻会计核算的工作量。

（3）标准成本制度。标准成本制度是以预先制定的产品标准成本为基础，用标准成本同其实际成本相比较并记录和分析成本差异的一种成本会计制度。采用标准成本制度时，应根据产品的标准数量和标准单价制定产品的标准成本。至于标准成本与实际成本之间的差异数额，应采取全部列入当期损益或在各种标准产品当中进行分配的方式处理。标准成本制度是将成本计算、成本控制等结合起来的一种方法，它是进行成本控制、衡量生产效率的一种成本会计制度。应注意标准成本与估计成本之间的不同。

2.按成本计算模式分类，成本会计分为全额成本计算模式和变动成本计算模式

（1）全额成本计算模式。全额成本计算模式也称吸收成本计算模式。它是在计算产品成本时，不仅包括变动成本，还包括固定成本，以此来确定存货估价和确定已售商品成本的一种成本计算模式。采用全额成本模式计算时，将本期发生的期间费用，如财务费用和管理费用列入当期损益，不计入产品成本中。

（2）变动成本计算模式。变动成本计算模式是指产品成本只按变动成本计算而不包括固定成本的一种成本计算模式。采用变动成本计算模式计算产品成本时，需将生产过程中发生的成本，区别为固定成本和变动成本。在计算产品成本时，只将变动成本列入产品成本中，变动成本包括直接材料、直接人工和变动制造费用等，而将本期发生的固定成本列入当期损益中。由于将固定成本全部列入当期损益，会相应地减少当

期利润，影响国家的财政收入，因此，它主要用于在企业内部进行成本分析和成本考核，并为成本预测和决策提供信息。

四、练习题

（一）单项选择题

1.大多数学者认为的成本会计奠基时期为（　　）。

A.1480—1920年　　B.1880—1920年

C.1900—1945年　　D.1921—1945年

2.第一本成本会计著作是（　　）。

A. 1885年出版的加克和费尔斯合著的《制造成本》

B. 1885年出版的H.梅特卡尔所著的《制造成本》

C. 1887年出版的加克所著的《工厂会计》

D. 1887年出版的H.梅特卡尔所著的《工厂会计》

3.标准成本制度产生于（　　）。

A.1880—1920年　　B.1921—1945年

C.1945—1960年　　D.1960年以后

4.分批和分步成本计算方法产生于（　　）。

A.1880年以前　　B.1880—1920年

C.1921—1945年　　D.1945年以后

（二）多项选择题

1.现代成本会计阶段的主要内容包括（　　）。

A.开展成本的预测和决策　　B.实行目标成本计算

C.实施责任成本核算　　D.实行变动成本计算法

E.推行质量成本核算

2.按成本会计制度分类，成本会计分为（　　）。

A.实际成本制度　　B.计划成本制度

C.估计成本制度　　D.标准成本制度

E.全面成本制度

3.一般认为战略成本管理包括（　　）。

A.价值链分析　　B.战略定位

C.分散战略　　D.成本动因分析

E.集中战略

4.企业限制因素通常分为（　　）。

A.资源　　B.市场

C.政策　　D.原材料

E.后勤

5.变动成本计算模式将生产过程中发生的成本，区别为固定成本和变动成本。在计算产品成本时列入产品成本中的成本包括（　　）。

A.直接材料　　B.直接人工

C.变动制造费用　　D.固定制造费用

E.期间费用

（三）判断题

1.早期成本会计阶段成本会计仅限于对生产过程的生产消耗进行系统的记录和计算，也称记录型成本会计。（　　）

2.近代成本会计阶段成本会计发展重点由事中控制、事后计算和分析转移到事前预测、决策和规划，形成了新型的着重管理的经营型成本会计。（　　）

3.随着经营管理的发展，在企业会计中形成了财务会计、成本会计和管理会计的三分局面。（　　）

4.作业成本法是根据一种或两种不同的标准分配制造费用的方法。（　　）

5.适时制要求尽可能实现“零存货”，在存货水平很低的情况下，采用倒推成本法计算产品成本。（　　）

6.全面质量管理的绩效衡量标准只包括货币性指标。（　　）

7.基准管理和持续改进也称“永无终点”的比赛，企业应谋求不断提高。（　　）

8.成本企划要求成本会计领域由制造阶段拓展到制造前后阶段。（　　）

9.按成本计算模式分类，成本会计包括全额成本计算模式和变动成本计算模式。（　　）

10.估计成本制度和标准成本制度同属于预计成本，两者制定的方法和会计处理有相似之处，但两者的观念和作用是不同的。（　　）

第三章　成本会计的基础工作和工作组织

一、学习目的与要求

通过本章学习，了解成本会计机构的设置和对成本会计人员的要求，一般性了解成本会计制度；掌握成本会计工作组织包括的内容；熟练掌握成本会计基础工作的主要内容；重点掌握成本会计基础工作的组成内容。

二、预习要览

（一）关键概念

1. 内部结算价格
2. 成本集中核算形式
3. 成本非集中核算形式
4. 成本会计制度

（二）关键问题

1. 成本会计的基础工作包括什么？其主要内容是什么？
2. 与成本有关的定额包括哪些？
3. 如何加强物资的计量、验收、领发和清查制度？
4. 如何制定内部结算价格？
5. 成本会计机构有哪些？
6. 成本会计人员的主要职责是什么？
7. 会计人员职业道德的主要内容是什么？
8. 企业各职能部门应当承担的主要成本责任是什么？
9. 班组经济核算的主要内容是什么？
10. 企业成本会计制度的主要内容是什么？

三、本章重点与难点

☞ 成本会计基础工作的组成内容

☞ 成本会计工作组织包括的内容

（一）成本会计的基础工作

成本会计的基础工作包括以下四项内容：

1.建立定额管理制度，制定必要的消耗定额

定额是企业在生产经营过程中，对人力、物力、财力的消耗规定的标准。与成本有关的定额包括劳动定额，材料、动力、工具消耗定额，费用定额，质量定额等。制定的定额既要先进又要切合实际，并应随着企业生产技术条件的变化和管理水平的提高而定期修订。

2.加强物资的计量、验收、领发和清查制度

做好物资的计量、验收、领发和清查工作，是正确计算成本的必要条件。企业一切物资的收发都要经过计量验收和办理必要的凭证手续。库存物资应定期进行清查、盘点，做到账实相符。

3.建立内部结算制度，制定内部结算价格

内部结算要做好内部结算价格、内部结算方式和内部结算组织三个方面的工作。内部结算价格是指企业内部各单位之间计价结算的价格。通常是以计划单位成本作为内部结算价格，也可以产品计划单位成本加上一定利润作为结算价格。内部结算方式有厂内货币结算方式、厂内支票结算方式、厂内托收承付结算方式、厂内委托收款结算方式和厂内委托付款结算方式等。企业应本着既满足往来结算和资金管理的要求，又简化结算手续的原则选择使用。我国目前采用较为广泛的有两种内部结算组织形式：一是在企业财会部门设立内部结算中心；二是在企业内部设立内部银行，这两种结算组织形式各有特点。

4.建立原始记录制度，制定合理的凭证传递流程

企业应健全原始记录制度，统一规定各种原始记录的格式、内容、填制方法、存档和销毁等制度；应根据成本计算和内部控制的需要，制定各种原始记录的传递程序，包括凭证传递流经部门和各部门对凭证的处理程序等。

（二）成本会计工作的组织

1.成本会计的机构

成本会计的机构包括成本会计工作的领导机构、成本会计的职能机构、成本归口管理部门和班组经济核算。

成本会计工作的领导机构应由厂长或经理、总会计师、总工程师和总经济师组成。一长三师应融为一体，分工合作，负责组织全厂的成本会计工作。在大中型企业单设成本处或成本科，也有的企业在会计机构中设置成本股或成本组作为成本会计的职能机构；在规模较小的企业里，一般是在会计部门中指定一些人专门负责成本会计工作。成本归口管理部门包括生产部门，技术工艺部门，质量检验部门，物资供应、储运部门，销售部门，设备管理部门，动力部门，人力资源部门，总务行政部门和其他部门，这些部门分别承担相应的成本管理工作。开展班组经济核算是组织工人参加成本管理工作的一种好形式，也是具有中国特色的责任会计的一种形式，对降低成本发挥着重要作用。

2.成本会计的人员

成本会计工作要求从事此项工作的人员，除了应具备会计职业道德，不仅要懂会计和财务管理，还要懂经营管理，特别要熟悉生产技术。

成本会计人员的职责包括：（1）进行会计核算；（2）实行会计监督；（3）编制成本计划及费用预算，并考核、分析其执行情况；（4）制定本单位办理会计事项的具体办法。

《中华人民共和国会计法》和《会计基础工作规范》中对会计人员职业道德作出了明确规定。其具体内容是：爱岗敬业，诚实守信，廉洁自律，客观公正，坚持准则，提高技能，参与管理和强化服务。

3.成本会计的制度

成本会计的制度是组织和从事成本会计工作必须遵循的规范和具体依据。截至目前，我国财政部已经印发了《企业产品成本核算制度（试行）》、《企业产品成本核算制度——钢铁行业》和《企业产品成本核算制度——石油石化行业》等。财政部2017年发布了《管理会计应用指引》，其中包括《管理会计应用指引第300号——成本管理》《管理会计应用指引第301号——目标成本法》《管理会计应用指引第302号——标准成本法》《管理会计应用指引第303号——变动成本法》《管理会计应用指引第304号——作业成本法》，这些规范都与企业成本管理工作具有关联性。

《企业产品成本核算制度（试行）》适用于大中型企业，包括制造业、农业、批发零售业等。该制度要求企业应当充分利用现代信息技术，编制、执行企业产品成本预算，对执行情况进行分析、考核，落实成本管理责任制，加强对产品生产事前、事中、事后的全过程控制，加强产品成本核算与管理各项基础工作，要求企业按月编制产品成本报表。企业应当根据生产经营特点和管理要求，确定成本核算对象，归集成本费用，计算产品生产成本。制造企业一般按照产品品种、批次订单或生产步骤等确定产品成本核算对象。企业应当按照成本的经济用途和生产要素内容相结合的原则或者成本性态等设置成本项目。企业发生的费用应直接计入或分配计入产品成本核算对象的生产成本。该制度具体规定了制造企业发生的直接材料、直接人工、燃料和动力、辅助生产费用、制造费用等各项费用归集和分配所应采用的方法。

《企业产品成本核算制度——钢铁行业》制定的目的是规范钢铁企业产品成本核算，促进钢铁企业加强成本管理，提高经济效益。该制度说明了钢铁产品成本核算的基本步骤，要求钢铁企业产品成本核算应当以生产工序为基础，以相应工序产出的产品为核算对象。钢铁企业产品成本项目主要包括原料及主要材料、辅助材料、燃料和动力、直接人工、制造费用。该制度具体规定了成本中心的设置、产品成本的归集、产品成本的分配和结转，以及作业成本法下产品成本的归集、分配和结转。

我国现行的成本会计制度也存在一定的问题，企业不仅要依据已经颁布的会计准则和相关的企业成本会计制度进行成本核算，还应当根据企业的生产经营特点以及内部管理的具体要求，来制定适合企业自身的成本会计制度。企业自身的成本会计制度一般应包括成本岗位责任制、成本预测和决策、目标成本制定、成本计划编制、成本控制、成本核算、成本报表、成本分析等相关制度。成本会计制度一经确定，应保持相对稳定。

四、练习题

（一）单项选择题

1.成本会计的基础工作包括（　　）。

A.设置会计机构　　B.配备会计人员

C.制定会计制度　　D.建立定额管理制度

2.成本会计的职能机构包括（　　）。

A.生产部门　　B.销售部门

C.成本核算科　　D.总务行政部门

3.成本的归口管理部门包括（　　）。

A.成本领导机构　　B.生产班组

C.成本核算科　　D.总务行政部门

4.设备管理部门的职责是（　　）。

A.负责合理组织劳动力　　B.负责制定设备利用定额

C.负责制定物资储备定额　　D.负责制定各项费用预算

5.现代成本会计应该放在首位的工作是（　　）。

A.成本计划　　B.成本核算

C.成本预测和决策　　D.成本考核和分析

（二）多项选择题

1.成本核算的各项基础工作主要有（　　）。

A.建立和健全成本考核制度

B.建立和健全财产物资的计量、收发、领退制度

C.建立和健全各项原始记录制度

D.建立和健全成本分析制度

E.制定企业内部结算价格

2.企业可以制定各种定额，与成本有关的定额有（　　）。

A.固定资产利用率　　B.产品合格率

C.管理费用限额　　D.工时定额

E.材料消耗定额

3.各项定额制定的基本方法主要有（　　）。

A.定额比例法　　B.约当产量法

C.标准成本法　　　　　　　D.经验统计法

E.技术分析法

4.企业制定定额的意义有（　　）。

A.可以使成本计划的编制建立在科学的基础之上

B.为成本核算提供了依据

C.为成本预测和成本决策提供了标准

D.为成本控制和成本分析提供了标准

E.便于控制实际成本支出

5.企业内部各单位的经济往来，应按照内部结算价格和结算方式进行结算，内部结算方式包括（　　）。

A.货币结算方式　　　　　　B.厂内托收承付结算方式

C.厂内委托收款结算方式　　D.厂内银行本票结算方式

E.厂内商业汇票结算方式

6.成本会计工作的组织包括（　　）。

A.成本会计制度　　　　　　B.成本会计人员

C.成本会计机构　　　　　　D.成本管理责任制

E.班组经济核算

7.成本会计制度应该包括的内容有（　　）。

A.成本核算制度　　　　　　B.成本分析制度

C.成本考核制度　　　　　　D.成本岗位责任制度

E.企业内部结算制度

8.从事成本会计工作的会计人员应该具备的条件有（　　）。

A.能够公正客观地表达会计信息

B.必须具备必要的会计知识，但不必熟悉生产技术

C.通过持续教育，保持胜任的职业能力

D.必须有能力经营管理企业

E.必须具备会计师资格

（三）判断题

1.制定和修订定额，只是为了进行成本审核，与成本计算没有联系。（　　）

2.原始记录是企业进行成本核算的依据。（　　）

3. 制定厂内结算价格是为了分清内部各单位的经济责任，并加速和简化核算工作。（ ）

4. 在成本核算的各项基础工作中，最重要的是建立定额管理制度，其他各项工作则不是同等重要的。（ ）

5. 固定资产利用定额应由成本核算部门负责制定。（ ）

6. 与成本有关的各项工作都应由成本核算部门来完成。（ ）

7. 企业成本工作的领导核心应由厂长或经理、总会计师、总工程师和总经济师组成。（ ）

8. 总工程师应从成本核算的角度，而不是从技术角度，考虑采取有效措施降低企业产品成本。（ ）

9. 企业应尽量降低物资储备定额，以减少资金占用。物资储备定额应由生产部门根据生产需要量制定。（ ）

10. 现行成本核算制度不仅重视产品成本核算，而且注重责任成本的核算。（ ）

五、案例

某小型生产企业，由于考虑成本-效益原则，因此在成本核算工作中存在一些不足。比如材料消耗是根据实际领料数量进行核算，没有考核标准，因而各月之间成本波动较大，而且领用材料计量不够准确，对于不能点数的材料采用目测的方法估算。鉴于存在的问题，企业经理决定进行整改。

要求：如果请你为经理出谋划策，请问你有哪些建议？

◆ 案例参考答案

进行成本核算，必须做好各项基础工作，包括建立定额管理制度，制定必要的消耗定额，加强物资的计量、验收、领发和清查制度，建立内部结算制度，制定内部结算价格，建立原始记录制度和制定合理的凭证传递流程。

本案例中的企业存在的问题就是没有做好成本核算的基础工作。该企业只从成本-效益原则出发，减少了一些必要的基础工作，比如材料消耗是根据实际领料数量进行核算，没有考核标准。这个问题的解决办法是制定材料消耗定额，如原材料消耗定额、材料利用率、材料损耗率等。制定了消耗定额后，在生产过程中应对材料消耗进行控制，并采取适当的奖罚措施，调动生产部门所有职工节约生产消耗的积极性，从而达到降低产品成本的目的。

对于领用材料计量不够准确的问题，应加强材料物资的计量工作。做好材料物资的计量、验收、领发和清查工作，是正确计算成本的必要条件。企业一切物资的收发都要经过计量验收和办理必要的凭证手续。库存物资应定期进行清查、盘点，做到账实相符，不能点数的材料不能采用目测的方法估算，应根据不同计量对象，配置必要的计量器具。领发材料物资必须有严格的制度，如果制定了消耗定额，应按定额发料，以控制生产消耗。

第四章　成本核算概述

一、学习目的与要求

通过本章学习，了解成本核算的意义、成本核算的原则；掌握成本总分类核算使用的会计科目、要素费用的分配程序；熟练掌握一级和两级成本核算体制下成本明细账的设置和成本核算程序；重点掌握成本核算的要求，特别是正确划分各种产品成本的界线。

二、预习要览

（一）关键概念

1. 产品成本
2. 实际成本计价原则
3. 成本分期原则
4. 重要性原则
5. 一贯性原则
6. 权责发生制原则

（二）关键问题

1. 正确组织产品成本核算有什么重要意义？

2. 进行成本核算时应遵循哪些基本原则？这些基本原则之间有什么关系？

3. 在进行成本核算时应正确划分哪几个成本费用的界线？为什么要进行这样的划分？

4. 成本总分类核算应设置哪些会计科目？试述这些会计科目的结构。

5. 成本总分类核算包括哪些程序？

6. 一级成本核算体制下应设置哪些成本明细账？

7. 一级成本核算体制下成本核算包括哪些程序？

8. 两级成本核算体制下成本明细账应如何设置？

9. 两级成本核算体制下企业成本明细核算包括哪些程序？

三、本章重点与难点

☞ 成本核算的原则
☞ 成本核算的要求
☞ 正确划分各种产品成本的界线
☞ 成本总分类核算使用的会计科目
☞ 成本总分类核算程序
☞ 成本明细分类核算明细账的设置
☞ 一级成本核算体制下成本明细核算的程序

（一）产品成本核算的意义和原则

产品成本是企业在生产某种产品过程中发生的各种费用总和。成本核算的原则包括实际成本计价原则、成本分期原则、合法性原则、重要性原则、一贯性原则和权责发生制原则等。

（二）成本核算的要求

在进行成本核算时应做到：一是要严格执行国家规定的成本开支范围和费用开支标准；二是要正确划分各种产品成本的界线，包括分清本期成本费用和下期成本费用的界线、分清各种产品成本的界线、分清在产品和产成品成本的界线、分清应计入产品成本和不应计入产品成本的费用界线等；三是要完善成本责任制，包括建立健全责任成本制度、内部成本管理体系、成本考核制度和成本责任奖惩制度等；四是做好成本核算的各项基础工作；五是选择适当的成本计算方法。在学习这部分内容时，应特别注意的是正确划分各种产品成本的界线，它是进行成本核算的主要工作。

（三）成本核算的程序

1.成本总分类核算的程序

成本总分类核算使用的会计科目包括“生产成本”“制造费用”等。在“生产成本”科目下，还应设置“基本生产成本”和“辅助生产成本”两个明细科目进行核算；在“制造费用”科目下，还应按不同的车间、部门设置明细账进行明细核算。

成本总分类核算的程序是：要素费用的分配、分配辅助生产车间的制造费用、分配辅助生产费用、分配基本生产车间的制造费用、计算完工产品和在产品成本。

2.成本明细分类核算的程序

(1)一级成本核算体制。

在一级成本核算体制下应设置的明细账包括“基本生产成本明细账”“产品成本计算单”“辅助生产成本明细账”“制造费用明细账”等。其核算程序是：登记用于产品生产的直接材料、燃料和动力、直接人工等费用；分配辅助生产车间的制造费用；分配辅助生产费用；分配基本生产车间的制造费用；结转完工产品成本。

(2)两级成本核算体制。

两级成本核算体制下明细账应分别车间和厂部设置。两级成本核算体制下，各基本生产车间应设置“基本生产成本明细账”“产品成本计算单”“制造费用明细账”；辅助生产车间应设置“辅助生产成本明细账”。

厂部财会部门应设置“厂部基本生产成本明细账”“厂部辅助生产成本明细账”“厂部制造费用明细账”“厂部完工产品成本汇总计算单”等。

两级成本核算体制下成本核算的程序包括登记和分配材料、工资等要素费用；分配辅助生产车间的制造费用；分配辅助生产费用；分配基本生产车间的制造费用；结转完工产品成本；厂部财会部门汇总完工产品成本。需要注意的是，在两级成本核算体制下，费用的归集和分配需要在厂部和车间分别进行。

四、练习题

(一)单项选择题

1.企业对于一些主要产品、主要费用应采用比较复杂、详细的方法进行分配和计算，而对于一些次要的产品、费用采用简化的方法进行合并计算和分配的原则称为(　　)。

A.实际成本计价原则　　B.成本分期原则

C.合法性原则　　D.重要性原则

2.在下列辅助生产车间中，可以不设置制造费用明细账的是(　　)。

A.辅助生产车间只生产一种产品或只提供一种劳务

B. 辅助生产车间生产两种产品或提供两种劳务

C. 辅助生产车间生产三种产品或提供三种劳务

D. 辅助生产车间生产多种产品或提供多种劳务

3. 在两级成本核算体制下，“厂部基本生产成本明细账”应按（　　）设置专栏。

A. 成本项目　　B. 费用明细项目

C. 生产车间　　D. 产品名称

4. “凡是应由本期产品成本负担的费用，不论是否在本期发生，都不应全部计入本期产品成本”，此说法是为了（　　）。

A. 正确划分产品成本的费用界线

B. 正确划分各种产品的费用界线

C. 正确划分各个月份的费用界线

D. 正确划分完工产品与在产品的费用界线

5. 下列会计科目中，属于进行成本总分类核算时使用的是（　　）。

A. “库存商品”　　B. “主营业务成本”

C. “管理费用”　　D. “生产成本”

6. 在一级成本核算体制下，“基本生产成本明细账”一般是按（　　）设置专栏。

A. 车间别　　B. 费用明细项目

C. 成本项目　　D. 费用发生的时间顺序

7. 在一级成本核算体制下，“制造费用明细账”一般是按（　　）设置专栏。

A. 车间别　　B. 费用明细项目

C. 成本项目　　D. 费用发生的时间顺序

8. 在两级成本核算体制下，“厂部制造费用明细账”一般是按（　　）设置专栏。

A. 车间别　　B. 费用明细项目

C. 成本项目　　D. 费用发生的时间顺序

9. 在两级成本核算体制下，“厂部完工产品成本汇总计算表”中是按（　　）。

A. 产品别反映每种产品的总成本和单位成本

B. 产品别反映每种产品的总成本

C. 可比产品和不可比产品分别反映总成本和单位成本

D. 车间别反映各车间产品的总成本

10. “制造费用”科目期末有余额的情况是（　　）。

A. 大量大批生产企业

B. 单位小批生产企业

C. 制造费用采用累计分配法分配

D. 制造费用采用当月分配法分配

（二）多项选择题

1. 在进行成本核算时，在不同时期、不同产品以及产成品和在产品之间正确分摊费用，应分清有关成本的几个界线包括（　　）。

A. 本期成本和下期成本的界线

B. 各种产品成本的界线

C. 在产品成本和产成品成本的界线

D. 计入产品成本和不应计入产品成本的界线

E. 本企业产品成本和其他企业产品成本的界线

2. 在进行成本总分类核算时应设置的会计科目主要有（　　）。

A. 生产成本　　B. 制造费用

C. 销售费用　　D. 财务费用

E. 管理费用

3. 生产成本科目的借方登记（　　）。

A. 生产过程中直接发生的材料费用

B. 生产过程中直接发生的工资费用

C. 完工入库的产成品成本

D. 完工入库的半成品成本

E. 分配转入的辅助生产费用

4. “生产成本”科目应设置的明细科目是（　　）。

A. “生产成本——基本生产成本”

B. “生产成本——基本生产车间制造费用”

C. “生产成本——辅助生产成本”

D. “生产成本——辅助生产车间制造费用”

E.“生产成本——在产品成本”

5.在一级成本核算体制下，企业应设置的明细账主要有（　　）。

A.基本生产成本明细账　　B.产品成本计算单

C.辅助生产成本明细账　　D.制造费用明细账

E.厂部基本生产成本明细账

6.在两级成本核算体制下，厂部应设置的明细账有（　　）。

A.厂部基本生产成本明细账　　B.厂部辅助生产成本明细账

C.厂部制造费用明细账　　D.厂部废品损失明细账

E.厂部完工产品成本汇总计算单

7.“制造费用”科目期末有余额的情况主要有（　　）。

A.季节性生产企业

B.非季节性生产企业

C.采用累计分配率法分配制造费用的企业

D.采用当月分配率法分配制造费用的企业

E.采用计划分配率法分配制造费用的企业

8.成本核算的原则主要有（　　）。

A.实际成本计价原则　　B.成本分期原则

C.合法性原则和重要性原则　　D.一贯性原则

E.权责发生制原则

（三）判断题

1.成本核算的分期，不一定与会计年度的分月、分季、分年一致。（　　）

2.生产车间发生的制造费用应由本车间生产的产品负担，因此，期末时“制造费用”科目一定没有余额。（　　）

3.企业在进行费用分配时，应先分配基本生产车间的制造费用，然后才能分配辅助生产车间的制造费用。（　　）

4.当企业规模较大时，其成本的明细核算可采用两级核算体制；当企业规模较小时，成本的明细核算则可采用一级成本核算体制。

（　　）

5.在一级成本核算体制下，如果企业生产两种以上的产品，应在“基本生产成本明细账”下设置“产品成本计算单”。（　　）

6. 在两级成本核算体制下，成本明细账应分别厂部和车间设置。（　）

7. 在一级成本核算体制下，"基本生产成本明细账"应按成本项目设置专栏。（　）

8. 在两级成本核算体制下，"厂部基本生产成本明细账"应按成本项目设置专栏。（　）

9. 在两级成本核算体制下，"厂部基本生产成本明细账"中各车间的成本总额，应与相应车间"基本生产成本明细账"中的成本总额保持一致。（　）

10. 不能将应列入亏损产品的成本计入盈利产品成本中，体现了"正确划分计入产品成本和不应计入产品成本的费用界线"。（　）

五、案例

大学生吴晓东2×25年8月毕业应聘到东方机械公司当成本会计员。财务部成本科刘科长向小吴介绍了公司的有关情况。东方机械公司的基本情况如下：

1. 产品情况

该厂主要生产大型重型机械，用于矿山等企业，是国内矿山机械的龙头企业。

2. 车间设置情况

东方机械公司设有7个基本生产车间，分别生产矿山机械的各种零部件以及负责零部件的组装；另外，还设有4个辅助生产车间，为基本生产车间及其他部门提供劳务。

3. 成本核算的现状

该厂现有会计人员36人，其中成本会计人员8人（不包括各个生产车间的成本会计人员）。由于该公司规模较大，实行两级成本核算体制，厂部和车间分别设置有关的成本费用明细账进行核算。

要求：刘科长让小吴了解几天企业成本核算及其他方面的情况后书面回答如下几个问题：

1. 根据本厂的具体情况应采用什么核算体制（一级还是两级）？

2. 车间和厂部应设置哪些成本会计核算的岗位？

3. 车间和厂部应设置哪些成本总账和明细账？

4. 成本费用应按什么程序进行归集和分配？

5. 对企业现行成本核算模式提出进一步改进的意见。

◆ **案例参考答案**

吴晓东在听取刘科长的情况介绍后，仔细阅读了企业有关成本会计方面的规章制度，查阅了企业成本核算的有关资料，并深入各生产车间针对包括产品生产工艺过程在内的各种情况都进行了详细的调查。

在对企业的情况有了较详细的了解后，他向刘科长提出了一些自己的意见：

（1）由于本公司规模较大，生产车间较多，为了加强成本的核算和管理，应采用两级成本核算管理体制。这样，可以有效地组织成本核算工作，提高成本核算的工作效率。如果采取一级成本核算体制，则会使成本管理工作高度集中于公司，不利于提高各个生产车间降低成本的积极性，也不利于提高成本核算的工作效率。因此，现行的两级成本核算体制是符合企业实际情况的。

（2）根据调查，小吴认为，厂部应设置的成本核算岗位包括材料成本核算、工资成本核算、费用核算、产品成本核算等岗位。其中，材料成本核算岗位承担由公司负责的一些材料费用的归集和分配工作，对各仓库交来的各车间领用材料的凭证进行审核，然后，将其分配给各车间、部门。同时，应与材料供应部门密切合作，做好材料的采购、发放等工作。工资成本核算岗位主要负责计算每位职工的应付职工薪酬金额，并按工资费用的发生地点和用途，分配给不同的车间和部门。这些工资费用主要是由公司计算并支付的，在实行经济责任制的情况下，由各车间负责分配诸如奖金等。费用核算岗位应主要负责核算公司管理费用、销售费用以及各车间发生的一些管理费用。这些费用内容较多，也比较复杂，其日常的审核任务较重。产品成本核算岗位主要是进行产品成本的核算，包括各种费用的归集、分配以及完工产品和在产品成本的核算等。产品成本核算在成本会计各岗位中是最重要的，应选择综合素质较高的人员担任。

车间设置成本核算员，负责归集本车间所发生的一些费用，并进行分配。于月末时将本车间的有关成本费用账簿转交给公司负责成本核算的会计人员。

(3) 对于明细账的设置，可根据不同的车间、部门采取不同的设置方法。在公司方面，应设置的账簿主要有“公司基本生产成本明细账”“公司辅助生产成本明细账”“公司制造费用明细账”“公司产品成本汇总计算表”“管理费用明细账”“销售费用明细账”“财务费用明细账”，以及“生产成本”总账、“制造费用”总账、“库存商品”总账、“管理费用”总账、“销售费用”总账和“财务费用”总账等。在基本生产车间应设置的账簿主要包括“车间基本生产成本明细账”、分产品设置的“产品成本明细账（产品成本计算单）”、“制造费用明细账”等。辅助生产车间应根据具体情况分别处理，若该车间只提供一种产品或劳务，则只需要设置“辅助生产成本明细账”来归集该车间发生的全部费用；如果该车间提供多种产品或劳务，则应设置“车间辅助生产成本明细账”，分产品或劳务设置“产品（劳务）明细账”和“制造费用明细账”等。

(4) 根据调查，小吴认为成本核算的程序首先应进行各种要素费用的汇集和分配；其次分配辅助生产车间的制造费用；再次分配辅助生产费用；然后分配基本生产车间的制造费用；最后将生产费用在完工产品和在产品之间进行分配，计算出完工产品和在产品的成本。由于本公司的基本生产车间和辅助生产车间较多，因此采用的是两级成本核算体制，所以，车间和公司都要进行成本核算。

(5) 通过几天的调查，小吴对本公司的成本核算工作提出了如下的建议：

① 企业成本核算的方法没有随着企业产品的调整进行相应的改变，因此，有许多不相适应的地方。制造费用的分配只采用简单的工时比例，没有考虑其他的因素，因此应加以改变，以提供更加准确的成本信息。如可考虑采用作业成本制度，制造费用的分配标准还可考虑其他的因素如折合工时等。

② 由于采用实际成本核算体制，因此提供的成本信息相对滞后，在进行成本计算的同时，不能将成本核算与成本控制、成本考核和成本分析有机地结合起来。因此应考虑采用标准成本制度，以期达到最佳的成本管理效果。

③ 成本管理人员没有深入了解企业的生产情况，这从我多次询问有关企业的生产情况而许多成本会计人员不能很好地回答可以看出来。如果成本会计人员不能很好地了解企业的生产情况，就不能很好地进行成本管理，效果也不能达到最佳。因此，建议公司组织会计人员特别是成本会计人员实地考察企业产品的生产过程，由企业的技术人员向会计人员介绍产品的生产过程等。

小吴对刘科长说，由于自己刚到企业，对企业的情况不是十分了解，同时自己的知识水平有限，上述观点不一定正确，仅供参考。

第五章 生产费用要素的归集和分配

一、学习目的与要求

通过本章学习，了解生产费用按经济内容的分类，固定资产折旧及修理费的核算，工资核算使用的原始凭证和工资的分类；掌握生产费用要素分配的一般原则，工资总额的组成；熟练掌握外购燃料费用的分配方法及其特点，工资核算的账务处理方法；重点掌握材料费用的分配方法及其特点，应付职工薪酬的计算，特别是计时工资、计件工资的计算和分配等。

二、预习要览

（一）关键概念

1. 费用
2. 生产费用要素
3. 定额耗用量比例分配法
4. 产品重量比例分配法
5. 产品产量比例分配法
6. 产品材料定额成本比例分配法
7. 工资
8. 工资总额
9. 计时工资
10. 计件工资
11. 奖金
12. 津贴和补贴
13. 月薪制
14. 日薪制
15. 日工资

（二）关键问题

1. 生产费用按经济内容划分可分为几类？这种分类有什么作用？

2. 按费用要素反映的生产费用和按成本项目反映的产品成本之间有什么区别和联系？

3. 生产费用要素分配的一般原则是什么？

4. 加强材料费用的核算有什么重要意义？

5. 材料费用归集和分配的主要内容是什么？

6. 材料费用分配的原则是什么？

7. 如何选择材料费用的分配方法？

8. 采用定额耗用量比例分配法分配材料费用时应如何计算？这种方法适用于什么条件？

9. 采用产品重量比例分配法分配材料费用时应如何计算？这种方法适用于什么条件？

10. 采用产品产量比例分配法分配材料费用时应如何计算？这种方法适用于什么条件？

11. 采用产品材料定额成本比例分配法分配材料费用时应如何计算？这种方法适用于什么条件？

12. 燃料费用的分配有什么特点？应如何分配？

13. 如何进行外购动力费用的分配？

14. 如何进行固定资产折旧的核算？

15. 工资总额包括哪些内容？哪些项目不应包括在工资总额的范围内？

16. 工资核算应完成哪些任务？

17. 工资应如何分类？

18. 工资核算的原始记录有哪些？

19. 月薪制和日薪制有什么区别？

20. 日工资的计算方法有几种？每种方法有什么特点？

21. 个人计件工资如何计算？

22. 集体计件工资如何在集体内部进行分配？

23. 应付职工薪酬分配的依据是什么？

24. 试述“应付职工薪酬”科目的结构。

25. 应付职工薪酬应如何进行账务处理？

26. 多种产品耗用的生产工人工资应如何进行分配？

三、本章重点与难点

☞ 生产费用按经济内容所作的分类

☞ 按要素费用反映的生产费用和按成本项目反映的产品成本的联系和区别

☞ 生产费用要素分配的一般原则

☞ 材料费用分配方法的概念、计算和适用范围

☞ 工资总额的具体内容

☞ 工资核算的原始记录

☞ 计时工资的计算、日工资的计算

☞ 计件工资的计算与分配

☞ 应付职工薪酬总额的计算

☞ “应付职工薪酬”科目的结构

（一）要素费用概述

（1）费用按其经济内容的不同可分为若干个要素费用，这些要素费用包括外购材料、外购燃料、外购动力、工资、提取的职工福利费、折旧费、其他支出等。按要素反映的生产费用和按成本项目反映的产品成本之间既有联系又有区别。两者就其经济内容来说基本一致，但两者包括的范围、计算的基础等方面又有着明显的不同。

（2）要素费用分配的一般原则为：凡是属于直接费用应直接计入产品成本，属于间接费用则可经归集后，分配计入产品成本。

（二）材料费用的归集和分配

材料费用归集的方法与财务会计中存货的计算方法相同，在这里只介绍材料费用的分配方法。对用于产品生产并构成产品主要实体或有助于产品形成的各种材料，应本着直接材料费用直接计入、间接材料费用分配计入的原则核算。可采用的分配方法主要有定额耗用量比例分配法、产品重量比例分配法、产品产量比例分配法、产品材料定额成本比例分配法等。

（1）定额耗用量比例分配法。这种方法是根据各种产品原材料消耗定额比例分配材料费用的一种方法，在计算时一般需要经过四个步骤：第一步用某种产品的产量乘以该种产品单位产品材料定额耗用量，计算

出各种产品的材料定额耗用量；第二步用材料实际总耗用量除以各种产品材料定额耗用量之和，计算出材料定额耗用量分配率；第三步用每种产品材料定额耗用量乘以材料定额耗用量分配率，计算出每种产品应分配的实际材料数量；第四步用每种产品应分配的实际材料数量乘以材料的单价，计算出每种产品应分配的材料费用。

若在成本管理工作中不需要计算每种材料的实际消耗数量，则可采用按材料定额耗用量的比例直接分配材料费用的方法，计算出每种产品应分配的材料费用。

定额耗用量比例分配法一般适用于各项材料消耗定额健全且比较准确的情况。

（2）产品重量比例分配法。这种方法是根据各种产品的重量比例来分配材料费用，在产品耗用材料的多少与产品重量有直接联系的情况下，可采用这种方法。在计算时，首先用材料费用总额除以各种产品重量之和，计算出材料费用分配率；然后用每种产品的重量乘以材料费用分配率，计算出每种产品应分配的材料费用。

（3）产品产量比例分配法。这种方法是根据各种产品的产量比例来分配材料费用，在产品的产量与其所耗的材料密切相关的情况下，可采用这种方法。在计算时，首先用材料费用总额除以各种产品实际产量之和，计算出材料费用分配率；然后再用每种产品的产量乘以材料费用分配率，计算出每种产品应分配的材料费用。

（4）产品材料定额成本比例分配法。这种方法是根据产品材料定额成本的比例分配材料费用，在多种产品耗用多种材料的情况下，可采用这种方法。在计算时，首先用产品的实际产量乘以单位产品材料定额成本，计算出产品的材料定额成本；其次用实际材料费用总额除以各种产品材料定额成本之和，计算出材料定额成本分配率；最后用每种产品材料定额成本乘以材料定额成本分配率，计算出每种产品应分配的材料费用。

在学习各种材料费用分配方法时，应注意掌握各种不同计算方法的概念、计算公式、计算过程和适用范围以及优缺点。

（三）外购动力费用的归集和分配

外购动力费用主要是指企业为外部购入的电力、蒸汽等支付的费用。使用外购动力的部门不同，其分配的方法也不一样。对于基本生产车间生产产品用的外购动力，若是只生产一种产品，则可直接计入；若是生产多种产品，则可按各种产品的定额工时或实际工时的比例进行分配。

（四）固定资产折旧费用的归集和分配

固定资产折旧费用的分配，是根据编制的固定资产折旧计算表进行的，生产车间提取的固定资产折旧费，应记入“制造费用”科目。固定资产发生的修理费，一般可直接记入发生月份的“制造费用”科目中。

（五）工资费用的归集和分配

工资费用是指企业为获得职工提供的服务而给予各种形式的报酬以及其他相关支出，其中，支付给职工个人的部分构成了工资总额，不直接支付给职工个人的部分，构成了其他相关支出。

1.工资费用的构成

（1）工资总额。工资总额是指各单位在一定时期内直接支付给全部职工的劳动报酬总额，它包括计时工资、计件工资、奖金、津贴和补贴、加班加点工资、特殊情况下支付的工资六项内容。

（2）其他相关支出。其他相关支出是指除了直接支付给职工个人以外、以工资为基础计算的相关支出，包括职工福利费、社会保险费、住房公积金、工会经费和职工教育经费、非货币性福利、辞退福利以及其他与获得职工提供的服务相关的支出。

工资费用核算应完成的任务包括做好工资核算的基础工作、正确计算职工工资、正确归集工资费用、正确分配工资费用等。

2.工资的分类和基础工作

（1）在核算工资费用时，应将不同职工的工资费用列入不同的成本项目和费用项目。

（2）工资费用核算的各项原始记录包括考勤记录、产量记录等。

3.计时工资的计算

（1）月薪制。它是指按职工固定的月标准工资扣除缺勤工资计算计时工资的一种方法，在这里，月标准工资只要不调整则是固定金额，缺勤工资是用缺勤天数乘以日工资计算的。因此，计算日工资成为计算应付职工薪酬的重要指标。日工资的计算方法有三种：

① 按全年平均每月工作日数计算。它是用月标准工资除以全年平均每月工作日数计算的，其中全年平均每月工作日数是20.67天。采用这种方法计算日工资时，只要职工的月标准工资不变，全年平均每月工作日数是固定数，所以，各月份的日工资是相同的，并且缺勤期间的星期天和假日也不扣工资。

② 按全年平均每月日历日数计算。它是用月标准工资除以全年平均每月日历日数计算的，其中全年平均每月日历日数是30天。采用这种方法计算日工资时，只要职工的月标准工资不变，全年平均每月日历日数是固定数，各月份的日工资就是相同的，但缺勤期间若有星期日和节假日要扣工资，不便于理解。

③ 按当月满勤日数计算。它是用月标准工资除以当月满勤日数计算的，由于各月份满勤日数不同，所以，即使职工月标准工资不变，各月份计算出来的日工资也不完全一样。

（2）日薪制。日薪制是根据职工当月出勤天数和日工资计算应付职工薪酬的一种方法，这种方法的优点是计算准确，但工作量较大。

4.计件工资的计算

计件工资的计算主要是集体计件工资的分配问题。集体计件工资的分配，可采取按计件工资和计时工资的比例分配、按实际工作天数计算分配两种方法进行。当集体从事的工作对技术条件要求较高，且集体内部职工工资等级差别较大时，可采用前一种方法，否则，可采用后一种方法。

5.工资费用的分配

通过编制“职工工资单”的方式计算每位职工的应付职工薪酬，而工资费用的分配，则是根据用“职工工资单”编制的“工资结算汇总表”进行的。进行账务处理时使用的会计科目是“应付职工薪酬”科目。对于几种产品共同耗用的生产工人的工资，则应采用实际或定额工时的比例，在各种产品当中进行分配。

（六）其他费用的归集和分配

其他费用主要是指生产车间为组织和管理生产发生的费用以及企业管理部门发生的一些费用。这些费用在进行归集和整理后，分别记入“制造费用”和“管理费用”科目当中。

四、练习题

(一) 单项选择题

1.下列不应计入产品成本的费用是（　　）。

A.车间厂房折旧费

B.车间机物料消耗

C.房产税、车船税

D.有助于产品形成的辅助材料费用

2.直接用于产品生产并构成该产品实体的原材料费用应列入（　　）科目。

A.“生产成本”　　B.“制造费用”

C.“管理费用”　　D.“销售费用”

3.企业行政管理部门人员的工资费用应列入（　　）科目。

A.“营业外支出”　　B.“销售费用”

C.“其他业务支出”　　D.“管理费用”

4.按产品产量比例分配法分配材料费用时，其适用的条件是（　　）。

A.产品的产量与所耗用的材料有密切的联系

B.产品的重量与所耗用的材料有密切的联系

C.几种产品共同耗用几种材料

D.各项材料消耗定额比较准确稳定

5.在几种产品共同耗用几种材料的情况下，材料费用的分配可采用（　　）。

A.定额耗用量比例分配法　　B.产品产量比例分配法

C.产品重量比例分配法　　D.产品材料定额成本比例分配法

6.工作通知单是对每位职工或班组按工序分配生产任务并记录其生产数量的一种（　　）。

A.出勤记录　　B.工时记录

C.产量凭证　　D.质量凭证

7.用月标准工资除以全年平均每月工作日数计算日工资时，全年平均每月的工作日数为（　　）。

A.30天　　B.25.5天

C.21.17天　　D.20.67天

（二）多项选择题

1.期间费用包括（　　）。

A.制造费用　　B.财务费用

C.管理费用　　D.销售费用

E.辅助生产费用

2.下列各项目中，属于成本项目的有（　　）。

A.外购材料　　B.直接材料

C.燃料和动力　　D.废品损失

E.直接人工

3.计入产品成本的各种材料费用，按其用途分配，应记入（　　）科目的借方。

A.“基本生产成本”　　B.“管理费用”

C.“制造费用”　　D.“销售费用”

E.“辅助生产成本”

4.生产车间发生的计入产品成本的其他费用支出有（　　）。

A.劳动保护费　　B.利息支出

C.固定资产修理费　　D.水电费

E.产品销售费用

5.要素费用的分配原则是（　　）。

A.所有的费用均应采用一定的方法在各种产品当中进行分配

B.直接费用直接计入产品成本

C.直接费用分配计入产品成本

D.间接费用直接计入产品成本

E.间接费用分配计入产品成本

6.生产领用的材料被多种产品耗用且不能分清每种产品的消耗数量时，将材料费用在各种产品当中进行分配可采用的分配方法有（　　）。

A.约当产量法　　B.定额耗用量比例分配法

C.产品产量比例分配法　　D.产品重量比例分配法

E.产品材料定额成本比例分配法

7.下列应包括在工资总额中的项目是（　　）。

A.计时工资　　B.计件工资
C.津贴和补贴　　D.病假工资
E.生活困难补助

8.计算应付职工薪酬的原始凭证主要有（　　）。
A.考勤簿　　B.产量记录
C.工作班产量记录　　D.工作通知单
E.工序进程单

9.计算日工资时可用月标准工资除以（　　）。
A.30天　　B.20.67天
C.31天　　D.当月满勤日数
E.当月日历日数

10.下列属于特殊情况下支付的工资有（　　）。
A.病假期间支付的工资　　B.工伤休息期间支付的工资
C.探亲期间支付的工资　　D.婚假期间支付的工资
E.加班支付的工资

11.下列可以计算计件工资的产量是（　　）。
A.合格品产量　　B.料废数量
C.工废数量　　D.在产品数量
E.尚未检验的产品数量

12.下列各项目中属于工资中的“其他相关支出”的是（　　）。
A.职工福利　　B.社会保险费
C.住房公积金　　D.工会经费
E.职工教育经费

（三）判断题

1.成本项目是企业费用按其经济内容所做的分类。（　　）

2.费用要素中的“工资”项目与成本项目中的“直接人工”项目，虽然名称有一点区别，但金额却是相等的。（　　）

3.当燃料费用在产品成本中所占比重较大时，可与动力费用合并设立“燃料和动力”成本项目。（　　）

4.企业按月计提的固定资产折旧费用，应该全部计入产品成本。（　　）

5.生产费用按经济内容和经济用途划分的要素费用和成本项目所包括的内容相同。 （ ）

6.一般情况下企业在本期投产的产品往往能在本期完工，本期完工的产品一定全部都是本期投产的。 （ ）

7.材料费用的分配一般是通过编制材料费用分配表进行的。 （ ）

8.材料费用分配方法的简便原则是指计算过程简单。 （ ）

9.要素费用中的工资项目是指应计入产品成本中的生产工人的工资。 （ ）

10.在几种产品共同耗用几种材料的情况下，材料费用的分配应采用产品材料定额成本比例分配法进行分配。 （ ）

11.如果是因为料废导致的废品，应照付计件工资。 （ ）

12.采用月薪制计算计时工资时，不论是大月还是小月，只要职工出满勤，就可以得到固定的月标准工资。 （ ）

13.采用月标准工资除以30天计算日工资的方法时，缺勤期间的节假日照发工资。 （ ）

14.不论采用什么方法计算日工资，只要月标准工资不变，各月份的日工资都是相等的。 （ ）

15.工资总分类核算是根据“工资结算汇总表”进行的。 （ ）

（四）计算题

1.某车间生产甲、乙两种产品，共耗原料2 000千克，单价20元，原料费用合计40 000元。本月投产甲产品300件，乙产品200件。甲产品单位消耗定额10千克，乙产品单位消耗定额25千克。

要求：根据上述资料，采用材料定额耗用量的比例分配材料费用。

2.某企业生产丙、丁两种产品领用C、D两种材料，实际成本总计66 480元。本月投产丙产品200件，丁产品100件。丙产品的材料消耗定额为：C材料5千克，D材料8千克。丁产品的材料消耗定额是：C材料7千克，D材料9千克。C、D两种材料的计划单价分别是12元和14元。

要求：根据上述资料，采用产品材料定额成本的比例分配每种产品应负担的材料费用。

3.某企业生产甲、乙两种产品，共耗用A材料3 000千克，每千克180元，甲产品重2 000千克，乙产品重1 200千克。

要求：根据上述资料，采用产品重量比例分配法分配材料费用。

4.某企业生产甲、乙两种产品，共耗用A材料60 000千克，每千克20元。本月份共生产甲产品100件，乙产品300件。

要求：根据上述资料，采用产品产量比例分配法分配材料费用。

5.职工王强月标准工资为5787.60元，本月日历日数为30天，共9个休息日，该职工病假7天（其中有2天是休息日），本月出勤16天。王强本月奖金200元，津贴和补贴280元，星期天加班2天，病假支付标准为标准工资的80%。

要求：根据上述资料，采用日工资计算的三种方法，分别计算王强本月的应付职工薪酬（采用月薪制计算）。

6.职工张丽新6月份加工甲、乙两种产品，加工甲产品300件，乙产品150件。验收时发现甲产品有废品30件，其中料废10件，工废20件；乙产品全部合格。该职工的小时工资率为5元，甲产品的定额工时为30分钟，乙产品的定额工时为2小时。

要求：根据上述资料，计算张丽新本月的应付计件工资。

7.某企业的一个生产小组，本月生产A产品2 000件，每件计件单价为8元。该小组共有职工5人，每位职工的小时工资率分别为：张刚强6元、李金明7元、王码6元、孙小朋8元、赵越8.8元。本月工作时间张刚强180小时、李金明175小时、王码160小时、孙小朋169小时、赵越182小时。

要求：根据上述资料，计算该小组应得的计件工资，并采用计件工资和计时工资的比例分配计算每一位职工应得的计件工资，并将计算结果填入表5-1中。

表5-1　　**计件工资分配表**　　金额单位：元

工人姓名	小时工资率	实际工作小时	计时工资	分配率	应付计件工资

续表

工人姓名	小时工资率	实际工作小时	计时工资	分配率	应付计件工资
合计					

8.某企业一小组共有职工4人，本月共生产甲产品800件，每件产品的计件单价60元，4名职工的工作天数分别为：甲职工25天、乙职工24天、丙职工23天、丁职工21天。

要求：根据上述资料，计算该小组应得的计件工资，并按实际工作天数计算每位职工应得的计件工资，并将计算结果填入表5-2中。

表5-2 **计件工资分配表** 金额单位：元

工人姓名	实际工作天数	计件工资分配率	应付计件工资
合计			

9.某企业本月发生生产工人的工资180 000元，共生产三种产品。三种产品的生产工时分别为甲产品2 000小时，乙产品4 000小时，丙产品3 000小时。

要求：根据上述资料，按生产工时的比例计算每种产品应分配的工资费用，并将计算结果直接填入表5-3中。

表5-3　　**工资费用分配表**　　金额单位：元

分配对象	分配标准	分配率	分配金额
合计			

10.某企业经整理后的工资费用分配表见表5-4。

表5-4　　**工资费用分配表**

2×25年8月　　单位：元

部门	工资总额	职工福利（5%）	医疗保险（10%）	基本养老保险（20%）	住房公积金（10%）	工会经费（2%）	职工教育经费（1.5%）	合计
一车间生产工人	400 000							
二车间生产工人	800 000							
一车间管理人员	100 000							
二车间管理人员	120 000							
供电车间生产工人	200 000							
供电车间管理人员	80 000							
行政管理部门人员	150 000							
工程部门人员	110 000							
合计	1 960 000							

要求：根据上述资料，进行相应的计算，并做账务处理。

五、案例

张森2×25年8月从永安大学会计学专业毕业，应聘到远达设备制造公司从事会计工作，该公司2×25年9月份开始生产甲、乙、丙三种新产品，耗用A材料，有关资料见表5-5。

表5-5　　耗用材料情况表　　金额单位：元

产品名称	产量（件）	重量（千克）	材料定额单耗（千克）	材料单价	材料单位定额成本
甲产品	100	30 000	200	9	1 800
乙产品	300	50 000	150	9	1 350
丙产品	500	190 000	370	9	3 330
合　计	900	270 000	—	—	—

本公司以前采用产品的产量比例对材料费用进行分配。本月份共使用A材料300 000千克，每千克9元。

要求：财务部宋经理在向张森介绍了企业生产产品使用的材料以及产品的情况后，提出如下几个问题，请张森在调查后回答：

1. 本企业目前采用的材料费用分配方法是否合适？
2. 本月份开始生产的新产品应采用什么方法分配材料费用？
3. 对本企业材料费用的分配方法提出进一步改进的意见。

◆ **案例参考答案**

张森在对企业的生产情况进行了几天的调查后，向宋经理提出了自己的看法：

张森根据宋经理提供的资料，按不同的方法进行了计算，计算结果见表5-6。

表5-6　　材料费用分配方法比较表　　单位：元

产品名称	按产品产量比例计算	按产品重量比例计算	按材料定额消耗量计算
甲产品	300 000	300 000	216 000

续表

产品名称	按产品产量比例计算	按产品重量比例计算	按材料定额消耗量计算
乙产品	900 000	500 000	486 000
丙产品	1 500 000	1 900 000	1 998 000
合　计	2 700 000	2 700 000	2 700 000

显然，对于同一资料，采用不同的计算方法结果大不一样。经过调查张淼发现：甲产品消耗材料的成本，与产品的重量有很大的关系，产品越重，消耗的材料就越多。因此，目前采用的按产品产量的比例分配材料费用并不合理，应改按产品重量的比例计算分配材料费用比较合适。所以，建议从本月份开始，对新投入的产品采用按产品的重量比例分配材料费用。

另外，张淼还建议，由于企业生产的产品种类较多，所以，并不能将所有产品耗用的材料采用一种方法分配，而应根据具体情况，选择采用不同的方法，以使计算结果更加准确。

宋经理对张淼的建议很重视，经过进一步的调查研究后，决定采纳张淼的建议，对材料费用的分配方法进行了调整，以使成本计算更加准确。

第六章　辅助生产成本与制造费用的核算

一、学习目的与要求

通过本章学习，了解辅助生产部门的特点，一般性了解辅助生产车间和基本生产车间费用明细账的设置；掌握辅助生产成本和制造费用的归集方法；熟练掌握辅助生产成本和制造费用分配的账务处理；重点掌握辅助生产成本和制造费用的分配方法。

二、预习要览

（一）关键概念

1. 直接分配法
2. 一次交互分配法
3. 计划成本分配法
4. 代数分配法
5. 顺序分配法
6. 制造费用
7. 实际分配率法
8. 生产工时比例法
9. 直接人工比例法
10. 联合分配法
11. 预算分配率法
12. 累计分配率法

（二）关键问题

1. 辅助生产部门有什么特点？

2. 生产不同种类产品的辅助生产车间的成本费用账簿设置有什么特点？为什么有这样的特点？

3. 生产自制材料或提供劳务的辅助生产车间在核算上有什么区别？为什么会有这样的区别？

4. 直接分配法如何计算？有什么特点？在什么条件下采用？

5. 一次交互分配法如何计算？有什么特点？在什么条件下采用？

6. 采用一次交互分配法时第一阶段交互分配和第二阶段对外分配时所要分配的费用和劳务数量有什么不同？

7. 计划成本分配法如何计算？有什么特点？差异额应如何处理？

8. 代数分配法如何计算？有什么特点？在什么条件下采用？

9. 采用顺序分配法分配辅助生产费用时各车间的顺序如何确定？这种分配方法有什么特点？在什么情况下采用？

10. 试比较不同的辅助生产费用分配方法的特点及适用范围。

11. 制造费用包括哪些内容？如何进行核算？

12. 选择制造费用分配方法时应注意哪些问题？

13. 什么是实际分配率法？这种方法有什么特点？在什么情况下使用？

14. 什么是预算分配率法？如何进行分配？差异额如何处理？

15. 什么是累计分配率法？如何进行分配？在什么情况下采用？

16. 试比较不同制造费用分配方法的特点。

三、本章重点与难点

☞ 每种辅助生产费用分配方法的适用范围和优缺点

☞ 每种辅助生产费用分配方法的计算

☞ 各种辅助生产费用分配方法的比较

☞ 每种制造费用分配方法的适用范围和优缺点

☞ 每种制造费用分配方法的计算

☞ 各种制造费用分配方法的比较

(一) 辅助生产成本的核算

1.辅助生产部门的特点

辅助生产车间是为基本生产车间、行政管理等部门提供产品或劳务的，一般不对外服务。因此，它发生的费用应在各受益单位之间进行分配。

2.辅助生产成本的归集

辅助生产费用的归集，是通过设置“生产成本——辅助生产成本”科目进行的，若辅助生产车间提供多种产品或劳务，还应设置“制造费用明细账”归集和分配本车间发生的制造费用。

3.辅助生产成本的分配

（1）若辅助生产车间提供的是有形产品，则应与财务会计中所讲的自制材料的核算相同，在这些产品完工时，借记“原材料”等科目，贷记“生产成本——辅助生产成本”科目。

（2）若辅助生产车间提供的是劳务等无形产品，则应采用适当的方法，将其费用在接受劳务的单位、部门之间进行分配。采用的分配方法包括直接分配法、一次交互分配法、计划成本分配法、代数分配法和顺序分配法等。

① 采用直接分配法时，其所要分配的费用是该辅助生产车间直接发生的费用总额，所要分配的劳务数量是该辅助生产车间提供的产品或劳务总量扣除辅助生产车间之间相互提供的产品或劳务数量之后的余额，即该辅助生产车间对外（不包括辅助生产车间之间相互提供的产品或劳务数量）提供的产品或劳务数量。

② 采用一次交互分配法时，第一阶段的对内交互分配时所要分配的费用，是该辅助生产车间发生的费用总额，所要分配的劳务数量是该辅助生产车间提供的劳务总量（包括辅助生产车间之间相互提供的产品或劳务数量）。第二阶段对外分配时所要分配的费用，则是用该辅助生产车间直接发生的费用，加上分配转入减去分配转出的费用。所要分配的产品或劳务数量，是该辅助生产车间对外提供的劳务总量（不包括辅助生产车间之间相互提供的产品或劳务数量）。

③ 采用计划成本分配法时，需要计算实际费用与按计划成本分配额之间的差额，并将其直接计入当期损益，因此，它应是在辅助生产计划单位成本制定得比较准确的情况下采用。

④ 代数分配法是所有辅助生产成本分配方法中最为准确的一种，但计算较为复杂，只适用于成本计算工作实现计算机处理的企业采用。

⑤ 顺序分配法分配的结果不很准确，适用的范围也有很大的局限性。

（二）制造费用的核算

（1）制造费用是指企业的生产单位为组织和管理生产而发生的各项费用。企业应设置“制造费用”科目进行核算，并按车间设置“制造费用明细账”。

（2）在生产多种产品的车间，发生的制造费用应根据不同的情况，采用不同的方法在各种产品当中进行分配，主要有实际分配率法、预算分配率法和累计分配率法三种。其中预算分配率法平时根据预算分配率进行分配，年末时将实际发生的费用和按预算分配率分配的费用之间的差额进行再分配，这对年末产品成本水平影响很大。因此，这种方法适用于制造费用预算制定得比较准确的企业。至于累计分配率法一般在成本计算采用分批法的情况下采用，适用的条件是完工产品的批次较少、未完工产品的批次较多，且各月份制造费用水平相差不大。

四、练习题

（一）单项选择题

1.辅助生产车间完工的修理用备件，应借记的科目是（　　）。

A.“库存商品”　　B.“原材料”

C.“修理用备件”　　D.“自制半成品”

2.在下列各种分配方法中，属于辅助生产费用分配方法的是（　　）。

A.约当产量法　　B.计划成本分配法

C.定额成本分配法　　D.生产工时比例分配法

3.在辅助生产费用各种分配方法中，最为准确的一种方法是（　　）。

A.直接分配法　　B.一次交互分配法

C.代数分配法　　D.计划成本分配法

4.采用直接分配法分配辅助生产费用时，各辅助生产车间费用分配率计算公式中的分母数应是（　　）。

A.该辅助生产车间向基本生产车间提供的劳务总量

B.该辅助生产车间向行政管理部门提供的劳务总量

C.该辅助生产车间提供的劳务总量

D.该辅助生产车间向基本生产车间和行政管理部门提供的劳务总量

5.采用一次交互分配法分配辅助生产费用时，计算第二阶段直接分配率的分子数应是（　　）。

A.该辅助生产车间直接发生的费用

B. 该辅助生产车间直接发生的费用加上分配转入的费用

C. 该辅助生产车间直接发生的费用加上分配转入减去分配转出的费用

D. 该辅助生产车间直接发生的费用减去分配转出的费用

6.采用顺序分配法分配辅助生产费用时，计算辅助生产车间费用分配率的分子数应是（　　）。

A. 该辅助生产车间直接发生的费用

B. 该辅助生产车间直接发生的费用加上分配转入的费用

C. 该辅助生产车间直接发生的费用加上分配转入减去分配转出的费用

D. 该辅助生产车间直接发生的费用减去分配转出的费用

7.采用计划成本分配法分配辅助生产费用时，实际成本与按计划成本分配额的差额应于期末时列入（　　）。

A.制造费用　　B.管理费用

C.财务费用　　D.生产成本

8.采用计划成本分配法分配辅助生产费用时，辅助生产费用分配表中辅助生产的实际成本（　　）。

A. 是正确的实际成本

B. 不是“纯粹”的实际成本

C. 是正确的计划成本

D. 是辅助生产车间本身的费用，不包括上一步骤转入的费用

9.采用交互分配法分配辅助生产费用时，第二阶段的对外分配应（　　）。

A. 在辅助生产车间以外的各受益单位之间进行分配

B. 在辅助生产车间以内的各受益单位之间进行分配

C. 在辅助生产车间、部门之间进行分配

D. 只分配给基本生产车间

10.在辅助生产费用的各种分配方法中，最简便的方法是（　　）。

A.顺序分配法　　B.直接分配法

C.交互分配法　　D.代数分配法

11.辅助生产费用的直接分配法一般是将辅助生产车间发生的费

用（　　）。

A. 直接记入辅助生产车间明细账

B. 直接记入“辅助生产成本”明细账

C. 直接分配给所有受益单位

D. 直接分配给辅助生产车间以外的各受益单位

12. 采用顺序分配法分配辅助生产费用时，其分配的顺序是（　　）。

A. 先辅助生产车间后基本生产车间

B. 先辅助生产车间内部后对外部单位

C. 辅助生产车间受益金额的多少

D. 辅助生产车间提供劳务金额的多少

13. 在下列各种制造费用分配方法中，适用于季节性生产车间的方法是（　　）。

A. 实际分配率方法　　B. 预算分配率方法

C. 标准分配率方法　　D. 累计分配率方法

14. 生产车间归集的制造费用在进行分配后，“制造费用”科目一般应无余额，如果有余额，可能是（　　）。

A. 该企业属于大量大批生产的企业

B. 该企业制造费用采用累计分配率法

C. 该企业属于单件小批生产的企业

D. 该企业生产过程中产生的废品较多

15. “制造费用”科目在月末进行分配后，一般应无余额，如果有余额，则（　　）。

A. 一定是借方余额

B. 一定是贷方余额

C. 可能是借方余额，也可能是贷方余额

D. 计算发生错误，不可能有余额

（二）多项选择题

1. 下列各种方法中，属于辅助生产费用分配方法的是（　　）。

A. 交互分配法　　B. 代数分配法

C. 约当产量分配法　　D. 顺序分配法

E. 计划成本分配法

2. 在下列情况中，辅助生产车间的制造费用可以不通过“制造费用”科目核算的是（　　）。

A. 车间的规模很大　　B. 车间只生产一种产品

C. 制造费用很多　　D. 制造费用很少

E. 车间不生产产品

3. 采用一次交互分配法分配辅助生产费用时，计算第二阶段的直接分配率公式的分子应是（　　）。

A. 该辅助生产车间直接发生的费用

B. 加上分配转入的费用　　C. 减去分配转入的费用

D. 加上分配转出的费用　　E. 减去分配转出的费用

4. 辅助生产费用的顺序分配法一般适用于（　　）。

A. 辅助生产车间相互提供产品或劳务有着明显顺序

B. 辅助生产车间相互提供产品或劳务没有顺序

C. 排列在先的辅助生产车间耗用排列在后的辅助生产车间的费用较少

D. 排列在先的辅助生产车间耗用排列在后的辅助生产车间的费用较多

E. 排列在先和排列在后的辅助生产车间耗用其他辅助生产车间的费用差不多

5. 在进行辅助生产费用分配时，应将分配出去的辅助生产费用从“生产成本——辅助生产成本”科目和所属的明细账中转入（　　）科目。

A. “生产成本——基本生产成本”

B. “管理费用”

C. “制造费用”

D. “在建工程”

E. “销售费用”

6. 采用顺序分配法分配辅助生产费用时，辅助生产车间一般应该（　　）。

A. 按车间规模的大小顺序排列

B. 按车间受益多少顺序排列

C. 按车间规模大小或受益多少顺序排列

D. 规模小的车间先将费用分配出去

E. 受益少的车间先将费用分配出去

7. 采用交互分配法分配辅助生产车间的费用时，应该（　　）。

A. 先在企业内部各受益单位之间进行一次交互分配

B. 先在辅助生产车间内部各受益单位之间进行一次交互分配

C. 算出交互分配后的实际费用

D. 再向企业以外的各受益单位进行一次对外分配

E. 再向辅助生产车间以外的各受益单位进行一次对外分配

8. 制造费用采用实际分配率方法时，一般的计算方法是（　）。

A. 生产工时比例法　　　　B. 直接人工比例法

C. 直接材料比例法　　　　D. 联合分配法

E. 定额分配法

（三）判断题

1. 对于辅助生产车间发生的费用，都应在“生产成本——辅助生产成本”科目中进行核算。（　　）

2. 辅助生产车间发生的费用，都应于月末时借记“生产成本——基本生产成本”等科目，贷记“生产成本——辅助生产成本”科目。（　　）

3. 采用直接分配法分配辅助生产费用时，辅助生产车间之间相互提供的产品或劳务也应计算其应负担的金额。（　　）

4. 在所有的辅助生产费用分配方法中，最准确的方法是一次交互分配法。（　　）

5. 辅助生产成本明细账一般采用多栏式明细账，账内按费用的明细项目设置专栏。（　　）

6. 采用直接分配法分配辅助生产费用时，一般不需要考虑各辅助生产车间之间相互提供产品或劳务的情况。（　　）

7. 采用代数分配法分配辅助生产费用时，其计算过程中是不考虑辅助生产车间之间相互提供产品或劳务情况的。（　　）

8. 在制造费用的不同分配方法中，分配后“制造费用”科目期末都没有余额。（　　）

9. 采用计划成本分配法分配制造费用时，实际费用与计划费用之间的差异额，于月末时全部列入“管理费用”科目中。（ ）

10. 采用一次交互分配法分配辅助生产费用时，第一阶段是对内分配，第二阶段是对外分配。（ ）

（四）计算题

1. 假设中兴工厂设有供水、供电两个辅助生产车间，主要为基本生产车间和行政管理部门服务。根据辅助生产成本明细账，供水车间本月发生费用为7 380元，供电车间本月发生费用为10 519.20元。该工厂辅助生产车间的制造费用不通过“制造费用”科目核算。根据劳务供应和耗用劳务通知单，各车间和部门耗用劳务情况见表6-1。

表6-1 **辅助生产车间劳务供应通知单**

受益单位	用水数量（吨）	用电度数（度）
辅助生产车间		
——供水		2 922
——供电	559	
基本生产车间		
——甲产品		12 000
——乙产品		8 000
一般耗用	5 100	2 000
行政管理部门耗用	1 050	4 298
合计	6 709	29 220

要求：根据上述资料，采用直接分配法、一次交互分配法、计划成本分配法（假设每吨水的计划单位成本为1.20元，每度电的计划单位成本为0.38元）分配辅助生产费用，将计算结果直接填入表6-2、表6-3和表6-4中，并根据计算的结果编制相应的会计分录。

表6–2 **辅助生产费用分配表**

（直接分配法）　　金额单位：元

辅助生产车间名称			供水车间	供电车间	合计
待分配辅助生产费用					
辅助生产车间以外部门劳务供应量					
费用分配率					
基本生产成本	甲产品	耗用数量			
		分配金额			
	乙产品	耗用数量			
		分配金额			
	小　计				
制造费用		耗用数量			
		分配金额			
管理费用		耗用数量			
		分配金额			
分配金额合计					

表6-3 **辅助生产费用分配表**

（一次交互分配法）

金额单位：元

<table>
<tr><td colspan="4">项目</td><td colspan="3">交互分配</td><td colspan="3">对外分配</td></tr>
<tr><td colspan="4">辅助生产车间名称</td><td>供水</td><td>供电</td><td>合计</td><td>供水</td><td>供电</td><td>合计</td></tr>
<tr><td colspan="4">待分配辅助生产费用</td><td></td><td></td><td></td><td></td><td></td><td></td></tr>
<tr><td colspan="4">供应劳务数量</td><td></td><td></td><td></td><td></td><td></td><td></td></tr>
<tr><td colspan="4">费用分配率</td><td></td><td></td><td></td><td></td><td></td><td></td></tr>
<tr><td rowspan="5">辅助生产车间内部的分配</td><td colspan="2" rowspan="2">供水车间</td><td>耗用数量</td><td></td><td></td><td></td><td></td><td></td><td></td></tr>
<tr><td>分配金额</td><td></td><td></td><td></td><td></td><td></td><td></td></tr>
<tr><td colspan="2" rowspan="2">供电车间</td><td>耗用数量</td><td></td><td></td><td></td><td></td><td></td><td></td></tr>
<tr><td>分配金额</td><td></td><td></td><td></td><td></td><td></td><td></td></tr>
<tr><td colspan="3">分配金额小计</td><td></td><td></td><td></td><td></td><td></td><td></td></tr>
<tr><td rowspan="9">辅助生产车间以外的分配</td><td rowspan="5">基本生产成本</td><td rowspan="2">甲产品</td><td>耗用数量</td><td></td><td></td><td></td><td></td><td></td><td></td></tr>
<tr><td>分配金额</td><td></td><td></td><td></td><td></td><td></td><td></td></tr>
<tr><td rowspan="2">乙产品</td><td>耗用数量</td><td></td><td></td><td></td><td></td><td></td><td></td></tr>
<tr><td>分配金额</td><td></td><td></td><td></td><td></td><td></td><td></td></tr>
<tr><td colspan="2">分配金额小计</td><td></td><td></td><td></td><td></td><td></td><td></td></tr>
<tr><td colspan="2" rowspan="2">制造费用</td><td>耗用数量</td><td></td><td></td><td></td><td></td><td></td><td></td></tr>
<tr><td>分配金额</td><td></td><td></td><td></td><td></td><td></td><td></td></tr>
<tr><td colspan="2" rowspan="2">管理费用</td><td>耗用数量</td><td></td><td></td><td></td><td></td><td></td><td></td></tr>
<tr><td>分配金额</td><td></td><td></td><td></td><td></td><td></td><td></td></tr>
<tr><td colspan="4">合计</td><td></td><td></td><td></td><td></td><td></td><td></td></tr>
</table>

表6-4　**辅助生产费用分配表**

（计划成本分配法）　　金额单位：元

项目		供水车间（计划单位成本：1.20）		供电车间（计划单位成本：0.38）		按计划成本分配转入合计
		供水数量	分配金额	供电数量	分配金额	
辅助生产成本	供水车间					
	供电车间					
	小计					
基本生产成本	甲产品					
	乙产品					
	小计					
制造费用						
管理费用						
按计划成本分配转出合计						
待分配费用						
分配转入费用						
实际成本						
成本差异						

2.企业某生产车间生产甲、乙、丙三种产品，甲产品实耗生产工人工时2 000小时，乙产品实耗生产工人工时800小时，丙产品实耗生产工人工时1 200小时，该车间本月制造费用实际发生额为64 600元。

要求：根据比例法计算分配各种产品应负担的制造费用。

3.企业某生产车间本月份生产甲、乙、丙三种产品，共发生制造费用64 600元，甲产品发生的生产工人工资为3 600元，乙产品发生的生产工人工资为2 000元，丙产品发生的生产工人工资为2 400元。

要求：根据上述资料，采用生产工人工资比例法分配各种产品应负担的制造费用。

4.某企业的第一生产车间本月份共发生制造费用51 820元，其中折旧费为26 880元，其他费用为24 940元。该车间共生产甲、乙两种产品，甲产品机器工时为300小时，乙产品机器工时为200小时。甲产品生产工时为2 500小时，乙产品生产工时为1 800小时。

要求：根据上述资料，采用联合分配法分配制造费用，并将计算结果填入表6-5中。

表6-5　　　　**制造费用分配表**　　　　金额单位：元

产品名称	折旧费			其他费用			制造费用
	机器工时	分配率	分配金额	生产工时	分配率	分配金额	
甲产品							
乙产品							
合计							

5.某企业的第二生产车间全年计划制造费用额为360 000元，各种产品全年定额工时为400 000小时。12月份甲产品实际产量的定额工时为26 000小时，乙产品实际产量的定额工时为11 000小时。年末核算时，该车间全年共发生制造费用378 000元。1—11月份按计划分配率分配的制造费用甲产品为244 800元，乙产品为107 100元。

要求：根据上述资料，采用计划分配率法分配制造费用，并根据计算结果编制相应的会计分录。

6.某企业本月份共生产甲、乙、丙、丁四批产品，甲产品上月投产，生产工时为800小时，本月发生生产工时3 000小时。另外三批产品均为本月投产，工时分别为4 800小时、3 600小时和3 250小时。月初制造费用余额为2 720元，本月发生11 305元。甲产品本月完工，其余三批产品均未完工。

要求：根据上述资料，采用累计分配率法分配制造费用。

五、案例

张强2×25年7月15日从东方财经大学会计学院毕业，在招聘会上被柏斯特设备制造公司录用为成本会计员。该公司新增加了一个辅助生产车间，即供汽车间，该车间主要生产蒸汽，用的燃料是原煤。生产的蒸汽主要供机械加工、冲压、供电、修理等车间使用。其他部门使用的较少。该公司过去辅助生产车间主要是供电车间和修理车间。本月份供汽车间共发生费用800 000元，供电车间发生费用1 200 000元，修理车间发生费用900 000元，各辅助生产车间提供的劳务及耗用情况见表6-6。

表6-6　辅助生产车间提供劳务及耗用情况表

耗用劳务单位		供汽车间（立方米）	供电车间（千瓦）	修理车间（小时）
供汽车间		—	10 000	12 000
供电车间		20 000	—	4 000
修理车间		5 000	25 000	—
第一车间	产品耗用	30 000	50 000	68 000
	一般耗用	4 000	26 000	2 000
第二车间	产品耗用	1 000	60 000	13 000
	一般耗用	1 500	18 000	9 000
行政管理部门		2 000	17 000	7 000
设备自建工程		1 500	14 000	5 000
合计		65 000	220 000	120 000

要求：财务部领导向张强提出了如下几个方面的问题要求其解答：

1. 原来企业采用直接分配法分配辅助生产费用，这种分配方法是否合适？有什么优缺点？

2. 新增加了一个辅助生产车间是否需要改变辅助生产费用分配方法？

3. 若需要改变辅助生产费用分配方法，采用什么方法比较合适？请提供几种方案供领导决策时选择。

◆ **案例参考答案**

张强在对企业的情况进行一定了解的基础上，向财务部领导提出了自己的意见：

（1）采用直接分配法分配辅助生产费用时，虽然计算方法比较简单，但由于各辅助生产车间之间相互提供劳务比较多，采用直接分配法，不利于调动各辅助生产车间降低消耗的积极性，计算的分配结果也不够准确。同时所有的计算分配工作都要集中于月末进行，影响了成本计算的及时性。

（2）由于本公司新增加了一个辅助生产车间，辅助生产车间增加了，若继续采用直接分配法进行辅助生产费用的分配，就会使分配结果更加不准确。因此，张强建议企业改变辅助生产费用的分配方法。

（3）由于辅助生产费用的分配方法较多，因此，张强经过对比和分析后，建议企业采用计划成本分配法，这样就能克服直接分配法的一些弊端，加快辅助生产费用分配的速度，而且可以进行考核和分析。另外，交互分配法也可以作为一个备选方案。下面是张强根据企业的具体资料采用直接分配法、计划成本分配法和一次交互分配法进行分配的结果（见表6-7、表6-8和表6-9），提供给领导参考。

表6-7 **辅助生产费用分配表**

（直接分配法） 金额单位：元

耗用劳务单位		供汽车间（立方米）	分配费用	供电车间（千瓦）	分配费用	修理车间（小时）	分配费用
供汽车间		—		10 000		12 000	
供电车间		20 000		—		4 000	
修理车间		5 000		25 000		—	
直接发生费用			800 000		1 200 000		900 000
费用分配率			20		6.49		8.65
第一车间	产品耗用	30 000	600 000	50 000	324 500	68 000	588 200
	一般耗用	4 000	80 000	26 000	168 740	2 000	17 300
第二车间	产品耗用	1 000	20 000	60 000	389 400	13 000	112 450
	一般耗用	1 500	30 000	18 000	116 820	9 000	77 850
行政管理部门		2 000	40 000	17 000	110 330	7 000	60 550
设备自建工程		1 500	30 000	14 000	90 210	5 000	43 650
合计		65 000	800 000	220 000	1 200 000	120 000	900 000

表6-8 **辅助生产费用分配表**

（计划成本分配法） 金额单位：元

耗用劳务单位		供汽车间（立方米）	分配费用	供电车间（千瓦）	分配费用	修理车间（小时）	分配费用
计划单位成本			18		6		9
供汽车间		—		10 000	60 000	12 000	108 000
供电车间		20 000	360 000	—		4 000	36 000
修理车间		5 000	90 000	25 000	150 000	—	—
第一车间	产品耗用	30 000	540 000	50 000	300 000	68 000	612 000
	一般耗用	4 000	72 000	26 000	156 000	2 000	18 000
第二车间	产品耗用	1 000	18 000	60 000	360 000	13 000	117 000
	一般耗用	1 500	27 000	18 000	108 000	9 000	81 000
行政管理部门		2 000	36 000	17 000	102 000	7 000	63 000
设备自建工程		1 500	27 000	14 000	84 000	5 000	45 000
合计		65 000	1 170 000	220 000	1 320 000	120 000	1 080 000
待分配费用			800 000		1 200 000		900 000
分配转入费用			168 000		396 000		240 000
实际成本			968 000		1 596 000		1 140 000
成本差异			−202 000		276 000		60 000

对上述计算结果比较后张强认为，应采用计划成本分配法较为合适。

表6-9

辅助生产费用分配表

（一次交互分配法）

金额单位：元

项目			交互分配				对外分配			
辅助生产车间名称			供汽	供电	修理	合计	供汽	供电	修理	合计
待分配辅助生产费用			800 000	1 200 000	900 000	2 900 000	636 750	1 408 075	855 175	2 900 000
供应劳务数量			65 000	220 000	120 000	—	40 000	185 000	104 000	—
费用分配率			12.31	5.45	7.50	—	15.92	7.61	8.22	—
供汽车间	耗用数量		—	10 000	12 000	—				
	分配金额		—	54 500	90 000	144 500				
供电车间	耗用数量		20 000	—	4 000	—				
	分配金额		246 200	—	30 000	276 200				
修理车间	耗用数量		5 000	2 500	—	—				
	分配金额		61 550	13 625	—	75 175				
分配金额小计			307 750	68 125	120 000	495 875				
第一车间	产品耗用	耗用数量					30 000	50 000	68 000	—
		分配金额					477 600	380 500	558 960	1 417 060
	一般耗用	耗用数量					4 000	26 000	2 000	—
		分配金额					63 680	197 860	16 440	277 980
第二车间	产品耗用	耗用数量					1 000	60 000	13 000	—
		分配金额					15 920	456 600	106 860	579 380
	一般耗用	耗用数量					1 500	18 000	9 000	—
		分配金额					23 880	136 980	73 980	234 840
管理部门		耗用数量					2 000	17 000	7 000	—
		分配金额					31 840	129 370	57 540	218 750
设备自制工程		耗用数量					1 500	14 000	5 000	—
		分配金额					23 830	106 765	41 395	171 990
合计							636 750	1 408 075	855 175	2 900 000

第七章　生产损失的核算

一、学习目的与要求

通过本章学习，了解生产损失的含义，掌握废品的分类及废品净损失包括的内容；熟练掌握“废品损失”科目的结构和废品损失核算的账务处理方法；重点掌握不可修复废品成本的计算方法。

二、预习要览

（一）关键概念

1.生产损失　　2.废品

3.可修复废品　　4.不可修复废品

5.料废　　6.工废

7.废品损失　　8.停工损失

（二）关键问题

1. 生产损失包括哪些？

2. 生产损失核算的任务是什么？

3. 废品如何进行分类？这种分类有什么作用？

4. 废品及废品损失的范围包括哪些？

5. 不可修复废品损失应如何计算？各种不同的计算方法有什么区别？

6. 废品损失应如何进行账务处理？

7. 停工损失的内容包括哪些？停工的原因有哪些？

8. 不同原因导致的停工损失应如何进行核算？

三、本章重点与难点

☞生产损失的分类

☞ 可修复废品和不可修复废品的划分标准

☞ 工废和料废划分标准

☞ 废品净损失包括的内容

☞ 不可修复废品成本的计算方法

☞ 废品损失的账务处理

☞ 停工损失的账务处理

（一）生产损失的含义和种类

企业生产过程中发生的各种损失被称为生产损失。生产损失包括废品损失和停工损失两类。

（二）生产中废品损失的核算

1.废品及废品损失

废品是指经检验在质量上不符合规定的技术标准，不能按原定用途使用，或需在生产过程中重新加工修理后才能使用的产品。可修复废品和不可修复废品区分的标准是其废损程度和在经济上是否具有修复价值。同时满足技术上可以修复、经济上具有修复价值两个条件的废品，称为可修复废品。否则，应划归为不可修复废品。

学习时应注意产品售出后发现的废品属于三包损失，不应作为废品损失处理。

废品净损失=可修复废品的修复费用+（不可修复废品的成本-残值）

2.生产中废品损失的计算

在废品净损失的计算公式中，需要计算的主要是不可修复废品的成本，因为它们是与合格品的成本混在一起的。不可修复废品的成本可采取按废品所耗实际费用和按定额成本两种方法计算。

按废品所耗实际费用计算时，若材料在开始生产时一次投入，则废品所耗材料费用应与合格品相同，因此，可按合格品和废品的数量比例进行分配；除材料费用以外的加工费用，则可按合格品和废品的工时比例进行分配。

按定额成本计算时，是根据废品的数量、定额消耗量和单价等资料计算。其计算公式如下：

废品材料（或工时）定额消耗量=废品数量×单位产品材料（或工时）消耗定额

废品定额成本=废品单位产品定额消耗量×材料（或费用）单价

3.生产中废品损失核算的账务处理

在进行废品损失核算时，应设置的会计科目是“废品损失”科目，计算出来的不可修复废品的成本、可修复废品发生的修复费用应记入该科目的借方；对于取得的赔款、不可修复废品的残值以及结转的不可修复废品的净损失应记入该科目的贷方。其账务处理程序如下：

（1）计算出不可修复废品的成本时，应编制如下的会计分录：

借：废品损失

　贷：生产成本——基本生产成本

（2）根据“不可修复废品残值计算表”中入库的残值，应编制如下的会计分录：

借：原材料等科目

　贷：废品损失

（3）发生可修复废品的修复费用时，应编制如下的会计分录：

借：废品损失

　贷：原材料、应付职工薪酬等科目

（4）取得保险、责任人赔款时，应编制如下的会计分录：

借：银行存款等科目

　贷：废品损失

（5）计算出废品的净损失时，应编制如下的会计分录：

借：生产成本——基本生产成本

　贷：废品损失

（三）停工损失的核算

停工损失是指企业的生产车间在停工期间所发生的各项费用。停工的原因、范围、时间不同，停工损失的核算方法也就不一样。

应设置“停工损失”科目核算停工损失，当发生停工损失时，记入“停工损失”科目的借方；根据停工损失的原因不同进行结转时，应记入该科目的贷方。

四、练习题

（一）单项选择题

1.下列各项目中不属于“废品损失”科目核算内容的是（　　）。

A.修复废品人员工资　　B.修复废品使用材料

C.不可修复废品的报废损失　　D.产品“三包”损失

2.计算出来的废品净损失分配转出时，应借记的会计科目是（　　）。

A.“废品损失”　　B.“生产成本”

C.“管理费用”　　D.“制造费用”

3.由于自然灾害造成的非正常停工损失，应计入（　　）。

A.营业外收入　　B.营业外支出

C.管理费用　　D.制造费用

4.计算出来的废品净损失应（　　）。

A. 分配列入当月同种合格品的成本中

B. 分配列入当月各种合格品的成本中

C. 直接列入当月的“制造费用”科目中

D. 直接列入当月的“管理费用”科目中

5.计算出来的废品净损失，应分配转由（　　）。

A.本月的制造费用负担　　B.本月的管理费用负担

C.本月的同种产品成本负担　　D.下月的同种产品成本负担

6.企业在核算废品损失时，一般是指（　　）。

A. 辅助生产车间的废品损失

B. 基本生产车间的废品损失

C. 基本生产车间和辅助生产车间发生的废品损失

D. 产品销售后发生的废品损失

7.产品的三包损失应计入（　　）。

A.废品损失　　B.管理费用

C.制造费用　　D.销售费用

8.对于季节性停工企业在停工期间所发生的费用，应计入（　　）。

A.停工损失　　B.管理费用

C.营业外支出　　D.制造费用

9.下列各项损失中，属于废品损失的项目是（　　）。

A.入库后发现的生产中的废品损失

B.可以降价出售的不合格品降价的损失

C.产成品入库后由于保管不当发生的损失

D.产品出售后发现的废品由于包退、包换和包修形成的损失

10.应采用一定的方法核算不可修复废品损失，将废品的成本计算出来，然后，从“生产成本”科目的贷方转入（　　）科目的借方。

A.“制造费用”　　B.“管理费用”

C.“废品损失”　　D.“营业外支出”

11.企业发生的废品净损失应计入（　　）。

A.管理费用　　B.销售费用

C.生产成本　　D.营业外支出

12.产成品入库后，由于管理不当等原因造成的损失，应计入（　　）。

A.管理费用　　B.销售费用

C.生产成本　　D.营业外支出

13.在下列各项目当中，属于废品损失的项目是（　　）。

A.可修复废品的生产成本　　B.不可修复废品的生产成本

C.不合格品的降价损失　　D.自然灾害造成的产成品损失

（二）多项选择题

1.废品损失应包括（　　）。

A.不可修复废品的报废损失

B.可修复废品的修复费用

C.不合格品的降价损失

D.产品保管不善的损坏变质损失

E.产品售出后退货的费用

2.不可修复废品的净损失应包括（　　）。

A.不可修复废品的生产成本　　B.不可修复废品的残值

C.不可修复废品的应收赔款　　D.可修复废品的修复费用

E.合格品的成本

3.“废品损失”科目的借方登记（　　）。

A.可修复废品成本　　B.不可修复废品成本

C. 可修复废品的修复费用　　D. 不可修复废品的应收赔款
E. 不可修复废品的残值

4. 废品按其产生的责任划分，可分为（　　）。
A. 工废　　B. 料废
C. 可修复废品　　D. 不可修复废品
E. 废品损失

5. 废品按其是否可以和值得修复可分为（　　）。
A. 工废　　B. 料废
C. 可修复废品　　D. 不可修复废品
E. 废品损失

6. 在计算废品损失时，一般包括（　　）项目。
A. 可修复废品的修复费用　　B. 不可修复废品的修复费用
C. 不可修复废品的成本　　D. 不可修复废品的残值
E. 过失人承担的赔款损失

7. 在下列各项损失中，不属于废品损失的项目是（　　）。
A. 产品入库后发现的生产中发生的废品的损失
B. 产品入库后发现的由于保管不当发生的损失
C. 出售后发现的废品由于包退发生的损失
D. 出售后发现的废品由于包修发生的损失
E. 降价出售的不合格品的降价损失

8. “废品损失”科目贷方的对应科目可能有（　　）。
A. “生产成本”　　B. “其他应收款”
C. “制造费用”　　D. “原材料”
E. “营业外支出”

9. “废品损失”科目借方的对应科目可能有（　　）。
A. “生产成本”　　B. “其他应收款”
C. “制造费用”　　D. “原材料”
E. “应付职工薪酬”

10. 企业发生的不可修复废品损失会导致企业（　　）。
A. 产品总成本可能降低　　B. 产品总成本可能提高
C. 产品单位成本提高　　D. 产品单位成本降低

E.产品产量降低

11.生产损失一般包括（　　）。

A.废品损失　　　　　　　　B.产品盘亏损失

C.停工损失　　　　　　　　D.产品三包损失

E.车间材料损失

（三）判断题

1. 可修复废品是指经过修理后可以使用的产品。（　　）

2. 对于产品三包损失，也应作为废品损失处理。（　　）

3. 非季节性的停工损失，应列入“营业外支出”科目当中。（　　）

4. 不可修复的废品是指不能修复的废品。（　　）

5. 废品损失还包括不需要返修、可以降价出售的不合格品的降价损失。（　　）

6. 废品损失包括产成品入库后由于保管不当造成的损失。（　　）

7. 废品损失包括实行包退、包换、包修的企业在产品出售后发现废品时所发生的一切损失。（　　）

8. 结转不可修复废品的成本时，应借记“生产成本——基本生产成本”科目，贷记“废品损失”科目。不可修复废品的成本可以按其所耗实际费用计算，也可以按其所耗定额费用计算。（　　）

9. 季节性和固定资产修理期间的停工损失，应记入“管理费用”科目中。（　　）

10. 废品的净损失，包括可修复废品的修复费用、不可修复废品的成本扣除残值，应于期末直接计入当期损益，列入“本年利润”科目当中，不再计入该种产品的成本当中了。（　　）

11. 凡技术上能够修复的废品均为可修复废品。（　　）

（四）计算题

1.某企业某月份投产丁产品180件，生产过程中发现不可修复废品30件；该产品成本明细账记录的合格品与废品的全部费用为：直接材料4 500元，直接人工2 224元，制造费用5 560元。废品回收残料110元。直接材料于生产开始时一次投入，因此直接材料费用按合格品的数量（150件）、废品数量（30件）的数量比例分配。其他费用按生产工时比例分配，生产工时为：合格品2 360小时，废品420小时。应向某过失人索取赔款200元。

要求：根据上述资料，编制不可修复废品损失计算表（见表7–1），并进行相应的账务处理。

表7–1　　　　　　　　　**不可修复废品损失计算表**　　　　　　　　　金额单位：元

项目	数量（件）	直接材料	生产工时（小时）	直接人工	制造费用	合计
费用总额						
费用分配率						
废品成本						
减：残值						
废品报废损失						

2.假设某企业生产的丙产品生产过程中发现不可修复废品4件，按所耗定额费用计算废品的生产成本。其直接材料费用定额为50元，已完成的定额工时为100小时，每小时的费用定额为：直接人工1.20元，制造费用1.40元。回收残料15元。

要求：根据上述资料，编制不可修复废品损失计算表见表7–2。

表7–2　　　　　　　　　**不可修复废品损失计算表**　　　　　　　　　金额单位：元

项目	直接材料	定额工时（小时）	直接人工	制造费用	合计
单件、小时费用定额					
废品定额成本					
减：残值					
废品净损失					

第八章　在产品和产成品成本的核算

一、学习目的与要求

通过本章学习，了解在产品、产成品的概念，掌握在产品盘盈盘亏的账务处理方法；熟练掌握在产品成本计算方法的选择及各种不同在产品成本计算方法的适用范围；重点掌握各种在产品成本的计算方法及其特点。

二、预习要览

（一）关键概念

1. 在产品　　2. 产成品
3. 约当产量法　　4. 定额比例法
5. 定额成本计算法　　6. 按所耗直接材料费用计算法

（二）关键问题

1. 加强在产品和产成品成本的核算有什么重要意义？
2. 在产品和产成品成本的核算应完成哪些任务？
3. 完工产品和在产品成本计算的模式有几种？如何计算完工产品和在产品成本？
4. 在产品盘盈盘亏应如何进行账务处理？
5. 在产品成本的计算方法有几种？在选择在产品成本计算方法时应考虑哪些因素？
6. 约当产量法适用于什么条件下采用？应注意哪些问题？
7. 采用约当产量法计算在产品成本时，当原材料在开始生产时一次投入的情况下应如何计算完工产品和在产品成本？

8. 采用约当产量法计算在产品成本时，当原材料随着生产进度陆续投入但在每道工序一次投入的情况下应如何计算完工产品和在产品成本？

9. 采用约当产量法计算在产品成本时，当原材料随着生产进度陆续投入且在每道工序陆续投入的情况下，应如何计算完工产品和在产品成本？

10. 采用定额比例法计算完工产品和在产品成本适用于什么条件？应如何计算？应注意哪些问题？

11. 采用定额成本计算法计算完工产品和在产品成本适用于什么条件？应如何计算？

12. 采用按所耗直接材料费用计算法计算完工产品和在产品成本适用于什么条件？应如何计算？

13. 试比较各种不同在产品成本计算方法适用条件的不同。

三、本章重点与难点

☞ 在产品与产成品成本计算公式
☞ 在产品盘存的账务处理
☞ 完工产品和在产品成本计算方法的选择
☞ 约当产量法的适用条件及计算方法
☞ 定额比例法的适用条件及计算方法
☞ 定额成本计算法的适用条件及计算方法
☞ 按所耗直接材料费用计算法的适用条件及计算方法

（一）在产品和产成品成本核算的内容

1.完工产品和月末在产品成本的计算公式

（1）先计算完工产品成本，这时，在产品成本的计算公式如下：

在产品成本=月初在产品成本+本月发生的费用-完工产品成本

（2）先计算在产品成本，这时，完工产品成本的计算公式如下：

完工产品成本=月初在产品成本+本月发生的费用-月末在产品成本

（3）将生产费用在完工产品和在产品之间按一定的比例进行分配，同时计算出完工产品成本和在产品成本。

2.在产品清查的核算

在产品清查完后，应设置“待处理财产损溢——待处理流动资产损溢”科目进行核算。当发生盘盈时，应借记“生产成本”科目，贷记“待处理财产损溢——待处理流动资产损溢”科目。对于盘盈的在产品，一般是冲减当期的制造费用，所作的会计分录是借记“待处理财产损溢——待处理流动资产损溢”科目，贷记“制造费用”科目；对于盘亏的存货，应于盘亏时借记“待处理财产损溢——待处理流动资产损溢”科目，贷记“生产成本”科目，对于盘亏在产品的净损失，应由责任人赔偿或计入当期的管理费用当中，所作的会计分录是借记“管理费用”“其他应收款”等科目，贷记“待处理财产损溢——待处理流动资产损溢”科目。

（二）生产费用在完工产品和在产品之间的分配

1.选择在产品成本计算方法时应考虑的因素

当企业期末有在产品时，应根据每个企业的具体情况，选择一定的方法，将生产费用在完工产品和在产品之间进行分配，从而计算出完工产品和在产品的成本。选择在产品成本计算方法时应考虑的因素主要有企业月末在产品数量的多少、在产品占用金额的多少、在产品成本各月份变化的情况、各成本项目金额的比重、定额资料是否齐全等。将上述各项因素进行综合考虑后，确定出在产品成本的计算方法。在产品成本的计算方法一经确定后，没有特殊情况，不应经常变动。

2.在产品成本的计算方法

（1）不计算在产品成本法

不计算在产品成本法是指将本月发生的费用全部计入完工产品成本中，在产品不负担成本。这种方法适用于月末在产品数量很少，占用的费用金额不大的情况。

（2）在产品成本按年初数固定计算法

在产品成本按年初数固定计算法是指各月份在产品成本均按年初确定的金额固定计算，本月发生费用全部计入完工产品成本中。这种方法一般适用于在产品数量较多，占用的费用也较大，但各月份之间变化不大的情况。

（3）约当产量法

约当产量法是指将在产品的数量按其完工程度折算为相当于完工产品的产量，然后，将生产费用在完工产品和在产品约当产量之间进行分配，从而计算出完工产品和在产品成本的一种方法。这种方法一般适用于月末在产品数量较多、占用的费用金额较大、各月末在产品的数量变化较大、各成本项目的金额比例差别不大的情况。采用约当产量法计算在产品成本时，应注意如下几个问题：

① 原材料在开始生产时一次投入。这样，采用约当产量法时，由于完工产品和在产品负担的材料费用相同，所以，应将原材料在完工产品和在产品之间按数量比例进行分配；加工费用则应在完工产品产量和在产品约当产量之间进行分配。

② 原材料随着生产进度陆续投入，且在每道工序一次投入。这样采用约当产量法时，应分别计算原材料的投入程度和工时完工率，将在产品折算为约当产量。然后，采用两个不同的约当产量，分别计算材料费用分配率和加工费用分配率，将材料费用和加工费用在完工产品和在产品之间进行分配。

③ 原材料随着生产进度陆续投入，同时在每道工序也是陆续投入的。这样，采用约当产量法时，也应分别计算原材料的投入程度和工时完工率。然后，采用两个不同的约当产量，分别计算材料费用分配率和加工费用分配率，将材料费用和加工费用在完工产品和在产品之间进行分配。

（4）定额比例法

定额比例法是根据定额消耗量或定额费用的比例分配完工产品和月末在产品成本的一种方法。这种方法适用于各项消耗定额健全、准确、稳定，并且月末在产品数量变化较大的情况。采用定额比例法计算完工产品和在产品成本时，其计算步骤如下：

① 根据材料实际消耗量合计除以定额消耗量合计，计算出定额比例。

② 用完工产品和在产品定额消耗量乘以定额比例，计算出完工产品和在产品的实际消耗量。

③ 用完工产品和在产品实际消耗量分别乘以单价，计算出完工产

品和在产品的成本。

采用定额比例法计算时，上式中的定额消耗量也可采用定额费用作为标准进行计算。

在具体计算时，可分为如下几种情况：

① 首先计算出完工产品和在产品的实际消耗数量（材料或工时），然后，用实际消耗数量分别乘以材料的单价或工资率、制造费用率，计算出完工产品和在产品的成本。其优点是能用实际数量指标与定额数量指标进行对比，检查执行情况，但缺点是比较复杂。

② 直接用实际费用除以定额消耗量（或定额费用），计算出费用分配率，然后，用费用分配率乘以完工产品和在产品的定额消耗量（或定额费用），计算出完工产品和在产品成本。这种方法的优点是简便，但不能计算出实际消耗数量。

（5）定额成本计算法

定额成本计算法是指以产品的各项消耗定额为标准计算在产品成本的一种方法。这种方法适用于消耗定额完整、准确、稳定，且月末在产品数量变化不大的情况。企业在一般情况下是制定完工产品的定额，因此，应特别注意在产品定额数字的计算。若原材料是在开始生产时一次投入，则完工产品和在产品的定额成本是一样的。若原材料是随着生产进度陆续投入的，则完工产品和在产品的定额材料成本不同，应根据在产品的数量进行折算，计算在产品的材料定额成本；而加工工时一般都是随着生产进度陆续发生的，所以，在计算在产品的定额工时时，应将定额工时进行折算。一般情况下，为了简化核算工作，将定额工时的50%作为在产品的定额工时。

定额成本计算法的计算程序是，先计算在产品的定额成本，然后，将生产费用合计减去在产品的定额成本，其余额就是完工产品成本。

（6）按所耗直接材料费用计算法

按所耗直接材料费用计算法是指在产品只负担材料费用，其他加工费用全部由完工产品负担的方法。这种方法适用于在产品成本项目中，材料费用比重最大，而加工费用的比重较小的情况。在计算时，若原材料是在开始生产时一次投入的，应按完工产品和在产品的数量比例分配材料费用；若原材料不是在开始生产时一次投入的，则应将在产品的数量折算为约当产量，将材料费用在完工产品和在产品之间按约当产量的比例进行分配。在计算出完工产品和在产品的材料费用后，在产品的材料费用即为在产品的成本；将生产费用合计减去在产品成本，其余额就是完工产品成本。

（三）完工产品成本的结转

在计算出完工产品成本后，应将各种完工产品的成本进行汇总，编制“完工产品成本汇总计算表”，所作的账务处理是借记“库存商品”科目，贷记“生产成本”科目。

四、练习题

（一）单项选择题

1.采用约当产量法计算完工产品和在产品成本时，若原材料不是在开始生产时一次投入的，而是随生产进度陆续投入，但在每道工序是一次投入的，原材料消耗定额第一道工序为30千克，第二道工序为60千克，则第二道工序在产品的完工率约为（　　）。

A.67%　　　　B.22%

C.100%　　　　D.97%

2.某企业生产产品经过两道工序，各工序的工时定额分别为30小时和40小时，则第二道工序在产品的完工率约为（　　）。

A.68%　　　　B.69%

C.70%　　　　D.71%

3.采用约当产量法计算在产品成本时，影响在产品成本准确性的关键因素是（　　）。

A.在产品的数量　　　　B.在产品的完工程度

C.完工产品的数量　　　　D.废品的数量

4.定额管理基础较好，各项消耗定额或费用定额比较准确、稳定，但各月末在产品数量变化较大的产品，其在产品成本的计算通常采用（　　）。

A.定额成本法　　　　B.定额比例法

C.原材料费用法　　　　D.约当产量法

5.各项消耗定额或费用比较准确、稳定，而且各月末在产品数量变化不大的产品，其月末在产品成本的计算方法可采用（　　）。

A. 在产品按定额成本计算法

B. 在产品按完工产品计算法

C. 在产品按约当产量法

D. 在产品按所耗直接材料费用计算法

6. 在产品采用定额成本计价法计算时，其实际成本与定额成本之间的差异应计入（　　）。

A. 在产品成本　　B. 营业外支出

C. 完工产品成本　　D. 期间费用

7. 当各月末在产品数量较大，各月在产品数量变化也较大，但原材料费用在成本中所占比重较大的产品，其在产品成本的计算可采用（　　）。

A. 固定成本计算法　　B. 按所耗直接材料费用计算法

C. 约当产量法　　D. 定额成本计算法

8. 通过对在产品成本的计算，计算出完工产品的生产成本，然后将其转入（　　）科目。

A. “库存商品”　　B. “原材料”

C. “生产成本”　　D. “主营业务成本”

（二）多项选择题

1. 完工产品和月末在产品成本的计算模式主要有（　　）。

A. 先计算完工产品成本，再计算在产品成本

B. 先计算在产品成本，再计算完工产品成本

C. 先计算月初在产品成本，再计算月末在产品成本

D. 将费用在完工产品和在产品之间按一定比例分配

E. 先计算月末在产品成本，再计算月初在产品成本

2. 在产品成本的计算方法主要有（　　）。

A. 约当产量法　　B. 定额比例法

C. 定额成本法　　D. 按所耗直接材料费用计算法

E. 工时比例法

3. 企业在选择在产品成本计算方法时应考虑的因素主要有（　　）。

A. 在产品数量的多少　　B. 各月在产品数量变化的大小

C.各项费用比重的大小　　　　　D.定额管理基础的好坏

E.成本计算程序的繁简

4.采用约当产量法计算在产品成本时，一般适用于（　　）的分配。

A.销售费用　　　　　　　　　　B.一次投入的原材料费用

C.管理费用　　　　　　　　　　D.工资等加工费用

E.随生产进度陆续投入的原材料费用

5.采用约当产量法计算完工产品和在产品成本时，应具备的条件是（　　）。

A.月末在产品数量较大

B.月末在产品数量较小

C.各月末在产品数量变化较大

D.产品成本中原材料和加工费用的比重相差不大

E.产品成本中原材料和加工费用的比重相差较大

6.采用定额比例法计算在产品成本时，所使用的定额主要有（　　）。

A.材料定额消耗量　　　　　　　B.材料定额费用

C.工时定额消耗量　　　　　　　D.材料计划单位成本

E.产品产量定额

7.采用定额成本法计算在产品成本时，应具备下列条件（　　）。

A.定额管理基础较好　　　　　　B.消耗定额比较准确

C.各月末在产品数量变化不大　　D.各月末在产品数量变化较大

E.产品产量较大

8.采用按所耗材料费用计算在产品成本时，应具备的条件是（　　）。

A.产品成本中材料费用所占的比重较大

B.产品成本中材料费用所占的比重较小

C.其他加工费用比重较小

D.其他加工费用比重较大

E.产品产量较小

9."库存商品"科目的结构是（　　）。

A.借方登记入库产品的成本　　　B.借方登记发出产品的成本

C.贷方登记入库商品的成本　　　D.贷方登记发出商品的成本

E.期末余额为库存商品的成本

（三）判断题

1. 当企业完工产品入库时，所作的会计分录是借记“库存商品”科目，贷记“生产成本”科目。（ ）

2. 广义在产品包括正在加工中的产品和加工告一段落留存在半成品库和以后各步骤的半成品。（ ）

3. 对于盘盈的在产品，应于批准后，冲减“制造费用”科目。（ ）

4. 采用约当产量法计算在产品成本时，如果原材料不是在开始生产时一次投入，而是随着加工进度陆续投入的，其投料程度与加工进度完全一致，则计算材料费用的约当产量与计算加工费用的约当产量应是一致的。（ ）

5. 用于完工产品与在产品之间分配费用的约当产量法只适用于工资和其他加工费用的分配，不适用于原材料费用的分配。（ ）

6. 当企业的各项消耗定额或费用定额比较准确、稳定，而且各月末在产品数量变化不大时，可采用定额比例法计算在产品的成本。（ ）

7. 采用定额比例法计算完工产品和在产品成本时，各种费用应采用相同的分配标准。（ ）

8. 按定额成本计算法计算在产品成本时，期末在产品按定额成本计算，定额成本与实际成本之间的差异额，应在年末时采用适当的分配方法在各种产品当中进行分配。（ ）

9. 在产品按定额成本计价时，在产品费用脱离定额的差异全部由完工产品成本负担。（ ）

10. 在产品按其所耗原材料费用计价时，在产品所耗其他费用全部由完工产品成本负担。（ ）

11. 在产品按所耗原材料费用计价时，都应按完工产品与月末在产品的数量比例分配它们的原材料费用。（ ）

（四）计算题

1.东方公司生产甲产品，本月完工32台，月末在产品16台，原材料于生产开始时一次投入。期初在产品成本为：直接材料6 800元、直接人工5 600元、制造费用4 800元；本月发生费用为：直接材料70 000元、直接人工32 000元，制造费用21 200元。在产品完工程度估计为50%。

要求：采用约当产量法计算完工产品和在产品的成本。

2. 英利公司生产的丙产品月初在产品的直接材料费用为5 500元，直接人工4 500元，制造费用6 000元。本月费用为：直接材料18 500元，直接人工16 300元，制造费用26 500元。完工产品的定额原材料费用为16 000元，定额工时为11 000小时。月末在产品的定额材料费为4 000元，定额工时为2 000小时。

要求：在完工产品与月末在产品之间，直接材料费用按定额费用比例分配，其他各项费用按定额工时比例分配，并将计算结果直接填入表8-1中。

表8-1 **丙产品成本计算单** 金额单位：元

项目		直接材料	直接人工	制造费用	合计
月初在产品成本					
本月生产费用					
费用合计					
费用分配率					
完工产品费用	定额				
	实际				
月末在产品费用	定额				
	实际				

3. 远东公司生产甲产品，本月完工产品数量为500件，期末在产品数量为400件，原材料是随着加工进度陆续投入，原材料的投入程度与加工进度完全一致。期末在产品的完工程度为50%。有关费用资料见甲产品成本计算单（见表8-2）。

表8-2 **甲产品成本计算单** 单位：元

项目	直接材料	燃料和动力	直接人工	制造费用	合计
月初在产品成本	17 900	172	28	750	18 850
本月发生费用	36 000	1 032	168	2 750	39 950
合计					
完工产品成本					
月末在产品成本					

要求：采用约当产量法计算完工产品和期末在产品的成本。

4.安顺公司生产甲产品，月初在产品原材料定额费用为12 500元，工时定额为50 000小时，月初在产品的实际费用为：直接材料13 100元，燃料和动力4 100元，直接人工3 890元，制造费用11 290元。本月原材料的定额费用为25 200元，定额工时为70 000小时。本月实际费用为：直接材料23 469元，燃料和动力61 900元，直接人工48 910元，制造费用66 710元。本月完工产品原材料定额费用为13 000元，定额工时为80 000小时。

要求：根据上述资料，采用定额比例法计算完工产品成本和在产品成本，将计算结果填入表8-3中。

表8-3 **甲产品成本计算单** 金额单位：元

成本项目		直接材料	燃料和动力	直接人工	制造费用	成本合计
月初在产品费用	定额					
	实际					
本月生产费用	定额					
	实际					
生产费用累计	定额					
	实际					
费用分配率						

续表

成本项目		直接材料	燃料和动力	直接人工	制造费用	成本合计
完工产品费用	定额					
	实际					
月末在产品费用	定额					
	实际					

5.连顺公司生产甲产品，月初在产品数量为18件，本月投产12件，本月完工20件。原材料费用按完工产品与月末在产品实际数量分配，其他费用按约当产量比例分配。

要求：根据上述资料，计算约当产量和产品成本，将计算结果填入表8-4和表8-5中。

表8-4　**约当产量计算表**

工序	完工率（%）	盘存数（件）	约当产量（件）
1	15	2	
2	30	3	
3	60	4	
4	80	1	
合计	—	10	

表8-5　**产品成本计算单**　单位：元

摘要	直接材料	燃料和动力	直接人工	制造费用	合计
生产费用合计	25 680	3 660	5 856	7 808	43 004
转出产成品成本					
产成品单位成本					
在产品成本					

6.东风公司生产A产品，月初在产品直接材料费用（即在产品成

本）为60 000元，本月发生直接材料费用240 000元，直接人工3 000元，制造费用1 500元。本月完工产品60件，月末在产品40件。原材料在开始生产时一次投入。

要求：根据上述资料，采用按所耗直接材料费用计算法计算完工产品和月末在产品的成本，并将计算结果填入表8-6中。

表8-6 **产品成本计算单** 单位：元

成本项目	月初在产品成本	本月生产费用	生产费用累计	完工产品成本	月末在产品成本
直接材料					
直接人工					
制造费用					
合计					

7.顺利公司生产甲产品，原材料不是在开始生产时一次投入，而是随着生产进度陆续投入，其投入程度与工时的投入程度不一致。有关资料见表8-7。

表8-7 **定额、工时、在产品数量表**

工序	本工序原材料消耗定额（千克）	工时消耗定额（小时）	在产品数量（件）
1	50	40	30
2	30	60	60
合计	80	100	90

生产该产品月初在产品和本月发生的费用合计为：直接材料40 320元，燃料和动力费3 160元，直接人工6 320元，制造费用2 528元。本月完工产品数量为110件。

要求：根据上述资料，采用约当产量法计算完工产品和在产品成本，并将计算结果填入表8-8中。

表8-8　　**产品成本计算单**　　单位：元

摘要	直接材料	燃料和动力	直接人工	制造费用	合计
生产费用合计					
转出产成品成本					
产成品单位成本					
在产品成本					

8.安达公司生产乙产品，原材料不是在开始生产时一次投入，而是随着生产进度陆续投入，其投料程度与工时的投入程度不一致，但原材料在每道工序是一次投入的，有关资料见表8-9。

表8-9　　**定额、工时、在产品数量表**

工序	工序开始时每件在产品一次投入的原材料定额（千克）	工时定额（小时）	在产品数量（件）
1	50	8	600
2	30	4	800
合　计	80	12	1 400

本月完工产品数量为2 000件，共发生直接材料费用269 875元，燃料和动力费37 271元，直接人工43 005元，制造费用22 936元。

要求：根据上述资料，采用约当产量法计算完工产品和在产品的成本，并将计算结果填入表8-10和表8-11中。

表8-10　　**约当产量计算表**

工序	原材料			工时		
	消耗定额（千克）	完工率（%）	约当产量（件）	消耗定额（小时）	完工率（%）	约当产量（件）
1						
2						
合计						

表8-11　　**产品成本计算单**　　单位：元

摘要	直接材料	燃料和动力	直接人工	制造费用	合计
生产费用合计					
转出产成品成本					
产成品单位成本					
在产品成本					

9.金胜公司生产丙产品，有关的资料见表8-12。

表8-12　　**产品成本计算单**　　单位：元

项目	直接材料	燃料和动力	直接人工	制造费用	合计
月初在产品成本	30 000	2 000	800	900	33 700
本月发生费用	86 000	4 000	5 000	3 000	98 000
合计					
完工产品成本					
月末在产品成本					

本月份完工产品产量为600件，在产品为400件。

要求：按完工产品计算法计算完工产品和在产品成本，并将计算结果填入表8-12中。

10.海曼公司生产A产品，月初在产品费用为：直接材料40 000元，燃料和动力12 000元，直接人工6 000元，制造费用13 000元。本月生产费用为：直接材料130 000元，燃料和动力费22 000元，直接人工9 000元，制造费用18 000元，完工产品的定额直接材料费用为150 000元，定额燃料和动力费用为20 400元，定额工时为9 500小时。月末在产品的定额直接材料为50 000元，定额燃料和动力费为6 800元，定额工时为3 000小时。

要求：在完工产品与月末在产品之间，直接材料费用与燃料和动力费用按各该定额费用比例分配，其他各项费用按定额工时的比例分配。将计算的结果填入表8-13中。

表8-13　　**产品成本计算单**　　金额单位：元

成本项目		直接材料	燃料和动力	直接人工	制造费用	合计
月初在产品成本						
本月生产费用						
生产费用累计						
费用分配率						
完工产品成本	定额					
	实际					
月末在产品成本	定额					
	实际					

第九章　产品成本计算方法概述

一、学习目的与要求

通过本章学习，掌握企业的生产按工艺过程的特点和按生产组织特点的分类，各种成本计算方法的实际运用；熟练掌握成本管理的要求对成本计算方法的影响，成本计算的辅助方法；重点掌握生产类型的特点对成本计算方法的影响以及基本成本计算方法的特点。

二、预习要览

（一）关键概念

1. 简单生产
2. 复杂生产
3. 连续式复杂生产
4. 装配式复杂生产
5. 大量生产
6. 成批生产
7. 单件生产
8. 成本计算对象
9. 成本计算期

（二）关键问题

1. 企业的生产按工艺过程的特点划分可分为几类？
2. 简单生产的特点是什么？其典型企业有哪些？
3. 复杂生产的特点是什么？其典型企业有哪些？
4. 连续式复杂生产的特点是什么？其典型企业有哪些？
5. 装配式复杂生产的特点是什么？其典型企业有哪些？
6. 企业的生产按生产组织的特点划分可分为几类？
7. 大量生产的特点是什么？其典型企业有哪些？
8. 成批生产的特点是什么？其典型企业有哪些？
9. 单件生产的特点是什么？其典型企业有哪些？
10. 生产类型的特点对成本计算方法的影响表现在哪些方面？

11. 在计算产品成本时应如何确定产品成本计算对象？不同生产类型的企业成本计算对象应如何确定？

12. 在计算产品成本时成本计算期应如何确定？不同生产类型的企业成本计算期应如何确定？

13. 不同类型的生产企业，在产品成本应如何进行计算？

14. 在大量大批简单生产的企业应采用什么方法计算产品成本？

15. 在大量大批复杂生产的企业应采用什么方法计算产品成本？

16. 在单件小批复杂生产的企业应采用什么方法计算产品成本？

17. 企业成本管理的要求对成本计算方法有什么影响？

18. 什么是辅助成本计算方法？辅助成本计算方法有几种？为什么在进行成本计算时要采用辅助成本计算方法？

19. 辅助成本计算方法和基本成本计算方法的关系如何？

20. 在企业里如何同时使用几种成本计算方法？

21. 在企业里如何结合使用几种成本计算方法？

三、本章重点与难点

☞ 企业的生产按工艺过程特点的划分

☞ 企业的生产按生产组织特点的划分

☞ 生产类型的特点对成本计算方法的影响

☞ 企业成本计算对象的确定

☞ 企业成本计算期的确定

☞ 在产品成本计算方法的确定

☞ 大量大批简单生产企业成本计算方法的确定

☞ 大量大批复杂生产企业成本计算方法的确定

☞ 单件小批复杂生产企业成本计算方法的确定

☞ 成本管理要求对成本计算方法的影响

☞ 各种产品成本计算方法的实际运用

（一）企业的生产类型及其特点

1.企业的生产按工艺过程的特点划分

企业的生产按工艺过程的特点划分，可分为简单生产和复杂生产两类，复杂生产按其产品生产过程的加工方式不同，可分为连续式复杂生产和装配式复杂生产两类。

2.企业的生产按生产组织的特点划分

企业的生产按生产组织的特点划分，可分为大量生产、成批生产和单件生产三种类型，其中成批生产按批量的大小，还可分为大批生产和小批生产两类。

（二）生产类型的特点及成本管理的要求对成本计算方法的影响

1.生产类型的特点对成本计算方法的影响

生产类型的特点对成本计算方法的影响主要表现在三个方面，即成本计算对象、成本计算期、生产费用在完工产品和在产品之间进行分配的问题。这三个方面的有机结合构成某一种成本计算方法的主要特点。

（1）成本计算对象。在大量大批简单生产的企业里，其成本计算对象是每种产品；在大量大批复杂生产的企业里，其成本计算对象是每种产品和它所经过的生产步骤的成本；在单件小批复杂生产的企业里，其成本计算对象是每一订单产品或每批产品。

（2）成本计算期。在大量大批生产的企业里，定期于月末计算产品成本，其成本计算期与会计结算期一致，而与产品的生产周期不一致；在单件小批复杂生产的企业里，是不定期计算产品成本，其成本计算期与产品的生产周期相一致，而与会计结算期不一致。

（3）在产品成本的计算。在大量大批简单生产的企业里，一般没有在产品，或在产品很少，所以一般不需要将生产费用在完工产品和在产品之间进行分配；在大量大批复杂生产的企业里，经常有大量的在产品，而且在产品占用的金额较大，所以，需要将生产费用在完工产品和在产品之间进行分配；在单件小批复杂生产的企业里，产品往往同时投产同时完工，所以，一般也不需要将生产费用在完工产品和在产品之间进行分配。

通过分析，以不同的成本计算对象为标志的三种不同的成本计算方法为品种法、分步法和分批法。

2.成本管理的要求对成本计算方法的影响

成本管理的要求对成本计算方法也有重要的影响，如在大量大批复杂生产的企业，若成本管理不需要计算各步骤的成本，则可采用品种法计算成本，而不必采用分步法进行计算。

3.成本计算的辅助方法

成本计算的辅助方法包括定额法和分类法两种，这两种方法不能单独使用，必须结合基本成本计算方法当中的一种才能使用，是为了解决成本管理当中的某一方面的问题而采用的。

（三）各种成本计算方法的实际运用

1.同时使用几种成本计算方法

一些大型企业的生产车间较多，生产的产品种类也较多，因此，不同的车间、生产的不同产品，可根据具体情况采用不同的成本计算方法。

2.结合使用几种成本计算方法

在生产同一种产品时，在不同的工序，也可采用不同的成本计算方法进行成本计算。

四、练习题

（一）单项选择题

1.生产的特点和管理的要求对成本计算方法的影响主要表现在（　　）方面。

A.生产组织的特点　　B.工艺过程的特点

C.生产管理的要求　　D.产品成本计算对象的确定

2.在大量生产的企业里，要求连续不断地重复生产一种或若干种产品，因而管理上只要求而且也只能按照（　　）计算成本。

A.产品的批别　　B.产品的品种

C.产品的类别　　D.产品的步骤

3.在大量大批管理上不要求计算步骤成本的多步骤生产企业里，应采用的成本计算方法是（　　）。

A.品种法　　B.分批法

C.分类法　　D.分步法

4.在大量大批单步骤生产或管理上不要求分步骤计算成本的多步骤生产的企业里，应采用的成本计算方法是（　　）。

A.品种法　　B.分批法

C.分类法　　D.分步法

5.最基本的成本计算方法是（　　）。

A.品种法　　B.分批法

C.分步法　　D.分类法

（二）多项选择题

1.工业企业的生产，按其生产组织的特点划分，可分为（　　）。

A.大量生产　　B.成批生产

C.单步骤生产　　D.单件生产

E.多步骤生产

2.工业企业的生产，按其工艺过程的特点划分，可分为（　　）。

A.大量生产　　B.成批生产

C.单步骤生产　　D.单件生产

E.多步骤生产

3.在多步骤生产的企业里，为了计算各生产步骤的成本，加强各个生产步骤的生产管理，一般要求按照（　　）计算成本。

A.产品的品种　　B.产品的批别

C.产品的类别　　D.产品的生产步骤

E.产品的件别

4.为了适应各种生产的特点和管理的要求，在成本计算工作中有着以三种不同的产品成本计算对象为标志的三种不同的成本计算方法，即（　　）。

A.品种法　　B.分批法

C.分类法　　D.分步法

E.定额法

5.品种法的适用范围是（　　）。

A. 大量大批生产

B. 小批单件生产

C. 单步骤生产或管理上不要求分步骤计算成本的多步骤生产

D. 管理上要求分步骤计算成本的多步骤生产

E. 管理上要求分步骤计算成本的单步骤生产

6.分步法的适用范围是（　　）。

A. 大量大批生产

B. 小批单件生产

C. 单步骤生产或管理上不要求分步骤计算成本的多步骤生产

D. 管理上要求分步骤计算成本的多步骤生产

E. 管理上要求分步骤计算成本的单步骤生产

7. 在下述成本计算方法中，属于辅助成本计算方法的是（　　）。

A. 分类法　　B. 品种法

C. 分步法　　D. 分批法

E. 定额法

8. 生产类型的特点对成本计算方法的影响主要表现在（　　）。

A. 成本计算对象　　B. 成本计算期

C. 成本项目　　D. 成本归集的程序

E. 在产品的计价方法

9. 成本项目一般包括（　　）。

A. 直接材料　　B. 直接人工

C. 外购材料　　D. 外购动力

E. 制造费用

（三）判断题

1. 企业的生产按其工艺过程的特点划分，可分为单步骤生产和多步骤生产两类。（　　）

2. 企业的生产按其生产组织方式的特点划分，可分为大量生产、成批生产和单件生产。（　　）

3. 在大量大批生产的企业里，一般是在产品完工时计算成本。（　　）

4. 在单件小批生产的企业里，一般是定期于月末计算成本。（　　）

5. 辅助生产车间如供水、供电车间，通常采用分批法计算成本。（　　）

6. 不论采用什么组织方式的制造企业、生产什么类型的产品，也不论成本管理要求如何，最终都必须按照产品品种计算出产品成本。（　　）

第十章　成本计算的品种法

一、学习目的与要求

通过本章学习，了解费用分配表如何编制、成本明细账怎样登记，一般了解品种法的适用范围和品种法的不同运用；掌握品种法的成本计算程序和品种法的基本特点，重点掌握典型品种法的具体运用。

二、预习要览

（一）关键概念

1. 品种法　　2. 简单品种法

3. 典型品种法　　4. 成本计算程序

（二）关键问题

1. 为什么说品种法是成本计算的最基本方法？

2. 品种法的适用情况如何？

3. 如何应用品种法计算产品的生产成本？其成本计算要通过哪些步骤？

4. 在生产单一产品和多种产品的企业，应用品种法计算产品生产成本有何区别？

5. 品种法有哪些特点？

6. 简单品种法与典型品种法有何区别？

7. 简单品种法具有哪些特点？

三、本章重点与难点

☞ 品种法的基本特点

☞ 品种法的运用

☞ 典型品种法的成本计算程序

（一）品种法的概念

品种法是以产品的品种作为成本计算对象，归集生产费用，计算产品成本的一种方法。品种法是最基本的成本计算方法。一些成本计算的辅助方法，如分类法等方法，实际上都是在品种法基础上的变通运用。

（二）品种法的适用范围

（1）大量大批单步骤生产类型的企业。在这种类型的企业中，没有必要，也不可能划分生产步骤计算产品成本，只能以产品品种作为成本计算对象，例如发电、采掘等企业。

（2）企业生产规模较小，或按流水线组织生产，或集中封闭式生产，管理上不要求按照生产步骤计算产品成本的大量大批多步骤生产类型的企业或车间，例如砖瓦厂、造纸厂和小型水泥厂等。

（三）品种法的特点

1.以产品品种作为成本计算对象

如果企业只生产一种产品，成本计算对象就是该种产品。生产中所发生的生产费用都是直接费用，可以直接根据有关凭证和费用分配表，分成本项目全部列入该种产品的成本计算单中。

如果企业生产多种产品，成本计算对象则是每种产品。需要按每种产品分别设置产品成本计算单，生产中发生的生产费用，要区分为直接费用和间接费用。凡能分清应由某种产品负担的直接费用，应直接记入该种产品的成本计算单中；对于几种产品共同耗用而又分不清应由哪种产品负担多少数额的间接费用，应采用适当的分配方法，在各种产品之间直接进行分配；或先另行归集，再经分配计入各成本计算单中的有关成本项目中。

2.按月定期计算产品成本

从其生产工艺过程看，品种法既适用于单步骤生产，也适用于多步骤生产，但从生产组织方式上看，大多是大量大批生产，是连续不断地重复着某种或几种产品的生产，经常有很多完工产品，不能等到产品全部制造完工时再计算成本，而只能定期在期末计算成本。

3.区别不同的情况计算或不计算在产品成本

（1）不计算在产品成本：如果没有在产品，或在产品数量很少，占用生产费用的数额不大，全部生产费用都由完工产品负担，不需要计算在产品成本。

（2）计算在产品成本：如果有在产品，而且数量较多，占用费用较大，应采用适当的分配方法计算在产品的成本。

（四）品种法的类型

（1）简单品种法：应用于大量大批单步骤生产类型企业。这类企业一般没有在产品，其所发生的生产费用都是直接费用，可直接记入生产成本明细账，并根据产品产量，计算其单位成本，成本计算程序相对来说比较简单。企业内部辅助生产车间也可以采用简单品种法。

（2）典型品种法：应用于管理上不要求按照生产步骤计算成本的某些小型多步骤生产企业。这类企业要按不同品种产品设置产品成本计算单，所发生的生产费用既有应直接计入的直接费用，也有需要分配计入的间接费用，通常还需计算每种产品的完工产品成本和月末在产品成本，成本计算相对要复杂一些。

（五）品种法成本计算程序

成本计算程序是指对产品生产过程中所发生的各项费用，按照财务会计制度的规定，进行审核、归集和分配，计算完工产品成本和月末在产品成本的过程。

1.简单品种法成本计算程序

简单品种法成本计算程序相对简化，主要体现在成本计算对象品种单一，费用的发生较为直接，无须分配，按费用项目直接归集即可。由于月末没有在产品，汇总本月发生的生产费用，即可求得完工产品的总成本。在简单品种法下，可按照发生的费用项目设置“生产成本明细账”的专栏，各生产单位发生的全部生产费用都为直接费用，应根据原始凭证或各项费用分配表编制记账凭证，直接登记“生产成本明细账”的相应项目，月末汇总“生产成本明细账”，编制“产品成本计算单”，结转完工产品成本。

2.典型品种法成本计算程序

（1）根据领料单、限额领料单、考勤簿、产量记录、折旧计算表及其他费用凭证编制要素费用分配表。

（2）根据要素费用分配表，登记“产品成本明细账”“辅助生产成本明细账”“制造费用明细账”“废品损失明细账”。

（3）分配辅助生产车间制造费用。
（4）分配辅助生产费用。
（5）分配基本生产车间制造费用。
（6）计算不可修复废品损失。
（7）结转废品损失。
（8）结转各产品成本计算单中的完工产品成本。

四、练习题

（一）单项选择题

1.最基本的成本计算方法是（　　）。
A.品种法　　B.分批法
C.分步法　　D.分类法

2.下列企业中，最常采用品种法计算产品成本的是（　　）。
A.纺织厂　　B.发电厂
C.制衣厂　　D.钢铁厂

3.品种法的成本计算对象是（　　）。
A.产品品种　　B.产品类别
C.批别或订单　　D.生产步骤

4.若企业只生产一种产品，则发生的费用（　　）。
A.全部是直接计入费用　　B.全部是间接计入费用
C.部分是直接计入费用　　D.部分是间接计入费用

（二）多项选择题

1.品种法的特点是（　　）。
A. 要求按产品的品种计算成本
B. 按月定期计算产品成本
C. 简单品种法一般要计算在产品成本
D. 一般适用于大量大批生产
E. 成本计算期与生产周期一致

2.品种法一般适用于（　　）。
A. 大量大批的单步骤生产企业
B. 供电、供水等单步骤的辅助生产企业

C. 单件小批生产的企业

D. 大量大批多步骤生产，管理上不要求按照生产步骤计算产品成本的企业

E. 成本管理要求较高的企业

3. 下面对品种法的正确表述有（　　）。

A. 以产品的品种作为成本计算对象

B. 成本计算程序较为复杂

C. 是大量大批多步骤生产企业必须采用的成本计算方法

D. 简单品种法一般不需要将生产费用在完工产品和在产品之间进行分配

E. 分类法是品种法的变通运用

4. 常见的品种法有（　　）。

A. 简单品种法　　B. 复杂品种法

C. 典型品种法　　D. 分类法

E. 系数法

（三）判断题

1. 品种法一般适用于大量大批单步骤生产的企业。（　　）

2. 辅助生产车间如供水、供电车间，通常采用分批法计算成本。（　　）

3. 不论什么组织方式的制造企业，不论生产什么类型的产品，也不论成本管理要求如何，最终都必须按照产品品种计算产品成本。（　　）

4. 典型品种法一般不需要将生产费用在完工产品和在产品之间进行分配。（　　）

5. 品种法是按月定期计算产品成本的。（　　）

6. 简单品种法下需要将间接费用归集后再按照一定的分配标准进行分配。（　　）

（四）计算题

1. 某工业企业产品成本计算采用品种法。2×25年5月份基本生产车间有关材料费用、职工薪酬、其他费用等资料见表10-1、表10-2和表10-3。制造费用在各产品之间采用实际工时比例法进行分配。月末在

产品按定额成本计算，产品定额成本资料见表10–4。本月甲产品完工80件，月末在产品20件；在产品原材料已投足，加工程度平均为50%。

表10–1 **材料费用分配表**

2×25年5月 单位：元

项目	直接计入	分配计入	合计
甲产品	50 000	40 000	90 000
乙产品	30 000	70 000	100 000
车间一般消耗		2 000	2 000

表10–2 **职工薪酬分配表**

2×25年5月 金额单位：元

<table>
<tr><th rowspan="2">项目</th><th rowspan="2" colspan="2">直接计入</th><th colspan="2">分配计入</th><th rowspan="2">合计</th></tr>
<tr><th>生产工时（小时）</th><th>分配额</th></tr>
<tr><td rowspan="3">生产工人</td><td>甲产品</td><td>20 000</td><td>4 000</td><td></td><td></td></tr>
<tr><td>乙产品</td><td>18 000</td><td>2 000</td><td></td><td></td></tr>
<tr><td>小计</td><td>38 000</td><td>6 000</td><td>30 000</td><td></td></tr>
<tr><td colspan="2">车间管理人员</td><td>21 000</td><td></td><td></td><td></td></tr>
</table>

表10–3 **其他费用**

2×25年5月 单位：元

项目	办公费	水电费	折旧费	热处理费	其他
金额	10 000	6 000	7 000	3 000	50 000

表10–4 **甲产品定额成本**

2×25年5月 单位：元

项目	直接材料	直接人工	制造费用
定额成本	980	695	510

要求：根据已知资料，计算并填列“甲产品成本明细账”有关项目，见表10–5。

表10-5　　　　　　　　**甲产品成本明细账**

2×25年5月　　　　　　　　　　单位：元

2×25年		摘要	直接材料	直接人工	制造费用	合计
月	日					
5	1	在产品成本	29 400	10 425	7 650	47 475
	31	本月发生费用				
	31	生产费用累计				
	31	完工产品成本				
	31	在产品成本				

2.某企业为单步骤简单生产企业，设有一个基本生产车间，大量生产甲、乙两种产品；另设有供水、热处理两个辅助生产车间，为全厂提供产品和劳务。

（1）辅助生产车间不单独核算制造费用。辅助生产车间之间相互提供的产品和劳务，采用的是计划成本分配法。

（2）原材料均为生产开始时一次投入。月末在产品完工程度均为50%。

（3）甲、乙产品共同耗用的材料费用按定额耗用量比例分配。

（4）生产工人工资按甲、乙两产品生产工时比例分配。

（5）制造费用按甲、乙两产品生产工时比例分配。

该企业2×25年6月份的成本资料如下：

工时记录：甲产品耗用工时为4 000小时，乙产品耗用工时为4 500小时；产量资料、月初在产品成本资料、本月发生的生产费用，包括材料费用、工资及福利费用、折旧费用、其他费用资料、辅助生产产品及劳务供应量资料见表10-6至表10-12。

表10-6　　　　　　　　**产量资料**

2×25年6月　　　　　　　　　　单位：件

产品名称	月初在产品	本月投入	本月完工产品	月末在产品
甲产品	50	700	450	300
乙产品	70	580	650	

表10-7 **月初在产品成本资料**

2×25年6月 单位：元

产品名称	直接材料	直接人工	制造费用
甲产品	10 000	4 080	6 186
乙产品	9 175	7 030	3 034

表10-8 **材料费用表**

2×25年6月 金额单位：元

领料用途	直接领用A材料	共同耗用B材料	合计	B材料定额耗用量（千克）
甲产品	40 000			1 000
乙产品	50 000			1 100
小计	90 000	21 000	111 000	
基本生产车间一般耗用	5 000		5 000	
热处理车间	14 000		14 000	
供水车间	6 000		6 000	
合 计	115 000	21 000	136 000	

表10-9 **工资及福利费用表**

2×25年6月 单位：元

人员类别	应付职工薪酬	应付福利费
产品生产工人	17 000	2 380
热处理车间	10 000	1 400
供水车间	8 000	1 120
基本生产车间一般耗用	7 000	980
合计	42 000	5 880

表10-10　　折旧费用表

2×25年6月　　单位：元

车间名称	金额
基本生产车间	10 000
热处理车间	4 000
供水车间	6 000
合计	20 000

表10-11　　其他费用表

2×25年6月　　单位：元

车间名称	费用项目					
	低值易耗品摊销	办公费	电费	保险费	其他	合计
基本生产车间	1 600	500	2 800	2 200	400	7 500
热处理车间	800	200	1 000	500	500	3 000
供水车间	500	400	1 800	1 200	600	4 500
合计	2 900	1 100	5 600	3 900	1 500	15 000

表10-12　　辅助生产产品及劳务供应量

2×25年6月

受益单位	热处理车间（小时）	供水车间（吨）	单位计划成本
供水车间	100	—	0.9元/吨
热处理车间	—	1 000	10元/小时
基本生产车间	3 100	29 000	
合计	3 200	30 000	

要求：根据上述资料，按照品种法计算产品成本（有关会计分录略）。计算用表见表10-13至表10-23。

表10-13

材料费用分配表

2×25年6月

金额单位：元

<table>
<tr><td colspan="3">应借账户</td><td rowspan="2">A材料</td><td colspan="3">B材料</td><td rowspan="2">合计</td></tr>
<tr><td>总账账户</td><td>明细账户</td><td>成本或费用项目</td><td>定额用量（千克）</td><td>分配率</td><td>分配额</td></tr>
<tr><td rowspan="3">基本生产成本</td><td>甲产品</td><td>直接材料</td><td></td><td></td><td></td><td></td><td></td></tr>
<tr><td>乙产品</td><td>直接材料</td><td></td><td></td><td></td><td></td><td></td></tr>
<tr><td colspan="2">小计</td><td></td><td></td><td></td><td></td><td></td></tr>
<tr><td rowspan="3">辅助生产成本</td><td>热处理车间</td><td>机物料</td><td></td><td></td><td></td><td></td><td></td></tr>
<tr><td>供水车间</td><td>机物料</td><td></td><td></td><td></td><td></td><td></td></tr>
<tr><td colspan="2">小计</td><td></td><td></td><td></td><td></td><td></td></tr>
<tr><td>制造费用</td><td>基本生产车间</td><td>机物料</td><td></td><td></td><td></td><td></td><td></td></tr>
<tr><td colspan="3">合计</td><td></td><td></td><td></td><td></td><td></td></tr>
</table>

表10-14

工资及福利费用分配表

2×25年6月

金额单位：元

<table>
<tr><td colspan="3">应借账户</td><td rowspan="2">分配标准（生产工时）</td><td rowspan="2">分配率</td><td rowspan="2">应分配工资</td><td rowspan="2">应分配福利费</td><td rowspan="2">合计</td></tr>
<tr><td>总账账户</td><td>明细账户</td><td>成本或费用项目</td></tr>
<tr><td rowspan="3">基本生产成本</td><td>甲产品</td><td>直接人工</td><td></td><td></td><td></td><td></td><td></td></tr>
<tr><td>乙产品</td><td>直接人工</td><td></td><td></td><td></td><td></td><td></td></tr>
<tr><td colspan="2">小计</td><td></td><td></td><td></td><td></td><td></td></tr>
<tr><td rowspan="3">辅助生产成本</td><td>热处理车间</td><td>职工薪酬</td><td></td><td></td><td></td><td></td><td></td></tr>
<tr><td>供水车间</td><td>职工薪酬</td><td></td><td></td><td></td><td></td><td></td></tr>
<tr><td colspan="2">小计</td><td></td><td></td><td></td><td></td><td></td></tr>
<tr><td>制造费用</td><td>基本生产车间</td><td>职工薪酬</td><td></td><td></td><td></td><td></td><td></td></tr>
<tr><td colspan="3">合计</td><td></td><td></td><td></td><td></td><td></td></tr>
</table>

表10-15　　**折旧及其他费用汇总表**

2×25年6月　　单位：元

应借账户		金额						
总账账户	明细账户	折旧费	低值易耗品摊销	办公费	电费	保险费	其他	合计
制造费用	基本生产车间							
辅助生产成本	热处理车间							
	供水车间							
	小计							
合计								

表10-16　　**辅助生产费用明细账（热处理车间）**

2×25年6月　　单位：元

2×25年		摘要	机物料	职工薪酬	折旧费	其他费用	合计金额	转出	累计金额
月	日								
6	30	材料费用分配表							
	30	工资及福利费用分配表							
	30	折旧及其他费用汇总表							
	30	辅助生产费用分配表							
	30	辅助生产费用分配表							
		合计							

表10-17　　**辅助生产费用明细账（供水车间）**

2×25年6月　　单位：元

2×25年		摘要	机物料	职工薪酬	折旧费	其他费用	合计金额	转出	累计金额
月	日								
6	30	材料费用分配表							

续表

2×25年		摘要	机物料	职工薪酬	折旧费	其他费用	合计金额	转出	累计金额
月	日								
	30	工资及福利费用分配表							
	30	折旧及其他费用汇总表							
	30	辅助生产费用分配表							
	30	辅助生产费用分配表							
		合计							

表10-18 **辅助生产费用分配表**

2×25年6月

金额单位：元

劳务耗费 劳务供应			热处理车间		供水车间		合计
			数量（小时）	费用	数量（吨）	费用	
待分配的数量和费用							
计划单位成本							
辅助生产成本	热处理车间	水费					
	供水车间	热处理费					
	小计						
制造费用	基本生产车间	水费					
		热处理费					
	小计						
按计划成本分配合计							
辅助生产实际成本							
辅助生产成本差异							

表10-19　　　　制造费用明细账（基本生产车间）

2×25年6月　　　　单位：元

2×25年		摘要	机物料	职工薪酬	折旧费	低值易耗品摊销	办公费	保险费	电费	其他	热处理费	水费	合计
月	日												
6	30	材料费用分配表											
	30	工资及福利费用分配表											
	30	折旧及其他费用汇总表											
	30	辅助生产费用分配表											
	30	待分配费用合计											
6	30	制造费用分配转出											

表10-20　　　　制造费用分配表

2×25年6月　　　　金额单位：元

分配对象	分配标准（生产小时）	分配率	应分配金额
甲产品			
乙产品			
合计			

表10-21　　　　基本生产成本明细账（甲产品）

月末在产品数量：300件

完工产品数量：450件　　　　2×25年6月　　　　金额单位：元

2×25年		凭证号数	摘要	成本项目			合计
月	日			直接材料	直接人工	制造费用	
6	1		月初在产品成本				
	30	略	材料费用				
	30	略	工资费用				
	30	略	制造费用				

续表

2×25年		凭证号数	摘要	成本项目			合计
月	日			直接材料	直接人工	制造费用	
			生产费用合计				
			分配率				
	30		结转完工产品成本				
	30		月末在产品成本				

表10-22　　**基本生产成本明细账（乙产品）**

月末在产品数量：0

完工产品数量：650件　　2×25年6月　　单位：元

2×25年		凭证号数	摘要	成本项目			合计
月	日			直接材料	直接人工	制造费用	
6	1		月初在产品成本				
	30	略	材料费用				
	30	略	工资费用				
	30	略	制造费用				
			生产费用合计				
	30		结转完工产品成本				

表10-23　　**完工产品成本汇总表**

2×25年6月　　金额单位：元

成本项目	甲产品（450件）		乙产品（650件）	
	总成本	单位成本	总成本	单位成本
直接材料				
直接人工				
制造费用				
合计				

五、案例

杨阳是某财经大学会计学院在校本科生，暑假期间为巩固自己所学的会计理论知识，来到了妈妈所在的星海发电厂实习。妈妈恰巧是该厂的一名成本核算员，她先给杨阳介绍了工厂的生产特点。妈妈告诉杨阳：星海发电厂属于单步骤大量生产企业，只生产电力一种产品，设有燃料、锅炉、汽机、电机四个基本生产车间和一个热处理辅助生产车间。该企业采用品种法计算电力产品成本，设置“生产成本明细账”和“电力产品成本计算单”等明细账，“生产成本明细账”中设“燃料费”“水费”“材料费”“职工薪酬”“折旧费”“低值易耗品摊销”“其他费用”等成本项目。妈妈为了检验杨阳的理论与实践结合的能力，将星海发电厂2×25年8月发生的经济业务汇总后，交给杨阳如下资料：

（1）根据有关凭证编制的“燃料费用分配表”见表10-24。

表10-24 **燃料费用分配表**

2×25年8月 金额单位：元

燃料名称	数量（吨）	单价（元/吨）	金额
阜新原煤	500	300	150 000
大同原煤	600	200	120 000
合计	1 100	—	270 000

（2）汇总的“材料费用、职工薪酬等费用分配表”见表10-25。

表10-25 **材料费用、职工薪酬等费用分配表**

2×25年8月 单位：元

车间	材料费用	工资	福利费	水费	折旧费	低值易耗品摊销	其他
燃料车间	10 000	20 000	2 800	300	2 000	100	1 800
锅炉车间	4 500	40 000	5 600	22 000	1 500	200	2 700
汽机车间	11 200	32 000	4 480	1 000	1 800	120	2 200
电机车间	22 200	21 000	2 940	800	1 100	90	2 200

续表

车间	材料费用	工资	福利费	水费	折旧费	低值易耗品摊销	其他
热处理车间	4 200	10 000	1 400	600	3 000	150	1 620
合计	52 100	123 000	17 220	24 700	9 400	660	10 520

（3）本月电力生产量为3 820千度，其中厂用电量820千度，厂供电量3 000千度。

要求：妈妈让杨阳解释如下问题：

（1）星海发电厂应该用何种方法计算产品成本？

（2）简单品种法与典型品种法的区别是什么？

（3）帮助妈妈编制“生产成本明细账”和“电力产品成本计算单”，计算星海发电厂2×25年8月电力产品总成本和单位成本。

◆ **案例参考答案**

电力产品总成本为507 600元，单位成本为169.20元。

第十一章　成本计算的分批法

一、学习目的与要求

通过本章学习，了解分批法的适用范围，一般了解分批法的成本计算程序；掌握成本计算分批法的含义；熟练掌握分批法的特点；重点掌握如何确定分批法的成本计算对象以及如何分配间接费用。

二、预习要览

（一）关键概念

1. 分批法　　2. 分批零件法

3. 当月分配法　　4. 累计分配法

（二）关键问题

1. 什么是产品成本计算的分批法？

2. 分批法与品种法相比，有哪些特点？

3. 在分批法中，如何确定成本计算对象？

4. 什么是间接费用的当月分配法？应如何应用当月分配法来分配间接费用？

5. 什么是间接费用的累计分配法？应如何应用累计分配法来分配间接费用？

6. 采用分批法计算产品成本应经过哪些步骤？

7. 在分批法中，什么情况下需要在批内计算完工产品成本和在产品成本？如何计算？

8. 说明分批法的适用范围。

9. 间接费用的当月分配与累计分配有何区别？

10. 分批零件法与分批法的区别表现在哪些方面？

11. 说明分批零件法的成本计算程序。

三、本章重点与难点

☞ 分批法下如何确定成本计算对象

☞ 分批法下间接费用如何分配

☞ 何谓当月分配法

☞ 何谓累计分配法

☞ 分批法的成本计算程序

（一）分批法的含义

成本计算分批法，是以产品的批别（或订单）为成本计算对象，归集生产费用，计算产品成本的一种方法，亦称订单法。

（二）分批法的适用范围

（1）分批法一般适用于单件小批生产类型的企业，例如船舶制造、重型机械制造以及精密仪器、专用设备生产企业。

（2）新产品的试制、工业性修理作业和辅助生产的工具模具制造等也可以采用分批法计算成本。

（三）分批法的特点

1.分批法的成本计算对象是产品的批别（或订单）

产品的批别（或订单）通常是由企业的生产计划部门负责组织的，生产计划部门依据用户订单签发一式多份的“生产任务通知单”。

供应部门据以备料；生产部门据以安排生产；财会部门据以确定成本计算对象，设置成本计算明细账。

某批产品直接发生的费用，应根据原始凭证或费用分配表，直接记入该批产品成本计算单的有关项目中；对于不能按批别划分的间接费用，则应按费用发生的地点先加以归集，期末再在各受益对象之间进行分配。间接费用可采用“当月分配法”或“累计分配法”在各批产品之间进行分配。

2.成本计算期是生产周期

采用分批法计算产品成本的企业，各批产品成本计算单虽然仍按月归集费用，但只有在该批次或订单产品全部完工时，才能计算其实际成本。因此，分批法的产品成本计算是不定期的，成本计算期与某批次或订单产品的生产周期一致。

3.月末在产品成本通常不需要在完工产品与月末在产品之间分配，但特殊情况除外

如果产品批量较大，出现产品跨月陆续完工和分次交货的情况时，就应该采取适当的方法计算完工产品成本和月末在产品成本。其计算方法一般有两类：

（1）在大批量投产，批内陆续完工数量不多的情况下，可以采用按计划成本、定额成本或近期同种产品实际成本计算完工产品成本的方法，从成本计算单中转出批内完工产品的成本，剩余生产费用即为在产品成本。

（2）大批投产，批内跨月完工数量较多的情况，则应采用适当的方法，如约当产量法等，在完工产品和在产品之间分配费用。

但这两类计算方法，由于都带有一定的假定性，所以，还需在整批产品全部完工时，重新计算该批产品的总成本和单位成本。

（四）分批法间接费用的分配

（1）当月分配法：是指分配间接费用（主要为制造费用）时，不论各批次或各订单产品是否完工，都要按当月分配率分配其应负担的间接费用。采用这种分配法，各月份月末间接费用明细账没有余额，未完工批次或订单也要按月结转间接费用。

（2）累计分配法：是指分配间接费用时，只对当月完工的批次或订单按累计分配率进行分配，将未完工批次或订单的间接费用总额保留在间接费用明细账中不进行分配。但在各批产品成本计算单中要按月登记发生的工时，以便计算各月的累计分配率和在某批次产品完工时，按其累计工时汇总结转应负担的间接费用总额。

采用“累计分配法”，间接费用明细账月末留有余额，完工批次或订单一次负担其间接费用，因此，可以简化成本核算工作。但是，如果各月份的间接费用水平相差悬殊，采用这种方法会影响到各月成本计算的准确性。

（五）分批法成本计算程序

（1）根据领料单、限额领料单、考勤簿、产量记录、折旧计算表及其他费用凭证编制要素费用分配表。

（2）根据要素费用分配表，登记“分批产品成本明细账”“辅助生

产成本明细账”“制造费用明细账”。

（3）分配辅助生产车间制造费用，将辅助生产车间归集的制造费用分配转入辅助生产成本明细账。

（4）分配辅助生产费用。汇集辅助生产车间发生的费用，按其提供的劳务数量，在各批别或订单产品、基本生产车间的制造费用以及其他受益对象之间进行分配。对于辅助生产车间生产的产品，应计算其完工产品成本，从辅助生产成本明细账中转出。

（5）分配基本生产车间制造费用。汇总基本生产车间“制造费用明细账”中归集的制造费用，根据投产的批别或订单的完成情况，选择采用“当月分配法”或“累计分配法”分配制造费用。

（6）计算完工产品成本。

（7）结转各批别产品成本计算单中的完工产品成本。月末将各批完工产品成本以及批内陆续完工产品的成本加以汇总，编制“完工产品成本汇总表”，结转完工入库产品的成本。

（六）分批零件法的概念

分批零件法是分批法延伸或派生的一种成本计算方法，同属于分批法类型。它是以投产的每批零件、部件和成品作为成本计算对象，分别归集生产费用，依次计算零件、部件和成品成本的一种成本计算方法。分批零件法适用于零部件种类较少的装配式成批生产的企业，如仪器、仪表、机器制造企业。

（七）分批零件法的特点

（1）以投产的主要零件、部件和产成品的批别作为成本计算对象。

（2）成本计算是不定期的。

（3）企业生产是按照零件生产、部件生产和成品组装的顺序进行的，因此其成本计算的顺序也是先从计算零件成本开始，依次计算部件成本，到最后计算产成品成本。

（4）零件、部件、成品明细账中的在产品指的是狭义在产品。

（5）按照零件、部件和成品归集的生产费用，期末必须在本期完工的零件、部件、成品与期末尚未制造完工的零件、部件、成品之间进行分配，确定零件、部件、成品生产的总成本和单位成本。

（八）分批零件法与典型分批法的区别

分批零件法与典型分批法的区别见表11-1。

表11-1　　分批零件法与典型分批法的区别

成本计算方法	成本计算对象	成本计算顺序	在产品含义	适用范围
分批零件法	投产的各批零件、部件和成品的批别	先从计算零件成本开始，依次计算部件成本，到最后计算产成品成本	指在生产车间加工中的那部分在产品，即狭义在产品，不包括加工告一段落的自制半成品	适用于零部件数量较少的成批、大批装配式生产类型的企业
典型分批法	订单、批别或“生产任务通知单”的工作令号	直接计算完工批别或订单产品的成本，不单独计算零件和部件成本	指广义的在产品。在集中交货的情况下，相对整批订单而言，如果有一件未加工制成，则订单成本都为在产品成本	适用于单件小批生产类型的企业，无须考虑零部件数量的多少

（九）分批零件法成本计算程序

（1）按投产的零件、部件和产成品的批别分别设置成本计算单，按必要的成本项目设置专栏，归集生产费用。

（2）根据各项费用发生的原始凭证，按其发生的地点（如零件车间、部件车间、装配车间及辅助生产车间）和费用的用途，编制要素费用分配表，据以登记有关明细账。发生的直接费用直接记入基本生产车间、辅助生产车间明细账及对应的成本计算单，间接费用按地点归集到“制造费用明细账”中。

（3）归集和分配辅助生产费用，方法与典型分批法相同。

（4）归集和分配基本生产车间的制造费用。分别将零件车间、部件车间和装配车间的制造费用汇总，并按各车间生产的零件、部件和产成品的实际工时，在各批次间进行分配，据以登记成本明细账。

（5）计算并结转零件成本。

（6）计算并结转部件成本。

（7）计算并结转产成品成本。

四、练习题

（一）单项选择题

1.采用分批法计算产品成本时，若是单件生产，月末计算产品成本时（　　）。

A. 需要将生产费用在完工产品和在产品之间进行分配

B. 不需要将生产费用在完工产品和在产品之间进行分配

C. 区别不同情况确定是否分配生产费用

D. 应采用同小批生产一样的核算方法

2.分批法成本计算对象的确定通常是根据（　　）。

A.用户订单　　B.产品品种

C.客户要求　　D.生产任务通知单

3.采用累计分配法分配间接费用，是一种简化的分批法，月末未完工产品的间接费用（　　）。

A.全部分配　　B.部分分配

C.全部保留　　D.部分保留

4.采用分批法计算产品成本，若是小批生产，出现批内陆续完工的现象，并且批内完工数量较多时，完工产品和月末在产品成本的计算应采用（　　）。

A.计划成本法　　B.定额成本法

C.按年初固定数计算　　D.约当产量法

5.分批零件法适合（　　）企业。

A. 零部件种类较少的装配式成批生产

B. 零部件种类较少的连续式成批生产

C. 零部件种类较多的装配式成批生产

D. 零部件种类较多的连续式成批生产

6.分批零件法的成本计算顺序是（　　）。

A. 同时计算零件成本、部件成本、产成品成本

B. 从计算产成品成本开始，依次计算部件成本、零件成本

C. 从计算零件成本开始，依次计算部件成本、产成品成本
D. 从计算部件成本开始，依次计算零件成本、产成品成本

（二）多项选择题

1. 在下列企业中，可采用分批法计算产品成本的企业有（　　）。
A. 重型机械厂　　B. 船舶制造厂
C. 发电厂　　D. 精密仪器厂
E. 纺织厂

2. 在分批法中，间接费用的分配方法有（　　）。
A. 计划成本分配法　　B. 累计分配法
C. 定额比例分配法　　D. 当月分配法
E. 直接成本分配法

3. 分批法适用于（　　）。
A. 单件生产的企业　　B. 小批生产的企业
C. 新产品的试制　　D. 工业性修理作业
E. 辅助生产车间的工具制造

4. 分批法的特点是（　　）。
A. 按产品的批别计算成本
B. 计算产品的生产步骤成本
C. 间接费用月末必须全部进行分配
D. 成本计算期与会计报告期不同
E. 通常不存在生产费用在完工产品与月末在产品之间分配的问题

5. 分批零件法的成本计算对象包括（　　）。
A. 各批主要零件　　B. 各批主要部件
C. 各批主要产成品　　D. 全部零件
E. 全部部件

6. 分批零件法与典型分批法虽然同属一种成本计算方法，但两者之间存在着许多不同之处，主要包括（　　）。
A. 成本计算对象　　B. 成本计算期
C. 成本计算内容　　D. 成本计算顺序
E. 在产品的含义

（三）判断题

1. 分批法是以产品批别为成本计算对象，归集费用，计算产品成本的一种方法。（　）

2. 分批法一般是根据用户的订单组织生产的，在一份订单中即便存在多种产品也应合为一批组织生产。（　）

3. 分批法的批别是依据生产计划部门签发的“生产任务通知单”确定的，供应部门据以备料，生产部门据以安排生产，财会部门据以设置成本计算单。（　）

4. 采用“当月分配法”，各月份月末间接费用明细账一般留有余额。（　）

5. 如果各月份的间接费用水平相差悬殊，采用“累计分配法”会影响到各月成本计算的准确性。（　）

6. 分批法的成本计算应定期进行，成本计算期与某批次或订单产品的生产周期也应保持一致。（　）

7. 分批法下如果产品批量较大，出现批内跨月陆续完工和分次交货情况时，应该采取适当的方法计算完工产品成本和月末在产品成本。（　）

8. 采用分批法计算成本比采用品种法计算成本程序简单。（　）

9. 分批零件法是分批法延伸或派生的一种成本计算方法，同属于分批法类型。（　）

10. 分批零件法下零件、部件、成品明细账中的在产品指的是广义在产品。（　）

11. 分批零件法的成本计算期是不定期的。（　）

12. 分批零件法由于划小了成本核算单位，减少了批内陆续完工的现象。（　）

（四）计算题

某企业2×25年小批生产甲、乙两种产品，成本计算采用分批法。由于乙产品的客户要求分批交货，所以分3批组织两种产品的生产和成本计算。具体资料为：

（1）2×25年5月投产甲产品6件，批号为051，本月份未完工；本年3月份投产乙产品20件，其中10件批号为031，本月份未完工，另10件批号为032，本月全部完工。

（2）各有关批次月初累计生产费用资料见表11-2。

表11-2　　**各有关批次月初累计生产费用**　　单位：元

批别＼项目	直接材料	直接人工	制造费用	合计
031	80 000	40 000	18 000	138 000
032	120 000	60 000	22 000	202 000

（3）5月份发生的费用资料见表11-3。

表11-3　　**本月发生的费用**　　单位：元

批别＼项目	直接材料	直接人工	制造费用	合计
031	30 000	20 000	8 000	58 000
032	10 000	10 000	5 000	25 000
051	30 000	14 000	6 000	50 000

要求：根据资料分批计算产品成本，并将计算结果填入各批产品成本明细账中（见表11-4至表11-6）。

表11-4　　**产品成本明细账（051甲产品）**

批量：6件　　未完工：6件　　2×25年5月　　单位：元

摘要	直接材料	直接人工	制造费用	合计
本月发生费用				
月末在产品成本				

表11-5　　**产品成本明细账（031乙产品）**

批量：10件　　未完工：10件　　2×25年5月　　单位：元

摘要	直接材料	直接人工	制造费用	合计
月初在产品成本				
本月发生费用				
合计				

表11-6 **产品成本明细账（032乙产品）**

批量：10件　　完工：10件　　2×25年5月　　单位：元

摘要	直接材料	直接人工	制造费用	合计
月初在产品成本				
本月发生费用				
合计				
转出完工产品成本				
单位成本				

五、案例

李涛是德威机电设备有限公司的一名成本核算员。该公司主要生产A、B、C、D四种产品，2×25年8月份该公司的产品投产情况如下：

（1）601A产品3件6月份投产，本月全部完工。

（2）602B产品5件6月份投产，本月全部完工。

（3）701C产品10件7月份投产，本月完工2件，其余为在产品。

（4）801D产品8件8月份投产，本月无一件完工。

基本生产成本明细账及产品成本明细账的有关资料见表11-7至表11-11。

表11-7 **基本生产成本明细账**

（各批产品总成本）　　金额单位：元

摘要	工时（小时）	直接材料	直接人工	制造费用	合计
月初在产品成本	1 220	4 900	2 482	4 350	11 732
本月发生费用	680	1 300	1 328	2 300	4 928
合计	1 900	6 200	3 810	6 650	16 660
分配累计制造费用					
转出完工批次成本					
月末在产品成本					

表11-8　　产品成本明细账（601A产品）

批量：3件　　完工：3件　　2×25年8月　　金额单位：元

摘要	工时（小时）	直接材料	直接人工	制造费用	合计
月初在产品成本	450	2 000	1 000	—	3 000
本月发生费用	250	1 000	600	—	1 600
分配累计制造费用	700	—	—		
合计	—	3 000	1 600		
转出完工产品成本	—				
单位成本	—				

表11-9　　产品成本明细账（602B产品）

批量：5件　　完工：5件　　2×25年8月　　金额单位：元

摘要	工时（小时）	直接材料	直接人工	制造费用	合计
月初在产品成本	150	800	300	—	1 100
本月发生费用	50	200	100	—	300
分配累计制造费用	200	—	—		
合计	—	1 000	400		
转出完工产品成本	—				
单位成本	—				

表11-10　　产品成本明细账（701C产品）

批量：10件　　完工：2件　　2×25年8月　　金额单位：元

摘要	工时（小时）	直接材料	直接人工	制造费用	合计
月初在产品成本	620	2 100	1 182	—	3 282
本月发生费用	200	60	400	—	
合计					

表11-11　　　　　　**产品成本明细账（801D产品）**

批量：8件　　　未完工：8件　　　2×25年8月　　　　　　　　金额单位：元

摘要	工时（小时）	直接材料	直接人工	制造费用	合计
本月发生费用	180	40	228	—	
合计				—	

在税收检查过程中，税务人员与李涛探讨了几个问题：

（1）为什么你们公司采用分批法计算产品成本？

（2）采用当月分配法与采用累计分配法计算产品成本有何区别？

（3）针对你们公司的特点，能否解释为何选择了采用累计分配法计算产品成本？

（4）要求李涛讲解有关采用累计分配法计算完工批别产品负担的累计制造费用和完工批别产品的总成本及单位成本的原理与方法。

◆ 案例参考答案

601A产品负担的累计制造费用2 450元，总成本7 050元，单位成本2 350元。

602B产品负担的累计制造费用700元，总成本2 100元，单位成本420元。

第十二章　成本计算的分步法

一、学习目的与要求

通过本章学习，了解分步法的基本特点；掌握逐步结转分步法和平行结转分步法的成本计算程序；熟练掌握逐步结转分步法和平行结转分步法的不同特点和各自的优缺点；重点掌握逐步结转（综合结转、分项结转、按计划成本综合结转）分步法、平行结转分步法的成本计算方法。

二、预习要览

（一）关键概念

1. 分步法
2. 逐步结转分步法
3. 综合结转分步法
4. 成本还原
5. 分项结转分步法
6. 计划价格成本
7. 平行结转分步法

（二）关键问题

1. 采用分步法计算成本适用于什么样的企业？
2. 分步法有什么特点？
3. 逐步结转分步法有什么特点？适用于何种类型的企业？
4. 试述逐步结转分步法的成本计算程序。
5. 在逐步结转分步法下，若半成品通过半成品库收发应如何进行核算？
6. 综合结转分步法有什么特点？适用于什么情况？
7. 试述综合结转分步法的成本计算程序。
8. 综合结转分步法有什么优缺点？
9. 为什么要进行成本还原？如何进行成本还原？成本还原的两种方

法各有什么特点？

10. 分项结转分步法有什么特点？适用于什么情况？

11. 采用分项结转分步法有什么优缺点？

12. 为什么要采用按计划成本综合结转分步法？这种方法适用于什么情况？有什么优缺点？

13. 试分析逐步结转分步法的特点。

14. 平行结转分步法适用于什么情况？

15. 试述平行结转分步法的成本计算程序。

16. 平行结转分步法下如何计算约当产量？

17. 试分析平行结转分步法的特点。

18. 试比较逐步结转分步法和平行结转分步法的优缺点。

三、本章重点与难点

☞ 逐步结转分步法的特点和成本核算程序

☞ 综合结转分步法的特点及其计算方法

☞ 要进行成本还原的原因及还原的方法

☞ 分项结转分步法的特点

☞ 按计划成本综合结转的计算

☞ 平行结转分步法的特点及其计算方法

（一）分步法的基本内容

分步法是按照产品的生产步骤归集生产费用，计算各种产品及其所经过生产各步骤成本的一种方法。它主要适用于大量大批连续式复杂生产的企业。分步法在结转各步骤成本时，又分为逐步结转分步法和平行结转分步法两种。

（二）逐步结转分步法

1.逐步结转分步法的概念

逐步结转分步法是以各种产成品及其各步骤的半成品成本作为成本计算对象，归集生产费用，计算产品成本的。其半成品既可以自用，也可以对外销售。

2.逐步结转分步法的成本计算程序

（1）计算第一步骤半成品成本。

（2）第二步骤将从第一步骤或半成品库转入的半成品成本，加上本步骤发生的费用，计算出第二步骤的半成品成本。

（3）以后各步骤与第二步骤的成本计算过程相同。

（4）最后步骤计算出产成品成本。

3.综合结转分步法

综合结转分步法是将各步骤所耗用的半成品成本，按照上一步骤的综合成本，以直接材料或自制半成品项目结转到下一步骤成本计算单中的方法，即上一步骤完工的半成品，在下一步骤成本计算单中只用一个综合数字反映，而不是分成本项目反映。

采用综合结转分步法计算产品成本的程序如下：

（1）根据确定的成本计算对象，设置产品成本计算单。

（2）第一步骤根据本步骤发生的各种生产费用，计算该步骤完工半成品成本，直接转入下一步骤或转入半成品仓库。

（3）第二步骤以后的各生产步骤，将从上一步骤或半成品库转入的半成品成本，以“半成品”或“直接材料”综合项目计入本步骤成本计算单中，再加上本步骤发生的费用，计算出本步骤完工的半成品成本，再以综合项目转入下一步骤成本计算单中。

（4）最后步骤计算出完工产品的成本。

这种计算方法的特点是简便，但不能反映原始成本构成。

4.成本还原

由于综合结转分步法不能反映原始成本构成，不便于进行成本分析和成本考核，所以，应进行成本还原，即将最后步骤成本计算单中“直接材料”或“自制半成品”进行分解，还原为原来的成本项目，便于进行成本分析和成本考核。成本还原的方法有两种：

（1）按半成品各成本项目占全部成本的比重还原。

它是根据本月产成品耗用上步骤半成品的成本乘以还原分配率计算半成品成本还原的方法。其成本还原的计算程序如下：

①计算成本还原分配率。这里的成本还原分配率是指各步骤完工产品成本构成，即各成本项目占全部成本的比重，其计算公式如下：

$$\text{还原分配率}=\frac{\text{上步骤完工半成品各成本项目的金额}}{\text{上步骤完工半成品成本合计}}\times 100\%$$

②将半成品的综合成本进行分解。分解的方法是用产成品成本中半成品的综合成本乘以上一步骤生产的该种半成品的各成本项目的比重。其计算公式如下：

半成品成本还原=本月产成品耗用上步骤半成品的成本×还原分配率

③计算还原后成本。还原后成本是根据还原前产品成本加上半成品成本还原计算的，其计算公式如下：

还原后产品成本=还原前产品成本+半成品成本还原

④如果成本计算有两个以上的步骤，第一次成本还原后，还有未还原的半成品成本。这时，还应将未还原的半成品成本进行还原，即用未还原的半成品成本，乘以前一步骤该种半成品的各个成本项目的比重。后面的还原步骤和方法同上。直至还原到第一步骤为止，才能将半成品成本还原为原来的成本项目。

（2）按各步骤耗用半成品的总成本占上一步骤完工半成品总成本的比重还原。

这种方法是将本月产成品耗用上一步骤半成品的综合成本，按本月所生产这种半成品成本结构进行还原。采用这种方法进行成本还原的计算程序如下：

①计算成本还原分配率，它是指产成品成本中半成品成本占上一步骤所产该种半成品总成本的比重，其计算公式如下：

$$成本还原分配率=\frac{本月产成品耗用上步骤半成品成本合计}{本月生产该种半成品成本合计}$$

②计算半成品成本还原，它是用成本还原分配率乘以本月生产该种半成品成本项目的金额，其计算公式如下：

半成品成本还原=成本还原分配率×本月生产该种半成品成本项目金额

③计算还原后产品成本，它是用还原前产品成本加上半成品成本还原计算的，其计算公式如下：

还原后产品成本=还原前产品成本+半成品成本还原

④如果成本计算需经两个以上的步骤，则需重复①～③步骤进行再次的还原，直至还原到第一步骤为止。

5.分项结转分步法

分项结转分步法是指上一步骤转入下一步骤的半成品成本，不是以

“半成品”或“直接材料”成本项目进行反映的，而是分别成本项目记入下一步骤成本计算单的有关成本项目中。采用分项结转分步法计算出的产品成本，能提供按原始成本项目反映的产品成本结构，不需要进行成本还原。

采用分项结转分步法时，计算在产品成本采用定额成本计算法或定额比例法比较简单，而若采用约当产量法，则计算过程非常复杂。

采用分项结转分步法时，各生产步骤之间的成本结转比较复杂，特别是半成品经过半成品库收发的情况下，更是如此。同时，在各步骤完工产品成本中看不出所耗上步骤半成品成本的数额，不便于进行成本分析和成本考核。

6.按计划成本综合结转

采用按计划成本综合结转的方法，各步骤耗用上一步骤半成品的成本按计划成本计算，实际成本与计划成本的差异可列入最后产成品成本中。这种方法的优点表现在如下几个方面：

（1）可以简化和加速成本计算工作。由于各步骤耗用的半成品均按事先所确定的计划单位成本结转，各步骤的成本计算工作可同时进行，不必等待前一步骤的成本结束后再进行，加快了成本计算的速度。若月初库存半成品结存量超过本月耗用量，本月耗用半成品成本差异可以根据月初库存半成品的成本差异率进行计算调整。这时，更有利于提高成本计算工作的速度。另外，按计划成本结转半成品时，在半成品种类繁多、半成品成本差异计算及分配按类别进行时，还可省去按品种计算半成品实际成本的计算工作，简化了成本计算的手续。

（2）可以考核和分析各步骤完工产品成本的水平。由于各步骤耗用半成品均按计划单位成本结转，可以避免上一步骤半成品成本的节约或超支的影响，有利于考核和分析各步骤半成品成本及产成品成本升降的原因，有利于开展企业内部的经济核算。

（三）平行结转分步法

1.平行结转分步法的基本概念

平行结转分步法也称不计算半成品成本法，它是各步骤不计算半成品成本，而只归集各步骤本身所发生的费用及各步骤应计入产成品成本的份额，将各步骤应计入产成品成本中的份额平行加以汇总，即可计算出完工产品成本的一种方法。平行结转分步法主要在半成品种类较多，又很少对外销售的企业里采用。平行结转分步法的成本计算对象是每种产成品成本及所经过的各生产步骤应计入产成品成本的份额。在计算产成品成本时，各生产步骤只归集本步骤发生的费用，上一步骤的半成品转入下一步骤继续加工时，虽实物转入，但半成品成本并不予以结转；月末，各步骤将本步骤发生的费用分成应计入产成品成本的份额和月末在产品成本；将各步骤应计入产成品成本的份额平行加以汇总，即可计算出产成品的成本。

2.平行结转分步法的成本计算程序

采用平行结转分步法计算产品成本时，成本计算的具体程序如下：

（1）按每种产品的品种及其所经过的生产步骤设置产品成本计算单归集生产费用。

（2）按每种产品和它所经过的生产步骤归集生产费用，计算出每一步骤所发生的生产费用总额。

（3）采用一定的方法计算每一生产步骤应计入产成品成本中的份额。在计算各步骤应计入产成品成本的份额时，需将各步骤成本计算单上的生产费用，采用一定的方法，在完工产品和在产品之间进行分配。这里所指完工产品是指最后步骤完工的产成品，在产品是指广义在产品。由于在平行结转分步法下，上一步骤半成品的实物转入下一步骤时，半成品的成本并不转入下一步骤，所以，在计算分配各步骤发生的费用时，凡各步骤已转出但尚未制成产成品的半成品，其费用仍保留在原来的成本计算单中。因此，各步骤的在产品是广义在产品，它不但包括本步骤尚未完工的在产品，而且包括本步骤加工完成转入下一步骤或半成品库尚未制成的产成品。所要分配的费用只是本步骤发生的费用，不包括上一步骤转入的半成品的成本。

（4）将各生产步骤中应计入产成品成本中的份额平行地加以汇总，就可计算出每种产成品的成本。

（5）将各步骤产品成本计算单上归集的生产费用，扣除应计入产成品成本中的份额，其余额就是在产品成本。

在采用平行结转分步法计算产品成本时，若在产品成本按约当产量法计算，则各步骤应计入产成品成本中的份额按下式计算：

$$\text{某步骤应计入产成品成本中的份额}=\text{产成品数量}\times\text{单位产成品耗用该步骤半成品数量}\times\text{该步骤半成品单位成本}$$

$$\text{某步骤半成品单位成本}=\frac{\text{该步骤月初在产品成本}+\text{该步骤本月发生的生产费用}}{\text{该步骤完工产品数量(约当产量)}}$$

上式中各步骤完工产品数量（约当产量）是由三部分组成的，即本月完工产品数量、各步骤月末尚未完工的在产品数量以及本步骤已经加工完成转到半成品库和以后各步骤尚未制成为产成品的半成品数量，其计算公式如下：

$$\text{某步骤完工产品数量（约当产量）}=\text{本月完工产成品数量}+\text{该步骤月末在产品约当产量}+\text{该步骤已完工留存在半成品库和以后各步骤月末半成品数量}$$

或

$$=\text{该步骤已完工留存在半成品库和以后步骤的月初半成品数量}+\text{本月完工半成品数量}+\text{该步骤加工中月末在产品的约当产量}$$

采用平行结转分步法计算产品成本，由于各步骤不计算所耗上一步骤半成品的成本，只计算本步骤所发生的费用应计入产成品成本中的份额，将这一份额平行汇总即可计算出产成品成本。因此，各生产步骤月末可以同时进行成本计算，不必等待上一步骤半成品成本的结转，从而加快了成本计算工作的速度，缩短了成本计算的时间；同时，采用平行结转分步法，能直接提供按原始成本项目反映的产品成本的构成，有助于进行成本分析和成本考核。但采用平行结转分步法时，半成品成本的结转同其实物结转脱节，各步骤月末在产品成本不仅包括本步骤正在加工中的在产品，而且包括转入下一步骤但尚未最后制成为产成品的那些半成品在本步骤中发生的费用。这样，各步骤成本计算单上的月末在产品成本与实际结存在该步骤的在产品成本不一致，因而，不利于加强对生产资金的管理。所以，平行结转分步法一般适用于不需提供各步骤半成品成本资料的企业。

（四）逐步结转分步法与平行结转分步法的比较

采用平行结转分步法和逐步结转分步法计算产品成本，虽然都属于分步法，但两者之间仍有许多不同之处，主要表现在如下几个方面：

（1）成本计算程序不同。逐步结转分步法在计算成本时是按产品的生产过程逐步计算并结转半成品及其成本，在最后步骤计算出完工产品成本；而平行结转分步法各步骤只计算该步骤应计入产成品成本的份额，将各步骤应计入产成品成本的份额平行地加以汇总，才能计算出完工产品的成本。

（2）各步骤所包括的费用不同。逐步结转分步法下，其每一步骤应分配的费用（第一步骤除外）既包括本步骤发生的费用，也包括上一步骤转入的半成品的成本；平行结转分步法下各步骤应分配的费用，只包括本步骤发生的费用，不包括上一步骤转入半成品的成本。

（3）完工产品的概念不同。逐步结转分步法下的完工产品不仅包括最后步骤完工的产成品，而且包括各步骤完工的半成品；平行结转分步法下的完工产品只包括最后步骤的完工产品。

（4）在产品的概念不同。逐步结转分步法下的在产品是狭义在产品；而平行结转分步法下的在产品是广义在产品。

（5）提供的成本资料不同。逐步结转分步法下能提供各步骤所占用的生产资金数额，但在综合结转分步法下不能提供按原始成本项目反映的成本结构，有时需要进行复杂的成本还原；平行结转分步法下不能提供各步骤所占用的生产资金数额，但它能直接提供按原始成本项目反映的产品成本构成，不需进行成本还原。

（6）成本与实物的关系。在逐步结转分步法下，成本与实物是相一致的，即半成品实物转入哪个步骤，其成本也转入哪个步骤；平行结转分步法下成本与实物是不一致的，当半成品转入下一步骤加工时，其成本并不转入下一步骤。

（7）成本计算的及时性。逐步结转分步法除第一步骤外，其余步骤均需在上一步骤成本计算后才能进行，影响了成本计算的及时性；而平行结转分步法各步骤可以同时进行计算，加快了成本计算的速度。

四、练习题

（一）单项选择题

1. 管理上不要求计算各步骤完工半成品所耗半成品费用和本步骤加工费用，而要求按原始成本项目计算产品成本的企业，采用分步法计算成本时，应采用（　　）。

A. 综合结转分步法　　　　B. 分项结转分步法

C.按计划成本结转分步法　　　　D.平行结转分步法

2.当半成品既可以自用，又可以对外销售，管理上要求计算各步骤完工产品所耗半成品费用但不要求进行成本还原的情况下，可采用（　　）。

A.综合结转分步法　　　　B.分项结转分步法

C.平行结转分步法　　　　D.顺序结转分步法

3.平行结转分步法各步骤的费用（　　）。

A.包括本步骤的费用和上步骤转入的费用两部分

B.只包括本步骤的费用不包括上一步骤转入的费用

C.第一步骤包括本步骤的费用，其余各步骤均包括上一步骤转入的费用

D.最后步骤包括本步骤的费用，其余各步骤均包括上一步骤转入的费用

4.平行结转分步法下，每一生产步骤完工产品的费用，是（　　）。

A.该步骤完工半成品的成本

B.该步骤完工产品的成本

C.该步骤生产费用中用于产成品成本的份额

D.该步骤生产费用中用于在产品成本的份额

5.下列可采用分步法计算产品成本的典型企业是（　　）。

A.造船厂　　　　B.发电厂

C.重型机器厂　　　　D.纺织厂

6.采用综合结转分步法计算产品成本时，若有三个生产步骤，则需进行的成本还原次数是（　　）。

A.一次　　　　B.二次

C.三次　　　　D.四次

7.需要进行成本还原所采用的成本计算方法是（　　）。

A.品种法　　　　B.平行结转分步法

C.逐步结转分步法（综合结转）　D.逐步结转分步法（分项结转）

8.在大量大批多步骤生产的企业里，当半成品种类较多，管理上又不要求提供各个步骤半成品成本资料的情况下，成本计算可采用（　　）。

A.综合结转分步法

B. 分项结转分步法

C. 综合结转（按实际成本结转）分步法

D. 平行结转分步法

9. 成本还原分配率是用本月产成品所耗上步骤半成品费用除以（　　）。

A. 本月生产该种半成品成本合计

B. 本月生产该种半成品各成本项目

C. 上月生产该种半成品成本合计

D. 上月生产该种半成品各成本项目

10. 采用平行结转分步法计算产品成本时（　　）。

A. 不能提供所有步骤半成品的成本资料

B. 只能提供第二步骤半成品成本资料

C. 只能提供第一步骤半成品成本资料

D. 只能提供最后步骤半成品成本资料

（二）多项选择题

1. 分步法的特点是（　　）。

A. 按产品的批别计算产品成本

B. 按产品的种类计算产品成本

C. 按产品的生产步骤计算产品成本

D. 不按产品的生产步骤计算产品成本

E. 按产品的批别和步骤计算产品成本

2. 采用逐步结转分步法需要提供各个步骤半成品成本资料的原因是（　　）。

A. 各生产步骤的半成品既可以自用，也可以对外销售

B. 半成品需要进行同行业的评比

C. 产成品不需要进行同行业的评比

D. 一些半成品为几种产品所耗用

E. 适应实行厂内经济核算或责任会计的需要

3. 计算成本还原分配率时所用的指标是（　　）。

A. 本月产成品所耗上一步骤半成品成本合计

B. 本月产成品所耗本步骤半成品成本合计

C. 本月生产该种半成品成本合计
D. 上月生产该种半成品成本合计
E. 上月产成品所耗本步骤半成品成本合计
4.平行结转分步法下，只计算（ ）。
A. 各步骤半成品的成本
B. 各步骤发生的费用及上一步骤转入的费用
C. 上一步骤转入的费用
D. 本步骤发生的各项其他费用
E. 本步骤发生的费用应计入产成品成本中的份额
5.采用平行结转分步法计算产品成本时，其优点在于（ ）。
A.各步骤可以同时计算产品成本
B.能够提供各个步骤的半成品成本资料
C.能够直接提供按原始成本项目反映的产品成本资料，不必进行成本还原
D.能为各生产步骤在产品的实物管理和资金管理提供资料
E.能够全面反映各该步骤产品的生产耗费用水平
6.在下列企业中，一般采用分步法进行成本计算的企业是（ ）。
A.冶金企业 B.纺织企业
C.造纸企业 D.化工企业
E.发电企业
7.下列属于逐步结转分步法（综合结转）应具备的特点是（ ）。
A. 各步骤的费用合计既包括本步骤发生的，也包括上一步骤转入的
B. 各步骤的费用合计只包括本步骤发生的，不包括上一步骤转入的
C. 计算成本时使用的是狭义在产品
D. 计算成本时使用的是广义在产品
E. 不能直接提供按原始成本项目反映的产品成本构成

（三）判断题

1. 采用平行结转分步法时，不论半成品是在各生产步骤之间转移还是通过半成品库收发，都应通过“自制半成品”科目进行总分类核算。

（　　）

2. 采用逐步结转分步法不能提供各生产步骤的半成品成本资料。

（　　）

3. 采用平行结转分步法计算产品成本时，需要进行成本还原。

（　　）

4. 采用分步法计算产品成本时，产品成本计算的步骤与实际的生产步骤应完全一致。（　　）

5. 采用平行结转分步法进行成本计算时，各生产步骤的费用既包括本步骤发生的费用，也包括上一步骤转入的费用。（　　）

6. 在分步法下成本计算所分的步骤与生产过程的步骤口径一致。

（　　）

7. 采用逐步结转分步法的主要目的是计算各生产步骤所产的半成品成本。（　　）

8. 采用逐步结转分步法计算产品成本时，根据上一步骤完工半成品成本在下一步骤产品成本计算单上的反映方式不同，可分为综合结转和分项结转两种方法。（　　）

9. 成本还原是采用逐步结转（综合结转）分步法计算成本时，将产成品成本中的综合成本，逐步分解成为原来成本项目的过程。（　　）

10. 采用综合结转分步法计算出来的各步骤的半成品成本，可以为半成品的对外销售提供成本资料。（　　）

11. 在逐步结转（分项结转）分步法中，在各步骤完工产品成本中，能看出其所耗用的上步骤半成品的成本。（　　）

12. 采用逐步结转分步法计算产品成本时，半成品的成本不随其实物的转移而结转，而平行结转分步法的情形正好与其相反。（　　）

13. 采用逐步结转分步法计算产品成本时，各生产步骤需要计算半成品成本。（　　）

（四）计算题

1.某企业生产甲产品，经过三个生产步骤，原材料在开始生产时一次投入。月末在产品按约当产量法计算。有关资料见表12-1和表12-2。

要求：采用综合结转分步法计算产品成本，并将计算结果填入表12-3、表12-4和表12-5中。

表12-1　　**产量资料**　　数量单位：件

项目	一步骤	二步骤	三步骤
月初在产品数量	40	60	80
本月投产数量	80	100	130
本月完工产品数量	100	130	160
月末在产品数量	20	30	50
在产品完工程度	50%	50%	60%

表12-2　　**生产费用资料**　　单位：元

成本项目	月初在产品成本			本月发生费用		
	一步骤	二步骤	三步骤	一步骤	二步骤	三步骤
直接材料	1 800	2 500	5 291	24 000		
燃料和动力	600	915	1 250	9 300	3 000	5 400
直接人工	1 000	1 125	1 360	7 910	2 500	3 200
制造费用	700	875	1 130	4 250	1 300	2 100
合计	4 100	5 415	9 031	45 460		

表12-3　　**第一步骤产品成本计算单**　　金额单位：元

项目		直接材料	燃料和动力	直接人工	制造费用	合计
月初在产品成本						
本月发生费用						
合计						
产品产量（件）	完工产品产量					
	在产品约当产量					
	合计					
单位成本						
转出半成品成本						
在产品成本						

表12-4　　**第二步骤产品成本计算单**　　金额单位：元

项目		直接材料	燃料和动力	直接人工	制造费用	合计
月初在产品成本						
本月发生费用						
合计						
产品产量（件）	完工产品产量					
	在产品约当产量					
	合计					
单位成本						
转出半成品成本						
在产品成本						

表12-5　　**第三步骤产品成本计算单**　　金额单位：元

项目		直接材料	燃料和动力	直接人工	制造费用	合计
月初在产品成本						
本月发生费用						
合计						
产品产量（件）	完工产品产量					
	在产品约当产量					
	合计					
单位成本						
转出半成品成本						
在产品成本						

2. 以第1题的成本计算结果资料为基础，进行成本还原的计算，并将计算结果填入表12-6和表12-7中。

表12-6　**产品成本还原计算表**　金额单位：元

	成本项目	还原前产品成本	本月生产	还原分配率	半成品成本还原	还原后总成本	还原后单位成本
按第二步骤半成品成本结构进行还原	直接材料						
	半成品						
	燃料和动力						
	直接人工						
	制造费用						
	合计						
按第一步骤半成品成本结构进行还原	直接材料						
	半成品						
	燃料和动力						
	直接人工						
	制造费用						
	合计						

表12-7　**产品成本还原计算表**　金额单位：元

	成本项目	还原前产品成本	本月生产	还原分配率	半成品成本还原	还原后总成本	还原后单位成本
按第二步骤半成品成本结构进行还原	直接材料						
	半成品						
	燃料和动力						
	直接人工						
	制造费用						
	合计						
按第一步骤半成品成本结构进行还原	直接材料						
	半成品						
	燃料和动力						
	直接人工						
	制造费用						
	合计						

3.某企业生产甲产品，由两个车间进行，采用分项结转分步法计算产品成本，在产品按定额成本计算，原材料系在开始生产时一次投入。产量资料见表12-8，定额及生产费用资料见表12-9（在产品完工程度均为50%）。

表12-8　　**产量资料**　　单位：件

项目	一车间	二车间
月初在产品	80	60
本月投产	120	180
本月完工	180	200
月末在产品	20	40

表12-9　　**定额及生产费用资料**　　单位：元

项目	单件定额成本		月初在产品成本（定额成本）		本月发生生产费用	
	一车间	二车间	一车间	二车间	一车间	二车间
直接材料	20	77.5	1 600	4 650	9 500	
燃料和动力	10	26.4	400	792	1 215	920
直接人工	20	39.20	800	1 176	3 494	1 300
制造费用	9	14	360	420	2 595	630
合计	59	157.10	3 160	7 038	16 804	2 850

要求：根据上述资料，采用分项结转分步法计算产品成本，并将计算结果直接填入表12-10和表12-11中。

表12-10　　**一车间产品成本计算单**　　单位：元

项目	直接材料	燃料和动力	直接人工	制造费用	合计
月初在产品成本（定额成本）					
本月发生费用					
合计					
完工半成品成本					
月末在产品成本（定额成本）					

表12-11　　**二车间产品成本计算单**　　单位：元

项目	直接材料	燃料和动力	直接人工	制造费用	合计
月初在产品成本（定额成本）					
本月发生费用					
上车间转入					
合计					
完工产品成本					
月末在产品成本（定额成本）					

4.某企业生产甲产品，经过三个步骤，原材料在开始生产时一次投入，月末在产品按约当产量法计算，各步骤在产品完工程度均为50%。有关产量资料和生产费用资料见表12-12和表12-13。

表12-12　　**产量资料**　　单位：件

项目	一步骤	二步骤	三步骤
月初在产品	80	60	30
本月投产	120	160	120
本月完工	160	120	100
月末在产品	40	100	50

表12-13　　**生产费用资料**　　单位：元

成本项目	月初在产品成本				本月发生费用			
	一步骤	二步骤	三步骤	合计	一步骤	二步骤	三步骤	合计
直接材料	12 000			12 000	31 500			31 500
燃料和动力	2 400	2 200	650	5 250	6 240	5 800	2 350	14 390
直接人工	3 500	3 120	890	7 510	8 650	7 280	3 235	19 165
制造费用	2 200	2 000	600	4 800	5 900	5 800	2 400	14 100
合计	20 100	7 320	2 140	29 560	52 290	18 880	7 985	79 155

要求：根据上述资料，采用平行结转分步法计算产品成本，并将计算结果直接填入表12-14至表12-17中。

表12-14　　第一步骤产品成本计算单　　金额单位：元

行次	项目		直接材料	燃料和动力	直接人工	制造费用	合计
(1)	月初在产品成本						
(2)	本月发生费用						
(3) = (1) + (2)	合计						
(4)	产量（件）	完工产品产量					
(5)		广义在产品数量					
(6) = (4) + (5)		合计					
(7) = (3) ÷ (6)	单位成本						
(8) = (4) × (7)	应计入产成品成本中的份额						
(9) = (3) - (8)	月末在产品成本						

表12-15　　第二步骤产品成本计算单　　金额单位：元

行次	项目		直接材料	燃料和动力	直接人工	制造费用	合计
(1)	月初在产品成本						
(2)	本月发生费用						
(3) = (1) + (2)	合计						
(4)	产量（件）	完工产品产量					
(5)		广义在产品数量					
(6) = (4) + (5)		合计					
(7) = (3) ÷ (6)	单位成本						
(8) = (4) × (7)	应计入产成品成本中的份额						
(9) = (3) - (8)	月末在产品成本						

表12-16　　**第三步骤产品成本计算单**　　金额单位：元

<table>
<tr><th>行次</th><th colspan="2">项目</th><th>直接材料</th><th>燃料和动力</th><th>直接人工</th><th>制造费用</th><th>合计</th></tr>
<tr><td>（1）</td><td colspan="2">月初在产品成本</td><td></td><td></td><td></td><td></td><td></td></tr>
<tr><td>（2）</td><td colspan="2">本月发生费用</td><td></td><td></td><td></td><td></td><td></td></tr>
<tr><td>（3）=（1）+（2）</td><td colspan="2">合计</td><td></td><td></td><td></td><td></td><td></td></tr>
<tr><td>（4）</td><td rowspan="3">产量（件）</td><td>完工产品产量</td><td></td><td></td><td></td><td></td><td></td></tr>
<tr><td>（5）</td><td>广义在产品数量</td><td></td><td></td><td></td><td></td><td></td></tr>
<tr><td>（6）=（4）+（5）</td><td>合计</td><td></td><td></td><td></td><td></td><td></td></tr>
<tr><td>（7）=（3）÷（6）</td><td colspan="2">单位成本</td><td></td><td></td><td></td><td></td><td></td></tr>
<tr><td>（8）=（4）×（7）</td><td colspan="2">应计入产成品成本中的份额</td><td></td><td></td><td></td><td></td><td></td></tr>
<tr><td>（9）=（3）-（8）</td><td colspan="2">月末在产品成本</td><td></td><td></td><td></td><td></td><td></td></tr>
</table>

表12-17　　**完工产品成本汇总计算单**　　单位：元

项目	直接材料	燃料和动力	直接人工	制造费用	合计
第一步骤					
第二步骤					
第三步骤					
成本合计					
单位成本					

5.某企业生产甲产品，经过两个生产车间，各车间半成品的结转按计划成本进行，半成品实际成本与计划成本的差异额列入产成品成本中。月末在产品按定额比例法计算。产量资料和其他费用资料见表12-18和表12-19。

表12-18　　**产量资料**　　单位：件

项目	一车间	二车间
月初在产品	50	80
本月投入	160	170
本月完工	180	200
月末在产品	30	50

表12-19　　**其他费用资料**　　单位：元

项目	一车间						二车间					
	直接材料		直接人工		制造费用		直接材料		直接人工		制造费用	
	定额	实际	定额	实际	定额	实际	定额	实际	定额	实际	定额	实际
月初在产品	20 000	18 000	2 000	1 400	2 000	700	32 000	30 000	3 500	2 500	3 500	1 050
本月发生	85 000	83 850	10 300	6 595	10 300	3 482	68 000	93 500	8 000	5 550	8 000	2 515
合计	105 000	101 850	12 300	7 995	12 300	4 182	100 000	123 500	1 150	8 050	11 500	3 565
完工产品	90 000		10 400		10 400		80 000		8 000		8 000	

要求：根据上述资料，采用逐步结转分步法计算产品成本，并将计算结果直接填入表12-20至表12-23中。

表12-20　　**一车间产品成本计算单**　　金额单位：元

项目	直接材料		直接人工		制造费用		合计
	定额	实际	定额	实际	定额	实际	
月初在产品成本							
本月发生费用							
合计							

续表

项目	直接材料		直接人工		制造费用		合计
	定额	实际	定额	实际	定额	实际	
费用分配率							
完工产品成本							
月末在产品成本							

表12-21　**半成品明细账**

计划单位成本：550元　　金额单位：元

项目	收入				发出				结存			
	数量（件）	实际成本	计划成本	差异	数量（件）	实际成本	计划成本	差异	数量（件）	实际成本	计划成本	差异
月初余额									80	44 403	44 000	403
本月入库												
生产领用					170							
月末结存												

表12-22　**二车间产品成本计算单**　金额单位：元

项目	半成品		直接人工		制造费用		合计
	定额	实际	定额	实际	定额	实际	
月初在产品成本							
本月发生费用							
合计							
费用分配率							
完工产品成本							
月末在产品成本							

表12-23　　**完工产品成本计算表**

产量：200件　　单位：元

项目	半成品			直接人工	制造费用	合计
	计划成本	差异	实际成本			
总成本						
单位成本						

6.某企业生产A产品经过三个生产步骤，采用逐步结转分步法（按计划成本综合结转分步法）计算产品成本。有关的资料见表12-24至表12-28。

表12-24　　**第一步骤产品成本计算单**　　金额单位：元

摘要	产量（件）	直接材料	直接人工	制造费用	合计
在产品成本（定额成本）		300 000	178 000	128 000	606 000
本月生产费用		680 000	300 000	176 000	1 156 000
生产费用累计					
半成品成本	400				
半成品单位成本					
在产品成本（定额成本）		400 000	184 000	150 000	734 000

表12-25　　**第一步骤半成品明细账**

计划单位成本：2 500元/件　　金额单位：元

月初余额			本月增加			累计					本月减少		
数量（件）	计划成本	实际成本	数量（件）	计划成本	实际成本	数量（件）	计划成本	实际成本	成本差异	成本差异率	数量（件）	计划成本	实际成本
300	750 000	773 975									300		

表12-26　　**第二步骤产品成本计算单**　　金额单位：元

摘要	产量（件）	半成品			直接人工	制造费用	成本合计
		计划成本	成本差异	实际成本			
在产品成本（定额成本）		750 000	—	750 000	118 000	96 000	964 000
本月生产费用					480 000	600 000	
生产费用累计							
半成品成本完工转出	1 000						
半成品单位成本							
在产品成本（定额成本）		250 000	—	250 000	54 000	64 000	368 000

表12-27　　**第二步骤半成品明细账**

计划单位成本：2 600元/件　　金额单位：元

月初余额			本月增加			累计					本月减少		
数量（件）	计划成本	实际成本	数量（件）	计划成本	实际成本	数量（件）	计划成本	实际成本	成本差异	成本差异率	数量（件）	计划成本	实际成本
400	1 040 000	1 082 525									600		

表12-28　　**第三步骤产品成本计算单**　　金额单位：元

摘要	产量（件）	半成品			直接人工	制造费用	成本合计
		计划成本	成本差异	实际成本			
在产品成本（定额成本）		608 000	—	608 000	116 000	110 000	834 000
本月生产费用					292 000	256 000	
生产费用累计							
产成品成本完工转出	500						
产成品单位成本							
在产品成本（定额成本）		874 000	—	874 000	60 000	58 350	992 350

要求：根据上述资料，采用逐步结转分步法（按计划成本综合结转）计算产品成本，并将计算结果填入表12-24至表12-28中。

7.某企业采用逐步结转分步法分三个步骤计算产品成本，三个步骤成本计算的资料经整理见表12-29。

表12-29 **各步骤成本资料** 单位：元

生产步骤	半成品	直接材料	直接人工	制造费用	成本合计
第一步骤半成品成本	—	40 000	16 000	4 000	60 000
第二步骤半成品成本	70 000		8 000	3 000	81 000
第三步骤半成品成本	77 760		4 000	12 000	93 760

要求：根据上述资料进行成本还原，并将计算结果填入表12-30和表12-31中。

表12-30 **成本还原计算表** 金额单位：元

项目	产量（件）	还原分配率	半成品	直接材料	直接人工	制造费用	成本合计
还原前产成品成本							
本月所产半成品成本							
产成品成本中半成品还原							
还原后产成品总成本	100						
还原后产成品单位成本							

表12-31 **成本还原计算表** 金额单位：元

项目	产量（件）	还原分配率	半成品	直接材料	直接人工	制造费用	成本合计
还原前产成品成本							
本月所产半成品成本							
产成品成本中半成品还原							
还原后产成品总成本	100						
还原后产成品单位成本							

8.某企业生产甲产品经过两个生产车间，采用逐步结转（分项结转）分步法计算产品成本。原材料在开始生产时一次投入，在产品按定额成本计算。有关资料见表12-32至表12-34。

表12-32 **第一步骤产品成本计算单** 金额单位：元

月	日	摘要	产量（件）	直接材料	直接人工	制造费用	成本合计
8	31	在产品成本（定额成本）		40 000	30 000	28 000	98 000
9	30	本月生产费用		160 000	84 000	70 000	314 000
	30	生产费用累计					
	30	半成品成本	400				
	30	半成品单位成本					
	30	在产品成本（定额成本）		64 000	44 000	36 000	144 000

表12-33 **自制半成品明细账** 金额单位：元

月份	项目	数量（件）	实际成本			
			直接材料	直接人工	制造费用	成本合计
9	月初余额	1 000	330 200	180 600	139 600	650 400
	本月增加					
	累计					
	单位成本					
	本月减少	800				
	月末余额					

表12-34　　第二步骤产品成本计算单　　金额单位：元

摘要	产量（件）	直接材料	直接人工	制造费用	成本合计
在产品成本（定额成本）		124 000	10 800	6 400	141 200
本月本步骤加工费用			19 000	13 600	
本月耗用半成品费用					
生产费用累计					
本月转出产成品成本	640				
产成品单位成本					
在产品成本（定额成本）		176 000	51 400	40 000	267 400

要求：根据上述资料进行成本计算。

9.某企业生产甲产品，经过两个生产步骤，采用平行结转分步法计算产品成本，完工产品和在产品之间分配费用采用定额比例法。直接材料按定额原材料费用比例分配，直接人工、制造费用均按工时的比例进行分配。有关的资料见表12-35和表12-36。

表12-35　　第一步骤产品成本计算单

单件材料定额费用：200元

单件工时定额：400小时　　金额单位：元

摘要	产量（件）	直接材料		定额工时	直接人工	制造费用	实际成本
		定额	实际				
在产品成本		40 000	39 000	100 000	17 000	15 000	71 000
本月生产费用		160 000	157 200	300 000	42 000	36 000	235 200
生产费用累计							
费用分配率							
产成品成本中本步骤的份额	600	120 000		240 000			
在产品成本							

表12-36 **第二步骤产品成本计算单**

单件工时定额：300小时　　金额单位：元

摘要	产量（件）	直接材料		定额工时	直接人工	制造费用	实际成本
		定额	实际				
在产品成本				48 000	12 600	11 000	23 600
本月生产费用				200 000	24 352	28 928	53 280
生产费用累计							
费用分配率							
产成品成本中本步骤的份额	600			180 000			
在产品成本							

要求：根据上述资料，采用平行结转分步法计算产品成本，并填列产品成本汇总计算表（见表12-37）。

表12-37 **产品成本汇总计算表**　　金额单位：元

生产步骤份额	产量（件）	直接材料	直接人工	制造费用	成本合计
第一步骤份额					
第二步骤份额					
合计					
产成品单位成本					

10.某企业生产A产品，经过三个生产车间，每个车间完工的半成品交半成品库验收，下一个车间领用半成品时从半成品库中领出。下一个车间所耗半成品费用按全月一次加权平均单位成本计算。各车间月末在产品按定额成本计价。有关的资料见表12-38至表12-42。

表12-38　**第一生产车间产品成本计算单**　金额单位：元

摘要	产量（件）	直接材料	直接人工	制造费用	成本合计
在产品成本（定额成本）		200 000	25 000	23 000	248 000
本月生产费用		500 000	48 000	36 000	584 000
生产费用累计					
半成品成本	800				
半成品单位成本					
在产品成本（定额成本）		134 000	18 000	21 000	173 000

表12-39　**第一生产车间自制半成品明细账（A半成品）**　金额单位：元

月初余额		本月增加		累计			本月减少	
数量（件）	实际成本	数量（件）	实际成本	数量（件）	实际成本	单位成本	数量（件）	实际成本
200	164 000						600	

表12-40　**第二生产车间产品成本计算单**　金额单位：元

摘要	产量（件）	直接材料	直接人工	制造费用	成本合计
在产品成本（定额成本）		170 000	15 300	12 400	197 700
本月生产费用			52 000	27 800	
生产费用累计					
半成品成本	500				
半成品单位成本					
在产品成本（定额成本）		220 000	18 300	14 500	252 800

表12-41　　第二生产车间自制半成品明细账（A半成品）　　金额单位：元

月初余额		本月增加		累计			本月减少	
数量（件）	实际成本	数量（件）	实际成本	数量（件）	实际成本	单位成本	数量（件）	实际成本
100	102 500						450	

表12-42　　第三生产车间产品成本计算单　　金额单位：元

摘要	产量（件）	直接材料	直接人工	制造费用	成本合计
在产品成本（定额成本）		121 000	5 800	2 400	129 200
本月生产费用			28 000	19 000	
生产费用累计					
产成品成本	400				
半成品单位成本					
在产品成本（定额成本）		100 000	4 600	1 900	106 500

要求：根据上述资料采用逐步结转分步法（按实际成本结转分步法）计算成本并将计算结果填入表12-38至表12-42中。

五、案例

李明军2×21年9月从原来的企业辞职，应聘到一家纺织厂做成本会计员。财务部成本会计张师傅向小李介绍了企业的基本情况。该纺织厂规模较大，共有三个纺纱车间，两个织布车间。另外，还有若干为纺纱和织布车间服务的辅助生产车间。

该厂第一纺纱车间纺的纱全部对外销售；第二纺纱车间纺的纱供第一织布车间使用，第三纺纱车间纺的纱供第二织布车间使用。纺纱和织布的工序包括清花、粗纺、并条、粗纱、细纱、捻线、织布等。各工序生产的半成品直接供下一工序使用，不经过半成品库。

该厂现行的成本计算模式是：第一纺纱车间采用品种法计算成本；第二纺纱车间和第一织布车间采用品种法计算成本；第三纺纱车间和第二织布车间采用逐步结转分步法计算成本。

为了加强企业的成本管理，厂财务部对各车间生产的半成品均要进行考核。另外，主管部门还要对半成品成本情况进行评比和检查。

张师傅问李明军，我厂成本计算方法的选择是否合理？如果不合理，应如何改进？同时，张师傅还向小李提供了本企业三个生产车间的生产成本资料，让小李熟悉企业的成本计算过程。有关资料如下：

某产品经过三个生产步骤：第一步骤生产的半成品直接转入第二步骤；第二步骤生产的半成品直接转入第三步骤；在第三步骤生产出产成品。各步骤产品成本明细账见表12-43至表12-45。

表12-43　**第一生产步骤产品成本计算单**　金额单位：元

摘要	产量（件）	直接材料	直接人工	制造费用	成本合计
在产品成本（定额成本）		600 000	75 000	69 000	744 000
本月生产费用		1 500 000	144 000	108 000	1 752 000
生产费用累计					
半成品成本	200				
半成品单位成本					
在产品成本（定额成本）		402 000	54 000	63 000	519 000

表12-44　**第二生产步骤产品成本计算单**　金额单位：元

摘要	产量（件）	直接材料	直接人工	制造费用	成本合计
在产品成本（定额成本）		510 000	45 900	37 200	593 100
本月生产费用			156 000	83 400	
生产费用累计					
半成品成本	300				
半成品单位成本					
在产品成本（定额成本）		660 000	54 900	43 500	758 400

表12-45　　第三生产步骤产品成本计算单　　金额单位：元

摘要	产量（件）	直接材料	直接人工	制造费用	成本合计
在产品成本（定额成本）		363 000	17 400	7 200	387 600
本月生产费用			84 000	57 000	
生产费用累计					
产成品成本	200				
半成品单位成本					
在产品成本（定额成本）		300 000	13 800	5 700	319 500

要求：根据上述资料采用逐步结转分步法（按实际成本结转分步法）计算成本并将计算结果填入表12-45中。

◆ 案例参考答案

小李经过几天的调查后，写出了调查报告，提出了自己对企业成本核算工作的意见。在该报告中，小李认为，第一纺纱车间由于生产的纱直接对外销售，不为其他生产车间使用，因此，可以采用品种法计算成本；第二纺纱车间向第一织布车间提供半成品，为了进行成本考核和分析，应计算该步骤半成品的成本，所以，采用逐步结转分步法比较合适。而第二纺纱车间与第二织布车间已经采用逐步结转分步法了，所以，可以不改变。小李按张师傅所给的资料计算的产品成本见表12-46至表12-48。

表12-46　　第一生产步骤产品成本计算单　　金额单位：元

摘要	产量（件）	直接材料	直接人工	制造费用	成本合计
在产品成本（定额成本）		600 000	75 000	69 000	744 000
本月生产费用		1 500 000	144 000	108 000	1 752 000
生产费用累计		2 100 000	219 000	177 000	2 496 000
半成品成本	200	1 698 000	165 000	114 000	1 977 000
半成品单位成本		8 490	825	570	9 885
在产品成本（定额成本）		402 000	54 000	63 000	519 000

表12-47　　**第二生产步骤产品成本计算单**　　金额单位：元

摘要	产量（件）	直接材料	直接人工	制造费用	成本合计
在产品成本（定额成本）		510 000	45 900	37 200	593 100
本月生产费用		177 000	156 000	83 400	2 216 400
生产费用累计		2 487 000	201 900	120 600	2 809 500
半成品成本	300	1 827 000	147 000	77 100	2 051 100
半成品单位成本		6 090	490	257	6 837
在产品成本（定额成本）		660 000	54 900	43 500	758 400

表12-48　　**第三生产步骤产品成本计算单**　　单位：元/件

摘要	产量（件）	直接材料	直接人工	制造费用	成本合计
在产品成本（定额成本）		363 000	17 400	7 200	387 600
本月生产费用		2 051 100	84 000	57 000	2 192 100
生产费用累计		214 100	101 400	64 200	2 579 700
产成品成本	200	2 114 100	87 600	58 500	2 260 200
半成品单位成本		10 570.5	438	292.5	11 301
在产品成本（定额成本）		300 000	13 800	5 700	319 500

第十三章　成本计算的分类法

一、学习目的与要求

通过本章学习，了解分类法的含义，一般性了解分类法的适用范围；掌握分类法的成本核算程序；熟练掌握联产品、副产品和等级品的成本计算方法；重点掌握按系数法和定额比例法进行分类产品成本计算。

二、预习要览

（一）关键概念

1. 分类法　　2. 综合系数

3. 单项系数　　4. 联产品

5. 副产品　　6. 等级品

7. 标准产品

（二）关键问题

1. 产品成本计算分类法的适用范围及特点是什么？

2. 产品成本计算分类法的核算程序是什么？

3. 分类法下类内产品成本的分配方法有哪些？其适用条件是什么？

4. 什么是联产品、副产品和等级品？联产品、副产品和等级品成本计算的特点各是什么？

5. 常用的联产品成本分配方法有哪些？

6. 常用的副产品计价方法有哪些？各适用于什么情况？

三、本章重点与难点

☞ 分类法成本计算的特点

☞ 系数法的运用

☞ 按定额比例法进行分类产品成本的计算

☞ 联产品、副产品和等级品的成本计算

（一）分类法的基本内容

1.分类法的含义

产品成本计算的分类法是按产品的类别归集生产费用，在计算出某类产品总成本的基础上，按一定标准分配计算类内各种产品成本的一种成本计算方法。在产品品种、规格繁多，但可以按照一定标准分类的情况下，可以采用分类法进行成本计算。

2.分类法的成本计算程序

采用分类法计算产品成本时，首先应将产品划分为不同的类别，计算出某类产品的完工产品总成本，再按一定标准分配计算类内各种产品的成本。产品类别一般是根据产品的性质、结构、所用原材料以及工艺过程的特点等进行划分。进行产品成本计算时，是以产品类别作为成本计算对象，设置成本计算单，并结合生产类型的不同，选择一定的方法按类别分成本项目归集生产费用，计算出各类完工产品的成本。

3.类内产品成本的分配方法

按类别计算出各类产品的总成本后，需要将每类产品总成本在类内各种产品之间进行分配，从而计算出各种完工产品的成本。在这里，分配标准的选择是非常重要的，分配标准应选择与产品成本高低有着直接联系的项目。各成本项目可采用同一分配标准，也可采用不同的分配标准。通常采用的分配标准有定额消耗量、定额成本、计划成本、产品售价、产品的重量或体积等。类内产品成本的计算，在一般情况下是采用系数法、按定额成本计价法或按定额比例法计算。

采用分类法时，一般是将类内产品的分配标准折合为系数，按系数分配计算类内各种产品成本。确定系数的具体做法是，在同类产品中选择一种产量大、生产稳定或规格折中的产品作为标准产品，把这种产品的分配标准系数确定为1，以其他产品的单位产品的分配标准数据与标准产品相比，求出的比例即为其他产品的系数。系数确定后，将各种产品的实际产量乘以系数，换算成标准产品产量，或称为总系数，再按各种产品总系数比例分配计算类内各种产品成本。分配计算类内各种产品成本时，既可以按综合系数分配，也可以分成本项目采用单项系数分配。

定额比例法是在计算出类内产品的总成本后，按类内各种产品的定额比例进行分配，从而计算出类内每一种产品的成本的一种方法。这种方法一般适用于定额比较健全、稳定的企业。具体计算时，材料费用可按材料的定额耗用量的比例进行分配，加工费用可按定额工时的比例进行分配。

（二）联产品、副产品、等级品的成本计算

1.联产品成本计算

所谓联产品，是指企业在生产过程中，利用同一种原材料，经过同一个生产过程，同时生产出几种产品，并且这些产品都是企业的主要产品。联产品在生产过程中使用同样的原材料，并且又是在同一生产过程中生产出来的。在联产品分离之前，应将其归为一类计算其总成本，然后采用适当的方法，分配计算联产品中每种产品的成本。联产品虽然可以按类别归集费用、计算成本，但它同分类法是有区别的，即对分离后的继续加工成本，需要按照分离后产品的生产特点，选择适当的方法进行计算。通常情况下，将分离前发生的成本称为联合成本，而把分离后每种产品发生的成本称为可归属成本。因此，联产品的成本应该包括其应负担的联合成本和分离后的继续加工成本。

计算出联产品的联合成本之后，需要将其在各种联产品之间进行分配，分配时可根据企业具体情况确定应采用的分配方法，常用的分配方法包括：

（1）实物计量分配法。实物计量分配法是将联合成本按各联产品实物量（如重量、长度或容积）进行分配的一种方法。

（2）标准产量分配法。标准产量分配法也称系数分配法，它是根据各种联产品的实际产量，按系数将其折算为标准产量来分配联合成本的一种方法。具体程序是：首先，确定各种联产品的系数，然后用每种产品的产量乘以各自的系数，计算出标准产量；其次，将联合成本除以各种联产品标准产量之和，求得联合成本分配率；最后，用联合成本分配率乘以每种产品的标准产量，就可以计算出各种产品应负担的联合成本。

（3）销售价值分配法。销售价值分配法是指按照各种联产品的销售价值作为分配标准来分配联合成本的一种联产品成本分配方法。

2.副产品成本计算

副产品是指企业在生产主要产品的过程中附带生产出来的一些非主要产品。由于副产品和主要产品是在同一生产过程中生产出来的，它们发生的费用很难分开，因此，一般是将副产品和主要产品归为一类，按照分类法归集费用，计算其总成本。主、副产品分离前的成本可视为联合成本。一般来说，副产品的价值相对较低，在企业全部产品中所占比重较小，所以，可将副产品按照简化的方法计价，从主副产品的总成本中扣除，从而确定主要产品的成本。显然，要计算主要产品的成本，必须解决副产品成本的计价问题。副产品的计价，可以根据不同情况分别采用不同方法，常见的方法包括：

（1）副产品不计价法。副产品不计价法是指副产品不负担分离前的成本，而将副产品的销售收入直接作为收益处理。这种方法一般适用于副产品分离后不再加工，而且其价值较低的情况。

（2）副产品按分离后的成本计价法。采用这种计价方法时，副产品成本只包括分离后进一步加工的成本，不负担分离前的成本费用。

（3）副产品按固定成本计价法。这种计价方法是指按确定的固定成本作为副产品的成本，从主要产品成本中扣除。其中，固定成本可按固定价格计价，也可以按计划单位成本计价。

（4）副产品按销售价格扣除销售税金、销售费用后的余额计价法。副产品按销售价格扣除销售税金、销售费用后的余额计价法，也可以说是按副产品的售价减去按正常利润率计算的销售利润后的余额计价，以此作为分离前的共同成本中副产品应负担的部分。这种方法适用于副产品价值较高的情况。如果副产品在分离后还需进一步加工才能出售，那么按这一方法对副产品计价时，还应从售价中扣除分离后的加工费。

副产品成本计算出来后，还需要考虑如何从联合成本中扣除。副产品成本从联合成本中扣除的方法可以是：将副产品成本（副产品计价额）从分离前联合成本中的“直接材料”成本项目中扣除，也可以按副产品的计价额与其总成本的比例，分别从分离前联合成本的各成本项目中扣除。前一种方法适用于副产品成本中直接材料费用所占比重较大或副产品成本占共同成本的比重很小的情况；后一种方法适用于副产品各成本项目的比重相差不大或副产品成本在联合成本中占有一定比重的情况。

3.等级品成本计算

等级品是指品种相同，但在质量上有差别的产品。按造成产品质量差别的原因不同，等级品可以分为两种：一种是由于材料的质量、工艺过程不同或由于自然的原因造成的等级品；另一种是由于经营管理或技术操作的原因形成的等级品。

等级品的成本计算，应根据企业的具体情况加以确定。如果是由于材料质量、工艺过程本身等特点或自然原因造成的，则应采用适当的方法计算各种等级品的产品成本。计算时，可将各种等级品作为一类产品，计算类产品的联合成本，再根据按各种等级品的售价等标准确定的系数，将各等级品产量折合为标准产量，采用标准产量比例法分配联合成本，以分配的联合成本作为各等级产品的成本。如果是由于生产管理不当、操作失误造成的等级品，因为等级品用料相同，工艺过程也相同，则其成本也应相同，所以，应采用实际产量比例法，将等级品的联合成本直接按各等级产品实际产量平均计算，从而使各等级产品单位成本水平一致。

四、练习题

（一）单项选择题

1.联产品在分离前计算出的总成本被称为（　　）。

A.直接成本　　B.间接成本

C.联合成本　　D.分项成本

2.分类法的成本计算对象是（　　）。

A.产品品种　　B.产品类别

C.产品规格　　D.产品加工步骤

3.下列企业适合采用分类法计算产品成本的是（　　）。

A.制鞋厂　　B.小型水泥厂

C.造纸厂　　D.精密仪器生产企业

4.在计算类内各种产品成本时，分配标准应选择与产品成本有直接联系的项目，通常采用的分配标准是（　　）。

A.定额成本　　　　　　　　　　B.约当产量

C.标准产量　　　　　　　　　　D.固定成本

5.关于联产品，下列说法中正确的是（　　）。

A.联产品中各种产品的成本应该相等

B.可以按联产品中的每种产品归集和分配生产费用

C.联产品的成本应该包括其所应负担的联合成本

D.联产品的成本应该包括其所应负担的联合成本和分离后的继续加工成本

6.联产品分离前的联合成本的计算，可采用分类法的原理进行。联合成本在各种联产品之间分配的常用方法是（　　）。

A.实际产量分配法　　　　　　　B.约当产量分配法

C.标准产量分配法　　　　　　　D.计划产量分配法

7.副产品的计价可以根据不同情况分别采用不同方法，常见的方法是（　　）。

A.按上期成本计价　　　　　　　B.按固定成本计价

C.按定额成本计价　　　　　　　D.按实际成本计价

8.副产品成本从联合成本中扣除的方法可以是（　　）。

A.从“直接材料”成本项目中扣除

B.从“直接人工”成本项目中扣除

C.从“制造费用”成本项目中扣除

D.由企业自行决定

9.由于材料质量、工艺过程本身等特点造成的等级品，可按分类法计算类产品的联合成本，在各种等级品之间分配联合成本时可采用的方法是（　　）。

A.约当产量法　　　　　　　　　B.实际产量比例法

C.计划产量比例法　　　　　　　D.标准产量比例法

10.采用分类法按系数分配计算类内各种产品成本时，对于系数的确定方法是（　　）。

A.选择产量大的产品作为标准产品，将其分配标准数确定为1

B.选择产量大、生产稳定的产品作为标准产品，将其分配标准数确定为1

C. 选择产量大、生产稳定或规格折中的产品作为标准产品，将其分配标准数定为1

D. 自行选择一种产品作为标准产品，将其分配标准数定为1

（二）多项选择题

1. 采用分类法计算产品成本时应注意的问题有（　　）。

A. 类内产品品种不能过多　　B. 类内产品品种不能太少

C. 分配标准可由企业自由选择　　D. 分配标准应有所选择

E. 类距要适当

2. 分类法的成本计算程序有（　　）。

A. 在同类产品中选择一种产量大、生产稳定或规格折中的产品作为标准产品

B. 把标准产品的分配标准系数确定为1

C. 以其他产品的单位分配标准数据与标准产品相比，求出其他产品的系数

D. 用各种产品的实际产量乘上系数，计算出总系数

E. 再按各种产品总系数比例分配计算类内各种产品成本

3. 分类法下对于类内产品成本的计算，一般可以采用的方法有（　　）。

A. 系数法　　B. 按定额成本计价法

C. 按定额比例法计算　　D. 分批法

E. 约当产量法

4. 如果按单项系数进行类内产品成本分配，当直接材料成本项目按定额成本作为分配标准时，则在计算直接材料成本项目的系数时应考虑的因素有（　　）。

A. 标准产品的直接材料定额成本

B. 某种产品的直接材料定额成本

C. 标准产品的其他成本项目定额成本

D. 某种产品的其他成本项目定额成本

E. 标准产品定额成本总数

5. 分类法主要适用于产品品种较多的企业或车间，可以采用分类法计算产品成本的企业有（　　）。

A. 电子元件厂　　B. 针织厂

C.造船厂　　D.机床厂

E.砖瓦厂

6.在分类法下，将每类产品总成本在类内各种产品之间进行分配时所选择的分配标准通常可以有（　　）。

A.定额消耗量　　B.计划成本

C.产品售价　　D.定额成本

E.产品的重量或体积

7.采用系数法分配计算类内各种产品成本时，可以按单项系数进行分配。单项系数计算公式的分子和分母可以是（　　）。

A. 分子是某种产品直接材料定额成本，分母是标准产品直接材料定额成本

B. 分子是某种产品定额工时，分母是标准产品定额工时

C. 分子是某种产品定额制造费用，分母是标准产品定额制造费用

D. 分子是标准产品直接材料成本，分母是某种产品直接材料成本

E. 分子是标准产品定额制造费用，分母是某种产品定额制造费用

8.按定额比例法进行类内产品成本分配时的具体做法有（　　）。

A. 材料费用可采用定额工时比例分配

B. 加工费用可采用材料定额消耗量比例分配

C. 材料费用可采用材料定额耗用量比例分配

D. 加工费用可采用定额工时比例分配

E. 各项费用均按材料定额消耗量比例分配

9.联产品的生产特点有（　　）。

A.经过同一个生产过程进行生产

B.利用同一种原材料加工生产

C.都是企业的主要产品

D.有的是主要产品，有的是非主要产品

E.生产成本相同

10.联产品分离前的联合成本，在各种联产品之间进行分配的方法有（　　）。

A.计划产量分配法　　B.约当产量分配法

C.实物计量分配法　　D.销售价值分配法

E. 标准产量分配法

11. 副产品是指企业在生产主要产品的过程中附带生产出来的一些非主要产品，副产品的计价方法有（　　）。

A. 副产品不计价

B. 按销售价格扣除销售税金、销售费用后的余额计算

C. 副产品按固定价格计价

D. 按计划单位成本计价

E. 按实际成本计价

12. 可按分类法成本计算原理计算产品成本的等级品有（　　）。

A. 由于材料质量原因造成等级品

B. 由于工艺过程本身原因造成等级品

C. 由于自然原因造成等级品

D. 由于生产管理不当造成等级品

E. 由于操作失误造成等级品

（三）判断题

1. 采用分类法计算产品成本，不论选择什么作为分配标准，其产品成本的计算结果都有不同程度的假定性。（　　）

2. 由于分类法是为了简化成本核算工作而采用的方法，因此只要能简化成本核算，产品可以随意分类。（　　）

3. 采用分类法计算产品成本，对类内产品成本的分配，各成本项目可采用相同的分配标准，也可采用不同的分配标准。（　　）

4. 分类法适用于产品品种、规格较多，并可按一定标准进行分类的企业的成本计算，也是成本计算的一种基本方法。（　　）

5. 联产品是企业在生产过程中，利用同一种原材料，经过同一个生产过程，同时生产出几种产品，这些产品有的是主要产品，有的是非主要产品。（　　）

6. 联产品的成本应该包括其应负担的联合成本和分离后的继续加工成本。（　　）

7. 销售价值分配法是完工产品和在产品之间生产费用分配的一种方法。（　　）

8. 副产品的计价方法与联产品相同。（　　）

9. 在实际工作中，副产品可以不负担分离前的成本，其成本可由主要产品负担，这种方法一般适用于副产品分离后不再加工，而且其价值较低的情况。（　）

10. 等级品可与联产品和副产品一样，采用分类法计算产品成本。（　）

（四）计算题

1.ABC企业采用分类法进行产品成本计算，甲类产品包括X、Y、Z三个品种，其中X产品为标准产品。类内产品成本分配的方法为：直接材料按材料费用定额系数标准分配，其他费用项目按定额工时系数标准分配。甲类产品成本以及产量和定额等资料见表13-1和表13-2。

表13-1　**甲类产品成本计算单**　单位：元

项目	直接材料	直接人工	制造费用	合计
月初在产品成本（定额成本）	8 900	3 200	5 200	17 300
本月发生费用	90 850	45 300	49 700	185 850
完工产品成本	85 200	35 550	47 400	168 150
月末在产品成本（定额成本）	14 550	12 950	7 500	35 000

表13-2　**产量及定额资料**

名称	产量（件）	单位产品材料费用定额（元）	单位产品工时定额（小时）
X	200	150	12
Y	200	120	15
Z	150	172.5	11.4

要求：填制甲类产品系数计算表（见表13-3）和甲类产品成本计算单（见表13-4）。

表13-3　　**甲类产品系数计算表**

名称	直接材料		工时	
	单位产品定额（元）	系数	单位产品定额（小时）	系数
X				
Y				
Z				

表13-4　　**甲类产品成本计算单**　　金额单位：元

项目	产量（件）	直接材料系数	直接材料总系数	工时系数	工时总系数	直接材料	直接人工	制造费用	成本合计
分配率									
X									
Y									
Z									
合计									

2.某企业采用分类法计算产品成本，其生产的M系列产品为一大类，包括M-10和M-20两种产品，类内产品成本分配采用定额比例法。该类产品的月末在产品按照定额成本计价法进行计算。月末在产品产量为190件，在产品直接材料消耗定额为65千克，材料单价为5元；在产品的加工工时消耗定额为30小时，每小时工资费用计划分配率为6元；每小时制造费用计划分配率为4.5元。当月其他各有关资料见表13-5。

表13-5　　**产量及定额资料**

产品名称	完工产品产量（件）	直接材料费用定额（元）	工时定额（小时）
M-10	500	35	4
M-20	800	25	5

要求：在M系列产品成本明细账（见表13-6）中完成M系列产品的成本计算，并编制结转完工产品成本的会计分录。

表13-6　　**M系列产品成本明细账**　　金额单位：元

项目	直接材料	直接人工	制造费用	合计
月初在产品成本	73 500	20 400	26 200	120 100
本月生产费用	250 750	46 800	23 450	321 000
生产费用合计				
月末在产品成本				
完工产品成本				
类内产品成本分配标准				
类内产品成本分配率				
M-10产品总成本				
M-10产品单位成本				
M-20产品总成本				
M-20产品单位成本				

五、案例

某厂生产的产品品种、规格很多，采用分类法进行成本计算。按照工艺过程的特点不同，将全部产品划分为甲、乙两大类。虽然每类产品的不同产品都有月末在产品，但是因其所占比重很小，企业为了进一步简化成本核算，对月末在产品成本不进行计算。每类产品的总成本在类内各种产品之间直接按各种产品实际产量为标准进行分配，因而使同类产品中各种产品的单位成本相同，也使成本计算工作大大简化。该企业为每种产品制定了工时消耗定额，每种产品的加工时间差异较大。根据生产特点，每种产品消耗的材料品种相同，单位产品材料消耗量也相同，但其他各项费用与加工时间长短有关。甲类产品中A产品产量较大，生产比较稳定；乙类产品中E产品产量较大，生产比较稳定。有关资料及成本计算结果见表13-7至表13-11。

表13-7 **产量和工时消耗**

产品名称		产量（件）	工时消耗（小时）
甲类产品	A产品	350	10
	B产品	200	12
	C产品	100	9
乙类产品	D产品	240	16.5
	E产品	400	15
	F产品	360	12

表13-8 **甲类产品成本计算单** 单位：元

项目	直接材料	直接人工	制造费用	合计
月初在产品成本				
本月发生费用	266 500	45 500	41 600	353 600
完工产品成本	266 500	45 500	41 600	353 600
月末在产品成本				

表13-9 **甲类产品成本分配计算表** 金额单位：元

项目	计量单位	产量	直接材料	直接人工	制造费用	总成本	单位成本
A产品	件	350	143 500	24 500	22 400	190 400	544
B产品	件	200	82 000	14 000	12 800	108 800	544
C产品	件	100	41 000	7 000	6 400	54 400	544
合计		650	266 500	45 500	41 600	353 600	

表13-10 **乙类产品成本计算单** 单位：元

项目	直接材料	直接人工	制造费用	合计
月初在产品成本				
本月发生费用	90 500	30 500	28 000	149 000
完工产品成本	90 500	30 500	28 000	149 000
月末在产品成本				

表13-11	乙类产品成本分配计算表	金额单位：元

项目	计量单位	产量	直接材料	直接人工	制造费用	总成本	单位成本
D产品	件	240	21 720	7 320	6 720	35 760	149
E产品	件	400	36 200	12 200	11 200	59 600	149
F产品	件	360	32 580	10 980	10 080	53 640	149
合计		1 000	90 500	30 500	28 000	149 000	

要求：

（1）根据上述资料和成本计算过程，对该厂的成本计算方法进行评价，指出存在的问题，并说明原因。

（2）请按照你认为恰当的方法进行上述产品的成本计算，并将计算结果填入表13-12至表13-14中。

表13-12 **产品工时系数计算表**

产品名称		工时消耗（小时）	系数
甲类产品	A产品		
	B产品		
	C产品		
乙类产品	D产品		
	E产品		
	F产品		

表13-13 **甲类产品成本分配计算表** 金额单位：元

项目	产量（件）	系数	总系数	直接材料	直接人工	制造费用	总成本	单位成本
分配率								
A产品								
B产品								
C产品								
合计								

表13-14　　　　**乙类产品成本分配计算表**　　　　金额单位：元

项目	产量（件）	系数	总系数	直接材料	直接人工	制造费用	总成本	单位成本
分配率								
D产品								
E产品								
F产品								
合计								

◆ 案例参考答案

该厂采用分类法进行成本计算，虽然大大简化了核算工作，但是成本计算结果很不准确，主要表现是：由于各类别内的各种产品工时消耗差异较大，而除了材料费用之外的其他费用的多少与加工时间长短有关，因此，该厂在进行类内产品成本分配时，可将材料费用按各种产品产量为标准进行分配，而对于其他各项费用则应按照各种产品工时消耗为标准进行分配。而且，由于每类产品中都有一种产量大、生产比较稳定的产品，因此在进行类内产品成本分配时，可分别将两类产品中的A、E产品作为标准产品，将其工时消耗标准定为1，并求出其余产品的工时系数，按各种产品的工时系数进行其他费用的分配，以便正确计算各种产品成本。具体计算过程列示见表13-15至表13-17。

表13-15　　　　**产品工时系数计算表**

产品名称		工时消耗（小时）	系数
甲类产品	A产品	10	1
	B产品	12	1.2
	C产品	9	0.9
乙类产品	D产品	16.5	1.1
	E产品	15	1
	F产品	12	0.8

表13-16　　**甲类产品成本分配计算表**　　金额单位：元

项目	产量（件）	系数	总系数	直接材料	直接人工	制造费用	总成本	单位成本
分配率				410	66.91	61.18		
A产品	350	1	350	143 500	23 418.5	21 413	188 331.5	538.09
B产品	200	1.2	240	82 000	16 058.4	14 683.2	112 741.6	563.71
C产品	100	0.9	90	41 000	6 023.1*	5 503.8*	52 526.9	525.27
合计			680	266 500	45 500	41 600	353 600	

注：表中带*的数字保留了计算尾差。

表13-17　　**乙类产品成本分配计算表**　　金额单位：元

项目	产量（件）	系数	总系数	直接材料	直接人工	制造费用	总成本	单位成本
分配率				90.5	32.04	29.41		
D产品	240	1.1	264	21 720	8 458.56	7 764.2	37 942.76	158.09
E产品	400	1	400	36 200	12 816	11 764	60 780	151.95
F产品	360	0.8	288	32 580	9 225.44*	8 471.8*	50 277.24	139.66
合计			952	90 500	30 500	28 000	149 000	

注：表中带*的数字保留了计算尾差。

第十四章　成本计算的定额法

一、学习目的与要求

通过本章学习，了解成本计算定额法的基本内容；掌握定额法的运用；熟练掌握成本计算定额法的特点，重点掌握定额差异的计算。

二、预习要览

（一）关键概念

1. 定额法　　2. 定额成本

3. 定额差异　　4. 定额变动差异

（二）关键问题

1. 为什么要采用定额法计算成本？

2. 定额法有什么特点？

3. 产品的定额成本应如何制定？

4. 定额差异应如何计算？

5. 为什么要核算定额变动差异？

6. 定额差异与定额变动差异的区别是什么？

7. 定额变动差异应如何处理？

8. 定额法下完工产品和月末在产品定额成本如何计算？各种差异应如何分配？

9. 定额法的优缺点是什么？

三、本章重点与难点

☞ 定额法成本计算的特点

☞ 定额变动差异的计算

☞ 定额差异和定额变动差异的分配

（一）定额法的基本内容

1.基本原理

定额法包括定额成本的计算、定额差异的计算、定额变动的计算和产品实际成本的计算。定额法的产品实际成本的计算与其他成本计算方法不一样，其他成本计算方法是在生产费用实际发生额的基础上减去在产品成本，计算出完工产品成本，而定额法却是在定额成本的基础上，加上或减去脱离定额的差异、定额变动差异来计算完工产品的实际成本的，若材料按计划成本核算，还应加减材料成本差异。其实际成本的计算公式如下：

产品实际成本=定额成本+脱离定额差异+定额变动差异

2.与其他成本计算方法的区别

定额法不是基本成本计算方法，它一般与企业的生产类型无关，它只是为了加强成本控制，及时揭露成本计划执行过程中存在的问题，及时采取措施，加以改进而采用的。它虽然计算手续麻烦一些，但对于企业的成本控制来说是非常重要的。

产品的定额成本与计划成本不同，虽然两者都是以定额为基础进行计算的，但还是有较大的区别，主要表现在计算的依据和用途不同。

定额成本计算的依据是现行消耗定额和费用预算，主要用于企业内部进行成本控制和成本考核，在现有技术条件下，它能反映企业当前应达到的成本水平，同时，又能衡量企业成本费用是节约了还是超支了。随着生产条件的变化，应随时对定额成本进行修改，为了及时反映定额的执行情况，应及时、经常地对定额的变动情况进行核算。

计划成本计算的依据是计划期内平均先进的消耗定额和费用预算，该项指标反映企业在计划期内应当达到的成本水平，其主要用途是进行成本考核，为企业进行经济预测和决策提供资料。在整个计划期内，计划成本一般不进行修改，因而不必经常核算，只有在变动时，才进行核算。

（二）定额成本的计算

定额成本是根据现行消耗定额和计划单位成本编制的成本，其计算公式如下：

某产品直接材料定额成本=该产品材料消耗定额×材料计划单位成本

某产品直接人工定额成本=该产品工时定额×计划小时工资率

某产品制造费用定额成本=该产品工时定额×计划小时费用率

某产品的定额成本=直接材料定额成本+直接人工定额成本+制造费用定额成本

定额成本一般是通过编制“定额成本计算表”的方式进行计算的。企业的具体情况不同，其“定额成本计算表”的编制方法也不一样。它主要受产品的结构、产品零部件的多少等因素的影响。当产品的零部件较少时，可先编制零件的定额成本，然后在此基础上，编制部件的定额成本，最后汇总编制产品的定额成本；当产品的零部件较多时，可不编制零件定额成本，而是先编制部件的定额成本，然后汇总编制产品的定额成本，也可以不编制部件的定额成本，直接编制产品的定额成本。

（三）定额差异的计算

定额差异是指在生产过程中各项实际生产费用脱离现行定额的差异，它反映了各项生产费用支出的合理程度和现行定额的执行情况。企业应及时地对定额差异进行核算，以便控制生产费用，降低产品成本。定额差异的计算，是采用定额法计算产品成本的一个重要环节。对于定额差异，一般是按成本项目进行计算的。

1.直接材料定额差异的核算

直接材料脱离定额差异的核算一般采用如下三种方法：

（1）限额领料法。

限额领料法是根据企业制定的材料消耗定额来核算材料定额差异的一种方法。企业应根据产品定额计算表中所确定的产品材料消耗定额，编制“限额领料单”交给各单位，按限额领料单中所规定的限额领料。凡是超过限额的领料，应设置专门的超额领料单等差异凭证。如果领用代用材料，则应将领用代用材料的数量，折算成原定额材料的数量，在限额领料单内冲减相应的数量。对于车间已领未用的材料，应及时办理退库手续。如果企业超限额领料是因为增加产量引起的，则应办理追加限额手续，仍采用限额领料单领料。月末时，将限额领料单内的材料余额和各种差异凭证进行汇总，即可计算出定额差异。其计算公式如下：

$$\text{某产品直接材料脱离定额的差异}=\left(\text{该产品材料实际耗用量}-\text{该产品材料定额耗用量}\right)\times\text{材料计划单位成本}$$

采用限额领料法时，应注意的是领料差异与耗用差异有时并不完全一致。有时领到车间的材料并未耗用，有时还有期初余额。因此，应按下式计算本期直接材料的实际消耗量：

$$\text{本期直接材料实际消耗量}=\text{本期领用材料数量}+\text{期初结余材料数量}-\text{期末结余材料数量}$$

（2）整批分割法。

采用整批分割法时，是按切割材料的批别设置“材料切割单”进行核算的。在材料切割完成后，根据实际切割的毛坯数量乘以消耗定额计算出材料的定额消耗量，将定额消耗量与材料的实际消耗量进行比较，计算出材料定额差异，并将差异数额填入材料切割单内，同时注明产生差异的原因。采取整批分割法的优点是能及时反映和控制材料的耗用情况，但是材料切割单的填制工作量很大，因而只适用于按批核算材料定额差异的一些贵重材料。

（3）盘存法。

盘存法是根据定期盘点的方法来计算材料的定额消耗量和脱离定额差异的方法，计算的时间可以是每天，也可以是每周或每旬。这种方法的核算程序是：首先，用本期完工产品数量加上期末在产品数量，减去期初在产品数量，计算出本期投产数量。其中，期末在产品数量是根据盘存数量（或账面数量）计算的。其次，根据材料的消耗定额，计算出产品材料的定额消耗量。再次，根据材料的定额领料凭证、差异凭证及车间的盘存资料，计算出产品的材料实际消耗量。最后，将产品的实际消耗量和定额消耗量进行比较，计算出材料脱离定额的差异。这种方法一般适用于连续式大量生产的企业。

在实际工作中，不论采用哪种方法，都应根据各种领料凭证和差异凭证，按照产品成本计算对象汇总编制“材料定额费用和脱离定额差异汇总表”，表中应详细列明该批或该种产品所耗各种材料的计划成本、定额费用、定额差异及产生差异的原因，并据以登记“生产成本明细账”和各种产品成本计算单。

2.工资定额差异的核算

工资定额差异的核算，由于企业所采用的工资形式不同，其核算方法也不一样。如果企业采用计件工资形式，则按计件单价计算支付的工资都是定额工资，登记在产量记录中。脱离定额的差异，经审批后，应登记在工资补付单等差异凭证中。如果生产工人工资不是直接计入产品成本中，其定额差异可按下式计算：

$$\text{工资脱离定额的差异}=\text{该产品实际生产工人工资}-\text{该产品实际产量}\times\text{单位产品定额工资}$$

若生产工人工资是根据实际工时比例分配计入产品成本的，其差异额可按下式计算：

$$\text{工资脱离定额的差异}=\text{该产品实际产量的实际生产工时}\times\text{实际单位小时工资}-\text{该产品实际产量的定额生产工时}\times\text{计划单位小时工资}$$

计算工资费用脱离定额的差异时，应按产品的成本计算对象，汇总编制“定额工资和定额差异汇总表”，在该表内，应汇总登记定额工资、实际工资、工资差异原因等资料，并据以登记生产成本明细账和有关的产品成本计算单，考核和分析各种产品生产工人工资定额的执行情况。

3.制造费用定额差异的核算

制造费用属于间接费用，不能在费用发生时直接按产品确定其定额的差异。在平时核算时，主要是通过制造费用预算按照费用的性质，下达给各车间，并采用费用限额手册对各车间的费用支出进行核算和管理，计算费用脱离定额（即费用预算）的差异额。这项差异一般是在月末实际费用分配到产品之后才能确定。差异额的计算公式如下：

$$\text{某车间制造费用定额的差异}=\text{该产品实际的制造费用}-\text{该产品实际产量的定额工时}\times\text{计划小时制造费用}$$

4.废品损失差异的核算

对于生产过程中所发生的废品损失，采用废品通知单和废品计算表的方式单独反映。其中不可修复废品的成本可按定额成本计算，因在定额成本中不包括废品损失和停工损失，因而全部作为定额差异处理。

（四）定额变动差异的计算

所谓定额变动差异，是指由于对旧定额进行修改而产生的新旧定额之间的差额。定额变动差异的大小说明企业生产技术水平的提高和生产组织的改善对定额的影响程度。定额变动差异的产生是定额本身变动的结果，与生产费用的节约或超支无关。

定额变动差异是对旧定额进行修改而产生的，企业对旧定额进行修改，一般是在年初或月初进行的，这样，当月投产的新产品应按新定额计算其定额成本。在实行新定额的月初如果有在产品，其定额成本是按旧定额计算的。为了使月初在产品和本月投产的新产品的定额成本保持一致，应将月初在产品的定额成本进行调整，按新定额计算，使其能与本月投产的新产品的定额成本相加。

应按成本项目计算定额变动差异，计算出来的定额变动差异，在调整月初在产品的定额成本的同时，还应调整本月产品成本，这两方面的金额相等，方向相反。但实际上完工产品和月末在产品的总成本不变，只是其内部表现形式的改变。如果消耗定额降低，月初在产品的定额成本减少，但定额变动差异增加，但实际上这项费用已经发生，所以，在将其从月初在产品的定额成本中扣除的同时，还应将其计入本月生产费用中；如果消耗定额提高，月初在产品定额成本增加，定额变动差异减少，但实际上并未发生这项费用，因而，在将其加入月初在产品的定额成本的同时，还应将其从本月生产费用中扣除。所以，定额变动差异的产生，并不影响企业生产费用总额。

当有在产品的情况下，定额变动差异不应全部计入当月产品的成本中，而应按照完工产品和在产品的定额成本的比例在完工产品和在产品之间进行分配。如果定额变动差异不大，在产品可不负担定额变动差异，定额变动差异全部由完工产品负担。

（五）产品实际成本的计算

在定额法下，计算产品实际成本的程序如下：

（1）设置产品成本计算单。定额法下，应按产品分别设置产品成本计算单。在该成本计算单中，月初在产品成本、本月生产费用、生产费用合计、完工产品成本和在产品成本各栏中，应分别设置“定额成本”、“定额差异”和“定额变动差异”等栏目。

（2）计算定额变动差异。若本月份定额有变动，则应计算月初在产品的定额变动差异数额，并填入相应的栏目中。

（3）分配费用。在本月发生的费用中，应区别定额成本和定额差异两部分。对于定额成本，应列入本月费用的“定额成本”项目下；对于定额差异，则应列入“定额差异”栏中。

（4）计算费用合计。费用合计是在月初在产品成本的基础上，加上本月发生的费用计算的。在计算时，应分别定额成本、定额差异和定额变动差异计算。

（5）计算完工产品和在产品的定额成本。完工产品的定额成本是按完工产品的数量乘以产品的定额成本计算的；在产品的定额成本是用定额成本合计减去完工产品的定额成本计算的。

（6）分配定额差异和定额变动差异。若定额差异和定额变动差异不大，为了简化成本核算工作，可将定额差异和定额变动差异全部计入完工产品成本，由完工产品负担，在产品不负担定额差异和定额变动差异。若定额差异和定额变动差异较大，则应将定额差异和定额变动差异按定额成本的比例，在完工产品和在产品之间进行分配。

（7）计算完工产品的成本。将完工产品的定额成本、定额差异和定额变动差异相加，就是完工产品的实际成本。

按定额法计算产品成本时，材料的日常核算一般都是按计划成本进行的，这样，在月末时，还应计算完工产品应负担的材料成本差异，将材料的计划成本调整为实际成本，其计算公式如下：

某产品应分配的材料成本差异 = 该产品直接材料的定额成本 + 直接材料脱离定额的差异 × 材料成本差异分配率

完工产品实际成本=定额成本+定额差异+定额变动差异+材料成本差异

（六）对定额法的评价

1.定额法的优点

（1）由于采用定额成本计算法可以计算出定额与实际费用之间的差异额，并采取措施加以改进，所以，采用这种方法有利于加强成本的日常控制。

（2）由于采用定额成本计算法可计算出定额成本、定额差异、定额变动差异等项指标，有利于进行产品成本的定期分析。

（3）通过对定额差异的分析，可以对定额进行修改，从而提高定额管理和计划管理水平。

（4）由于有了现成的定额成本资料，可采用定额资料对定额差异和定额变动差异在完工产品和在产品之间进行分配。

2.定额法的缺点

（1）需要分别核算定额成本、定额差异和定额变动差异，工作量较大，推行起来比较困难。

（2）不便于对各个责任部门的工作情况进行考核和分析。

（3）定额资料若不准确，则会影响成本计算的准确性。

四、练习题

（一）单项选择题

1.采用定额法计算产品成本时，生产工资费用定额的计算公式是（　　）。

A. 产品实际工时×生产工资实际单价

B. 产品实际工时×生产工资计划单价

C. 产品生产工时定额×生产工资实际单价

D. 产品生产工时定额×生产工资计划单价

2.由于修改旧定额而产生的新旧定额之间的差额称为（　　）。

A.定额差异　　B.材料成本差异

C.定额变动差异　　D.脱离定额的差异

3.采用定额法计算产品成本，若差异额较大而且各月在产品数量变动也较大时，差异额在完工产品和月末在产品之间进行分配的方法一般是采用（　　）。

A.定额差异的比例　　B.定额成本的比例

C.脱离定额差异的比例　　D.材料成本差异的比例

4.定额法下的定额变动差异是由于修订消耗定额或生产耗费的计划价格而产生的（　　）。

A.计划价格与实际价格的差额　　B.新旧定额的差额

C.实际价格与计划价格的差额　　D.月初定额与月末定额的差额

5.采用定额法计算产品成本时，对于定额变动差异若是定额降低，在月末计算产品成本时，还应（　　）。

A. 从当月的产品成本当中扣除

B. 加到当月的产品成本当中

C. 对当月产品成本没有影响

D. 应在月初产品成本当中进行调整，月末在产品成本不进行调整

6.在定额法下的产品成本计算单中，在消耗定额降低时，月初在产品的定额成本调整和定额变动差异数（　　）。

A.都是负数　　　　　　　　　　B.都是正数

C.前者是正数，后者是负数　　　D.前者是负数，后者是正数

7.定额法的特点是（　　）。

A. 对产品进行事前控制

B. 对成本差异进行日常核算、分析和控制

C. 进行成本的定期分析和考核

D. 以上三点都具备

8.定额成本与计划成本（　　）。

A. 完全是一回事

B. 毫无联系

C. 可以互相代替

D. 既有相同之处，也有不同之处，两者不能互相替代

（二）多项选择题

1.原材料脱离定额差异的核算方法一般有（　　）。

A.限额法　　　　　　　　　　B.一次交互分配法

C.切割法　　　　　　　　　　D.盘存法

E.分步法

2.在定额法下，计算产品应分配的材料成本差异时，需要的指标有（　　）。

A.产品原材料的定额费用　　　B.产品原材料的计划费用

C.原材料脱离定额的差异　　　D.原材料定额变动差异

E.原材料成本差异率

3.采用定额法计算产品成本时，产品实际成本计算的指标有（　　）。

A. 按现行定额计算的产品定额成本

B. 按旧定额计算的产品定额成本

C. 脱离现行定额的差异

D. 原材料或半成品成本差异

E. 月初在产品定额变动差异

（三）判断题

1. 定额变动差异是指实际费用与定额费用之间的差额。　　（　　）

2. 定额法与产品基本成本计算方法的区别在于前者根据定额成本加

减各种成本差异算出实际成本，因而，便于进行产品成本的定期分析。（　）

3. 在计算月初在产品定额变动差异时，如果是定额提高的差异，应加入月初在产品定额成本，并从本月产品成本中减去。（　）

4. 在定额法下，在完工产品与月末在产品之间分配各种成本差异的原则是，差异不大或差异虽大但各月末在产品数量变化不大时，差异全部由完工产品成本负担；差异较大而且各月末在产品数量变化也较大时，差异应在完工产品与月末在产品之间按定额成本比例进行分配。（　）

5. 完工产品成本中的定额差异是正数，一般说明本月成本管理工作做得不好。（　）

6. 定额法应采用定额比例法或在产品按定额成本计价法，分配计算完工产品和月末在产品所应负担的成本差异。（　）

（四）计算题

1. 某企业月初在产品300件，直接材料定额成本按上月旧定额计算为每件50元，从本月起，每件直接材料定额成本降低为48元，本月投产600件，实际发生直接材料费用31 000元，900件产品本月全部完工。

要求：计算该产品的实际成本。

2. 某企业2×25年10月份原材料定额费用及脱离定额差异汇总表见表14-1。

表14-1　**原材料定额费用及脱离定额差异汇总表**

2×25年10月　　金额单位：元

原材料类别	材料编号	计划单价	定额费用		计划价格费用		脱离定额差异	
			数量（件）	金额	数量（件）	金额	数量（件）	金额
原料	A6	8	5 860		5 530			
主要材料	A3	5	890		920			
辅助材料	B1	2	380		350			
合计								

要求：根据上述资料，计算2×25年10月原材料定额费用、脱离定

额的差异，并将计算的结果填入表14-1中。

3. 某企业生产甲产品，本月份产品原材料定额费用为890 000元，原材料脱离定额的差异为超支差异2 000元。本月材料成本差异率为节约差2.5%。

要求：根据上述资料，计算甲产品应分配的原材料成本差异。

4. 某企业A产品采用定额法计算成本。2×25年8月A产品有关直接材料费用资料如下：月初在产品直接材料费用为20 000元，月初在产品直接材料脱离定额差异为-600元。月初在产品定额费用调整降低1 500元，定额变动差异全部计入完工产品成本中。本月定额直接材料费用为50 000元，本月直接材料脱离定额差异为+2 497.45元，本月材料成本差异率为5%，材料成本差异全部由完工产品负担，本月完工产品直接材料定额费用为60 000元。

要求：根据上述资料采用定额法计算2×25年8月完工产品和月末在产品的原材料成本（脱离定额的差异在完工产品和在产品之间进行分配）。

五、案例

2×25年2月18日李永上任龙飞公司财务部部长。上任伊始，他利用10天时间进行了公司现状的摸底调查。经了解，公司目前存在的问题是产品加工的各项定额“水分”较大，因此，他提出自2×25年3月1日起进行公司定额调整，将甲产品原材料消耗定额由每件120千克降低为每件115千克，加工工时由原来的每件140小时降低为每件130小时。

龙飞公司主要生产甲产品，采用定额法计算产品成本。2×25年3月初有10件甲产品正在加工，这10件在产品在月初的有关资料见表14-2。

3月份龙飞公司甲产品应分配的直接材料费用为24 050元，材料成本差异率为-1%，直接人工为2 350元，制造费用为1 700元。本月投产50件，月末完工45件。

要求：李永部长让公司成本核算员林悦提交采用定额法计算的本公司甲产品的实际成本。

表14-2 **月初在产品资料**

2×25年3月 金额单位：元

成本项目	产量（件）	消耗定额	计划单价	定额成本	定额差异	定额变动差异
直接材料	10	120（千克）	4.50	5 400	+800	+150
直接人工	10	140（小时）	0.37	518	−120	
制造费用	10	140（小时）	0.28	392	−80	
合计				6 310	+600	+150

◆ 案例参考答案

甲产品成本的计算结果如下：

1.月初在产品定额变动差异的计算：

（1）直接材料定额变动差异=（115−120）×4.50×10=−225（元）

（2）直接人工定额变动差异=（130−140）×0.37×10=−37（元）

（3）制造费用定额变动差异=（130−140）×0.28×10=−28（元）

2.本月投产产品定额成本的计算：

（1）直接材料定额成本=115×50×4.50=25 875（元）

（2）直接人工定额成本=130×50×0.37=2 405（元）

（3）制造费用定额成本=130×50×0.28=1 820（元）

3.脱离定额差异的计算：

（1）直接材料脱离定额差异=24 050−25 875=−1 825（元）

应分配的材料成本差异=（25 875−1 825）×（−1%）=−240.50（元）

脱离定额差异合计=−1 825−240.50=−2 065.50（元）

（2）直接人工定额差异=2 350−2 405=−55（元）

（3）制造费用定额差异=1 700−1 820=−120（元）

4.根据上述计算结果，可编制“产品成本计算单”（见表14-3）

在表14-3中，完工产品定额成本的计算结果如下：

直接材料定额成本=45×115×4.50=23 287.50（元）

直接人工定额成本=45×130×0.37=2 164.50（元）

制造费用定额成本=45×130×0.28=1 638（元）

表14-3

产品成本计算单

2×25年3月

金额单位：元

本项目	月初在产品成本			月初在产品定额变动		本月费用		费用合计			分配率		完工产品成本				月末在产品成本		
	定额成本	定额差异	定额变动	定额变动	定额调整	定额成本	定额差异	定额成本	定额差异	定额变动	定额差异	定额变动	定额成本	定额差异	定额变动	实际成本	定额成本	定额差异	定额变动
直接材料	5 400	+800	150	-225	+225	25 875	-2 065.50	31 050	-1 265.50	+375	-0.04	0.012	23 287.5	-931.5	279.45	22 635.45	7 762.5	-334	95.55
直接工资	518	-120	—	-37	+37	2 405	-55	2 886	-175	+37	-0.06	0.0128	2 164.5	-129.87	27.71	2 062.34	721.5	-45.13	9.29
制造费用	392	-80	—	-28	+28	1 820	-120	2 184	-200	+28	-0.0915	0.0128	1 638	-149.88	20.97	1 509.09	546	-50.12	7.03
合计	6 310	+600	150	-290	+290	30 100	-2 240.50	36 120	-1 640.50	+440	—	—	27 090	-1 211.25	328.13	26 206.88	9 030	-429.25	111.87

第十五章　标准成本制度

一、学习目的与要求

通过本章学习，了解标准成本制度的形成情况；一般性了解标准成本制度的作用以及实施标准成本制度的步骤和条件；掌握标准成本制度的特点、标准成本的分类、标准成本的制定方法、标准成本制度与定额成本制度的主要区别；熟练掌握标准成本差异的计算和分析；重点掌握标准成本及成本差异的账务处理。

二、预习要览

（一）关键概念

1. 标准成本制度
2. 历史标准成本
3. 预期标准成本
4. 基本标准成本
5. 现行标准成本
6. 理想标准成本
7. 正常标准成本
8. 材料产出差异
9. 材料组合差异

（二）关键问题

1. 标准成本制度的特点是什么？
2. 标准成本制度实施的步骤是什么？
3. 如何制定标准成本？
4. 标准成本差异的性质及分析的通用模式是什么？
5. 直接材料成本差异的影响因素有哪些？怎样计算各因素的影响？
6. 怎样按三因素分析直接材料成本差异？
7. 直接人工成本差异的影响因素有哪些？怎样计算各因素的影响？
8. 影响制造费用成本差异的因素有哪些？怎样计算各因素的影响？
9. 各种成本差异产生的主要原因是什么？

10. 标准成本制度账务处理的特点是什么？标准成本差异的主要处理方式是什么？

11. 标准成本制度与定额成本制度相比主要有哪些不同？

三、本章重点与难点

☞ 直接材料成本差异两因素分析法和三因素分析法的运用

☞ 直接人工成本差异两因素分析法和三因素分析法的运用

☞ 制造费用不分为变动制造费用和固定制造费用的分析方法

☞ 制造费用分为变动制造费用和固定制造费用的分析方法

☞ 标准成本制度的账务处理特点

☞ 标准成本差异的处理方式

☞ 标准成本制度与定额成本制度的主要区别

（一）标准成本制度概述

1. 标准成本制度的形成

标准成本制度的产生与1903年泰罗发表的《工场管理》一书有着密切联系，随后美国会计师哈里逊研究发表了世界上第一部论述标准成本制度的专著——《标准成本》，从此以后，标准成本制度开始兴起并得到发展。

2. 标准成本制度的特点和作用

标准成本制度并非一种单纯的成本计算方法，它是指企业以预先制定的标准成本为基础，通过比较标准成本与实际成本，计算和分析成本差异、揭示成本差异动因，进而实施成本控制、评价经营业绩的一种成本管理方法。

标准成本制度具有以下特点：①标准成本可以起着事前成本控制的作用；②标准成本可以加强成本的事中控制；③标准成本可以实现事后的成本控制。

标准成本制度的作用主要是有利于增强职工的成本意识，有利于成本控制，有利于价格决策，有利于简化会计核算工作，有利于正确评价业绩。

3. 实施标准成本制度的步骤和条件

实施标准成本制度的步骤是：①制定标准成本；②计算标准成本差

异；③计算实际成本；④计算实际产量的标准成本（实际产量×单位标准成本）；⑤标准成本及差异的账务处理。

实行标准成本制度应具备以下条件：①要完善各项成本管理的基础工作；②要健全成本管理组织；③要树立成本意识。

（二）标准成本的制定

1.标准成本的类型

按制定标准成本依据的资料分类，标准成本分为历史标准成本和预期标准成本；按标准成本使用的时间长短，可将标准成本分为基本标准成本和现行标准成本；按标准成本水平分类，可将标准成本分为理想标准成本和正常标准成本。

2.标准成本的制定方法

标准成本有多种制定方法，包括工程技术测算法、历史成本推测法、预测法、期望法等。

3.标准成本各成本项目的制定

标准成本是企业根据产品的各项标准消耗量（如材料、工时等）及标准费用率计算出来的产品成本。在一般情况下，标准成本可以按零件、部件和生产阶段按成本项目制定，在零部件较少的情况下，可以先制定零件的标准成本，在此基础上制定部件和产品的标准成本；在零部件较多的情况下，可以不制定零件的标准成本，而先制定部件的标准成本，再制定产品的标准成本，或直接制定产品的标准成本。

直接材料项目的标准成本的制定，应从技术部门取得产品所需要的各种材料消耗量资料，从供应部门取得材料标准单价资料，用材料标准消耗量乘其标准单价计算确定。其计算公式是：

直接材料标准成本=产品或零部件某种材料标准耗用量×该种材料标准单价

直接人工的标准成本，应以技术部门按产品经过的加工工序确定的标准工时为数量标准，以人力资源部门提供的计划工资率为价格标准，计算确定直接人工标准成本。其计算公式是：

直接人工标准成本=产品或零部件的标准工时×小时标准工资率

制造费用一般是按责任部门分别编制固定制造费用和变动制造费用预算的形式确定，其中变动制造费用一般应按不同的生产量来计算，以适应数量的变动。制造费用的标准成本是根据零部件的标准工时和固定

（或变动）制造费用标准分配率计算的，其计算公式如下：

$$\text{固定(或变动)制造费用标准成本}=\text{产品或零部件的标准工时}\times\text{固定(或变动)制造费用标准分配率}$$

上式中固定制造费用标准分配率和变动制造费用标准分配率的计算公式如下：

$$\text{固定制造费用标准分配率}=\frac{\text{固定制造费用预算}}{\text{预算工时}}$$

$$\text{变动制造费用标准分配率}=\frac{\text{变动制造费用预算}}{\text{预算工时}}$$

（三）标准成本差异的计算

1.标准成本差异的性质和标准成本差异计算的通用模式

（1）标准成本差异的性质

标准成本差异是实际成本与标准成本之间的差额。计算时可分为直接材料成本差异、直接人工成本差异和制造费用成本差异。实际成本低于标准成本的差异为有利差异，反之为不利差异。

（2）标准成本差异计算的通用模式

标准成本差异计算的通用模式是：

标准成本差异=实际成本-标准成本

其中：实际成本=实际数量×实际价格

标准成本=标准数量×标准价格

$$\text{标准成本差异}=\text{标准价格}\times\left(\text{实际数量}-\text{标准数量}\right)+\text{实际数量}\times\left(\text{实际价格}-\text{标准价格}\right)$$

2.标准成本差异的计算

（1）直接材料成本差异的计算

直接材料标准成本差异是指直接材料的实际成本与直接材料的标准成本之间的差异额，其计算公式如下：

直接材料成本差异=直接材料实际成本-直接材料标准成本

其中：直接材料标准成本=单位产品直接材料标准成本×产品的实际产量

在进行材料成本差异的分析时，可采用两因素分析法和三因素分析法。

①两因素分析法

两因素分析法是将直接材料标准成本差异分为直接材料价格差异和

直接材料数量差异两个因素进行分析的。其计算公式如下：

$$\text{直接材料价格差异}=\sum\left(\text{某种材料实际成本}-\text{该种材料实际耗用量}\times\text{材料标准单价}\right)$$

$$=\sum\left(\text{材料实际单价}-\text{材料标准单价}\right)\times\text{材料实际耗用量}$$

在计算材料价格差异时，材料的数量还可以采用本月实际购入的数量，其计算公式如下：

$$\text{直接材料价格差异}=\sum\left(\text{材料实际单价}-\text{材料标准单价}\right)\times\text{材料实际购入量}$$

$$\text{直接材料数量差异}=\sum\left(\text{某种材料的实际耗用量}\times\text{材料标准单价}-\text{该种材料标准成本}\right)$$

$$=\sum\left(\text{材料实际耗用数量}-\text{材料标准耗用数量}\right)\times\text{材料标准单价}$$

②三因素分析法

在某些加工企业中，各种原材料是根据生产工艺的要求，按一定比例结合在一起投入生产使用的。影响直接材料成本差异的因素除了数量差异和价格差异外，还应包括组合差异。为此，首先要计算标准结构的平均标准单价和实际结构的平均标准单价及实际结构的平均实际单价三个指标，其计算公式如下：

$$\text{标准结构平均标准单价}=\frac{\sum(\text{各种材料标准耗用量}\times\text{标准单价})}{\text{各种材料标准耗用量之和}}$$

$$\text{实际结构平均标准单价}=\frac{\sum(\text{各种材料实际耗用量}\times\text{标准单价})}{\text{各种材料实际耗用量之和}}$$

$$\text{实际结构平均实际单价}=\frac{\sum(\text{各种材料实际耗用量}\times\text{实际单价})}{\text{各种材料实际耗用量之和}}$$

然后，分别计算各因素变动对材料成本差异的影响，其计算公式如下：

$$\text{产出差异}=\left(\text{材料实际耗用总量}-\text{材料标准耗用总量}\right)\times\text{标准结构平均标准单价}$$

$$\text{组合差异}=\text{材料实际耗用总量}\times\left(\text{实际结构平均标准单价}-\text{标准结构平均标准单价}\right)$$

$$\text{价格差异}=\text{材料实际耗用总量}\times\left(\frac{\text{实际结构平均}}{\text{实际单价}}-\frac{\text{实际结构平均}}{\text{标准单价}}\right)$$

（2）直接人工标准成本差异的计算

直接人工标准成本差异是指直接人工的实际成本与直接人工标准成本之间的差额，其计算公式如下：

直接人工标准成本差异=实际直接人工-标准直接人工

式中：标准直接人工=单位产品标准直接人工×实际产量

①两因素分析法

两因素分析法是指将直接人工标准成本差异分为工资率差异和效率差异进行分析，其计算公式如下：

直接人工的工资率差异=（实际工资率-标准工资率）×实际工时

直接人工效率差异=（实际工时-标准工时）×标准工资率

②三因素分析法

三因素分析法是在两因素分析法基础上加入组合差异。为此，首先要计算以下补充指标：

$$\text{标准组合的平均标准工资率}=\frac{\sum(\text{各等级工人标准工时}\times\text{标准工资率})}{\text{各等级工人标准工时之和}}$$

$$\text{实际组合的平均标准工资率}=\frac{\sum(\text{各等级工人实际工时}\times\text{标准工资率})}{\text{各等级工人实际工时之和}}$$

$$\text{实际组合的平均实际工资率}=\frac{\sum(\text{各等级工人实际工时}\times\text{实际工资率})}{\text{各等级工人实际工时之和}}$$

然后，按以下公式计算直接人工标准成本差异：

$$\text{人工效率差异}=\left(\text{实际工时}-\text{标准工时}\right)\times\text{标准组合的平均标准工资率}$$

$$\text{人工组合差异}=\text{实际工时}\times\left(\text{实际组合的平均标准工资率}-\text{标准组合的平均标准工资率}\right)$$

$$\text{人工工资率差异}=\text{实际工时}\times\left(\text{实际组合的平均实际工资率}-\text{实际组合的平均标准工资率}\right)$$

（3）制造费用差异的计算

制造费用标准成本差异是指制造费用实际成本与标准成本之间的差异额。制造费用标准成本差异的分析可采用以下方式：

①按全部制造费用进行分析

制造费用差异是指实际产量的标准费用同其实际费用相比的差额。其计算公式如下：

$$\text{制造费用差异}=\text{实际制造费用}-\text{实际产量标准工时}\times\text{制造费用预算分配率}$$

制造费用差异的影响因素及其分析计算方法如下：

效率差异=（实际工时-标准工时）×制造费用预算分配率

$$\text{分配率(耗费)差异}=\left(\text{制造费用实际分配率}-\text{制造费用预算分配率}\right)\times\text{实际工时}$$

$$=\text{实际制造费用}-\text{制造费用预算分配率}\times\text{实际工时}$$

②将制造费用分为变动制造费用和固定制造费用进行分析

制造费用可分为变动制造费用和固定制造费用两部分，制造费用标准成本差异的分析可分为变动制造费用差异分析和固定制造费用差异分析两部分进行。

其中，变动制造费用标准成本差异的计算如下：

$$\text{变动制造费用标准成本差异}=\text{变动制造费用实际成本}-\text{变动制造费用标准成本}$$

变动制造费用标准成本差异是由变动制造费用率差异和变动制造费用效率差异两部分组成的，其计算公式如下：

$$\text{变动制造费用率差异}=\left(\text{实际变动制造费用率}-\text{变动制造费用预算分配率}\right)\times\text{实际工时}$$

$$\text{变动制造费用效率差异}=\left(\text{实际工时}-\text{标准工时}\right)\times\text{变动制造费用预算分配率}$$

对于固定制造费用标准成本差异的计算如下：

$$\text{固定制造费用标准成本差异}=\text{固定制造费用实际成本}-\text{固定制造费用标准成本}$$

固定制造费用标准成本差异一般分为耗费差异、生产能力利用差异和效率差异三部分，其具体计算公式如下：

耗费差异=实际固定制造费用-预算固定制造费用

生产能力利用差异=（预算工时-实际工时）×固定制造费用预算分配率

效率差异=（实际工时-标准工时）×固定制造费用预算分配率

（四）标准成本及成本差异计算的账务处理

1.设置的账户及其登记的内容

① 设置“原材料”“生产成本”“库存商品”等科目。此类存货科目借、贷两方分别按标准成本登记入账。

② 设置差异类科目。它包括“材料价格差异”“材料数量差异”“工资效率差异”“工资分配率差异”“变动制造费用效率差异”“变动制造费用耗费差异”“固定制造费用效率差异”“固定制造费用生产能力利用差异”“固定制造费用耗费差异”等科目。这些差异科目的借方登记成本超支差异，贷方登记节约差异。

2.标准成本差异的处理方式

标准成本差异的处理，一般主要有如下几种方式：①将差异全部计入当期损益。这种方法是在会计期末，将归集在各种差异账户中的标准成本差异，全部计入当期损益账户中，结平这些差异账户。如果是有利差异，则应增加当期的收益；如果是不利差异，则应冲减当期的收益。这种方法适用于各月标准成本差异金额不是很大的情况，既对当期损益影响不大，也可简化核算工作量。②将标准成本差异根据当月销售产品成本、月末在产品成本和月末库存结存产成品成本的比例进行分摊。在分摊时，是根据各种销售产品和月末结存产品的标准成本的比例进行的。这种方法适用于各月标准成本差异金额较大的情况，采用这种方法虽然加大了成本核算工作量，但不会对当期损益产生较大影响。③将标准成本差异结转下期。这种方法适用于各月标准成本差异可以相互抵销的情况，可以简化会计核算工作量。但这种方法只能在年度中间使用，年末时应采用其他方法进行处理。

（五）标准成本制度与定额成本制度的比较

标准成本与定额成本计算方法的不同主要表现在如下几个方面：

1.会计科目的登记方法不同

在定额成本计算法下，“生产成本”科目是按实际成本记账的，实际成本与定额成本之间的差异额反映在产品成本计算单上；而在标准成本制度下，“生产成本”科目则应按标准成本记账，实际成本与标准成本之间的差异额要单独设立差异科目进行反映。

2.计算成本的方式不同

在定额成本计算法下，需要计算产品的实际成本，因而要求直接费用的定额差异按产品分别计算，间接费用差异要按产品分配，计算工作量比较大；而在标准成本制度下，不要求计算产品的实际成本，成本差异不必按产品分别计算，这样，就有可能把成本差异核算的重点转为按各个责任中心进行核算，并分别按差异发生的原因反映出来。

3.差异的处理方法不同

在定额成本计算法下，成本差异应当在完工产品和在产品之间进行分配："库存商品"科目按实际成本登记，"主营业务成本"科目的借方反映销售产成品实际成本，不单独反映产成品成本差异，因此，在利润报表上就不能专门计算成本差异对利润的影响额。而在标准成本制度下，本期生产所发生的各种成本差异一般不在在产品、库存产品和销售产品当中进行分配，而是转入"主营业务成本"科目，使销售成本可以分为标准成本和成本差异两部分，利润报表上的产品销售利润分为产品销售成本调整前利润和调整后利润两部分。

四、练习题

（一）单项选择题

1.按标准成本的水平分类，可将标准成本分为（　　）。

A.预期标准成本　　　　B.历史标准成本

C.正常标准成本　　　　D.基本标准成本

2.在制造费用分为变动制造费用和固定制造费用的情况下，生产能力利用差异的计算公式是（　　）。

A.（实际工时-预算工时）×固定制造费用预算分配率

B.（预算工时-实际工时）×固定制造费用预算分配率

C.（实际工时-标准工时）×固定制造费用预算分配率

D.（标准工时-实际工时）×固定制造费用预算分配率

3.直接材料成本差异按三因素法进行分析时，组合差异等于（　　）。

A. $\begin{matrix}\text{材料实际}\\\text{耗用总量}\end{matrix} \times \left(\begin{matrix}\text{实际结构}\\\text{平均实际单价}\end{matrix} - \begin{matrix}\text{实际结构}\\\text{平均标准单价}\end{matrix}\right)$

B. $\text{材料实际耗用总量} \times \left(\frac{\text{实际结构}}{\text{平均标准单价}} - \frac{\text{标准结构}}{\text{平均标准单价}} \right)$

C. $\text{材料实际耗用总量} \times \left(\frac{\text{实际结构}}{\text{平均实际单价}} - \frac{\text{标准结构}}{\text{平均标准单价}} \right)$

D. $\text{材料标准耗用总量} \times \left(\frac{\text{实际结构}}{\text{平均标准单价}} - \frac{\text{标准结构}}{\text{平均标准单价}} \right)$

4.我国企业按标准成本制度进行核算时，应设置的差异账户是（　　）。

A.生产成本差异　　　　B.材料价格差异

C.直接人工差异　　　　D.制造费用差异

5.制造费用的标准成本，应以各责任部门为单位，按固定费用和变动费用编制费用预算，为了计算固定费用和变动费用标准分配率，应以确定的预算费用除以（　　）。

A.预算生产量　　　　B.实际生产量

C.预算工时　　　　D.实际工时

6.在定额成本制度下，“生产成本”科目的借贷方是（　　）。

A.按定额成本登记　　　　B.按标准成本登记

C.按实际成本登记　　　　D.按计划成本登记

7.在制造费用不区分为变动制造费用和固定制造费用的情况下，制造费用差异是（　　）。

A. 标准制造费用与实际制造费用之间的差额

B. 实际产量标准制造费用与实际制造费用之间的差额

C. 计划产量标准制造费用与实际制造费用之间的差额

D. 预算产量标准制造费用与实际制造费用之间的差额

8.在将制造费用分为变动制造费用和固定制造费用的情况下，变动制造费用差异的影响因素可分为效率差异和耗费差异，其中效率差异的计算公式是（　　）。

A.（预算工时-标准工时）×制造费用预算分配率

B.（预算工时-标准工时）×变动制造费用预算分配率

C.（实际工时-标准工时）×制造费用预算分配率

D.（实际工时-标准工时）×变动制造费用预算分配率

（二）多项选择题

1.标准成本制度的特点有（　　）。

A.事先制定产品各项目标准成本

B.事中对比成本的实际消耗与标准消耗

C.事前完善各项成本管理基础工作

D.事后揭示各项成本差异

E.事后计算产品实际成本

2.标准成本制度的优点是（　　）。

A.有利于成本控制　　B.有利于成本核算

C.有利于简化会计工作　　D.有利于正确评价业绩

E.有利于价格决策

3.按制定标准成本依据的资料分类，标准成本可以分为（　　）。

A.理想标准成本　　B.正常标准成本

C.历史标准成本　　D.预期标准成本

E.基本标准成本

4.标准成本有多种制定方法，具体包括（　　）。

A.定额比例法　　B.计划成本法

C.期望法　　D.历史成本推测法

E.工程技术测算法

5.实施标准成本制度的步骤有（　　）。

A. 健全成本管理组织

B. 揭示实际消耗与标准成本的差异

C. 完善各项成本管理的基础工作

D. 比较实际成本与标准成本的差异

E. 计算实际成本

6.标准成本差异是实际成本与标准成本之间的差额，具体包括（　　）。

A.直接材料数量差异

B.固定制造费用生产能力利用差异

C.固定制造费用耗费差异

D.直接材料分配率差异

E.直接人工效率差异

7.在直接人工三因素分析法下，影响直接人工标准成本差异的因素有（　　）。

A.人工生产效率差异　　B.人工效率差异

C.人工组合差异　　D.人工工资率差异

E.人工工作效率差异

8.工资率差异产生的原因可能是（　　）。

A.工资计算方法改变　　B.材料质量和制造方法改变

C.劳动态度　　D.工人熟练程度

E.工人级别结构的变化

9.标准成本差异的处理方式一般有（　　）。

A.将差异转入损益科目

B.将差异转入销售成本科目

C.将差异结转至下期

D.将差异在存货及销售成本之间按比例分摊

E.将差异保留在各差异账户中

10.标准成本制度与定额成本制度的不同之处有（　　）。

A.标准成本制度下，“生产成本”科目按标准成本登记

B.定额成本制度下，“生产成本”科目按实际成本登记

C.定额成本制度下，单独设置各种成本差异科目反映成本差异

D.定额成本制度下，不单独设置各种成本差异科目反映成本差异

E.标准成本制度下不要求计算产品实际成本，而定额成本法要求计算产品实际成本

（三）判断题

1.制造费用标准成本的制定，应以各责任部门为单位，但不需要区分固定费用和变动费用来编制费用预算。（　　）

2.直接材料三因素分析法，在将影响材料成本差异的因素分为数量和价格差异的基础上，将数量差异进一步区分为产出差异和耗费差异。（　　）

3.固定制造费用差异的三因素分析法，将固定制造费用差异分为效率差异、耗费差异和生产能力利用差异。（　　）

4. 材料价格差异是由于市场价格、采购地点、运输方式变动以及生产技术上产品设计的变更造成的。 (　　)

5. 在标准成本制度下，材料数量差异和材料价格差异都属于材料成本差异，可列入“材料成本差异”科目进行核算。 (　　)

6. 在标准成本制度下，为了正确计算各种产品实际成本，应选择恰当的分配标准将各种成本差异在各种产品之间进行分配。 (　　)

7. 对于标准成本差异的处理方式是将其结转至下期，或是将差异在存货及销售成本之间按比例分摊，也可以将差异转入损益或销售成本科目。 (　　)

8. 实行标准成本制度与定额成本制度，对于成本差异的处理方式是相同的。 (　　)

9. 在标准成本制度下，各种成本差异的处理有不同方式可供选择，而在定额成本制度下，各种成本差异一般应在各种产品之间进行分配。 (　　)

10. 标准成本制度并非一种单纯的成本计算方法，它是把成本计划、控制、计算和分析相结合的一种会计信息系统和成本控制系统。

(　　)

(四) 计算题

1. 某企业生产甲种产品，单位产品标准配方资料见表15-1。

表15-1　**单位产品标准配方表**　金额单位：元

材料名称	单价	混合用量标准（千克）	标准成本
201	15	2	30
202	20	1	20
203	9	4	36
合计		7	86

本期甲种产品实际产量为900千克，各种材料实际消耗资料见表15-2。

表15-2　　　　　　　　**材料耗用情况表**　　　　　　　　金额单位：元

材料名称	单价	实际耗用量（千克）	标准成本
201	14	2 900	40 600
202	18	1 800	32 400
203	9	150	1 350

要求：按照三因素分析法计算分析直接材料成本差异。

2.某企业生产乙产品，本月份预算工时数为10 000小时，变动制造费用预算额为25 000元，固定制造费用预算额为16 000元，实际产量的标准工时数为8 000小时，实际工时数为8 800小时，变动制造费用实际发生额为24 800元，固定制造费用实际发生额为15 700元。

要求：分别计算变动制造费用和固定制造费用标准成本差异，并进行成本差异分析。

3.某企业生产甲产品，本月预计生产量250件，其他有关资料见表15-3和表15-4。

（1）产品标准成本和费用预算资料。

表15-3　　　　　　　　**甲产品标准成本表**　　　　　　　　金额单位：元

直接材料	标准单价	标准消耗量	金额
A材料	20	200千克	4 000
B材料	10	40千克	400
小计	—	—	4 400
直接人工	标准工资率	标准工时	金额
直接人工	10	80	800
制造费用	标准费用率	标准工时	金额
变动制造费用	4	80	320
固定制造费用	12	80	960
小计	—	—	1 280
单位产品标准成本	—	—	6 480

（2）本月实际发生有关业务内容如下：

购进A材料42 000千克，单价为19元；购入B材料8 600千克，单价为12元。生产甲产品领用A材料42 000千克，B材料8 600千克。材料款项已通过银行支付。

表15-4 **费用预算表** 金额单位：元

项目	每小时费用	总费用	项目	每小时费用	总费用
		20 000小时			20 000小时
变动费用			固定费用		
消耗材料	1.00	20 000	折旧费	3.00	60 000
消耗动力	0.40	8 000	办公费	4.80	96 000
工资费用	2.00	40 000	设计费	2.30	46 000
⋮	⋮	⋮	⋮	⋮	⋮
变动费用总计	4.00	80 000	固定费用总计	12	240 000
			费用总计	—	320 000

本月发生生产工人实际工时数18 000小时，预算总工时为20 000小时，应付职工薪酬总额171 000元，实际工资率为9.5元/小时。

本月制造费用实际发生额为316 000元，其中固定制造费用为250 000元，变动制造费用为66 000元，假设全部费用均以银行存款支付。

本月生产甲产品200件，期初和期末均无在产品。本月出售该产品160件，单价8 000元，收入确认的条件已具备，但货款尚未收到。

要求：根据本例所给资料，计算甲产品标准成本，填列下列有关计算表（见表15-5至表15-10），并进行账务处理（本月发生的成本差异全部计入销售成本）。

表15-5 **购入材料标准成本和价格差异计算表** 金额单位：元

材料名称	购入数量（千克）	标准		实际		价格差异
		单价	成本	单价	成本	
A						
B						
合　计						

表15-6　　直接材料标准成本和数量差异计算表　　金额单位：元

材料名称	标准单价	标准			实际		数量差异
		单位用量（千克）	总耗用量（千克）	总成本	总耗用量（千克）	总成本	
A							
B							
合　计							

表15-7　　直接人工标准成本和差异计算表　　金额单位：元

标准				实际			差异	
单位工时	总工时（小时）	小时工资率	总成本	总工时（小时）	小时工资率	总成本	效率差异	工资率差异

表15-8　　变动制造费用标准成本和差异计算表　　金额单位：元

预算分配率	标准		实际		差异	
	总工时（小时）	总成本	总工时（小时）	总成本	效率差异	耗费差异

表15-9　　固定制造费用标准成本和差异计算表　　金额单位：元

预算			标准		实际		差异		
总工时（小时）	分配率	总成本	总工时（小时）	总成本	总工时（小时）	总成本	效率差异	生产能力利用差异	耗费差异

表15-10　　产品入库和销售标准成本计算表　　金额单位：元

完工产品标准成本	单位产品标准成本	完工产品标准成本		销售产品标准成本	
		入库数量（件）	总成本	销售数量（件）	总成本
甲产品					

五、案例

WK企业生产和销售甲产品。甲产品生产需要耗用A、B两种材料，只经过一个生产加工过程，本月预计生产1 000件。本月预算固定制造费用为40 000元，预算变动制造费用为60 000元，预算工时为20 000工时。变动制造费用分配率和固定制造费用分配率均按直接人工工时计算。甲产品单位产品标准成本资料见表15-11。

表15-11 **甲产品单位产品标准成本** 金额单位：元

项目	标准消耗量	标准单价	标准成本
直接材料			
A材料	20千克	10	200
B材料	30千克	9	270
直接人工	20工时	5	100
变动制造费用	20工时	3	60
固定制造费用	20工时	2	40
单位产品标准成本			670
变动制造费用预算分配率	60 000÷20 000=3	固定制造费用预算分配率	40 000÷20 000=2

甲产品月初没有在产品，本月投产900件，并于当月全部完工；本月销售甲产品800件，每件售价950元。本月其他有关实际资料见表15-12，本期所购材料货款已全部支付，所发生的各项制造费用均通过“应付账款”科目核算。

表15-12 **甲产品生产费用表** 金额单位：元

项目	采购材料数量	实际耗用量	实际单价	实际成本
直接材料				
A材料	20 000千克	19 800千克	9	178 200

续表

项目	采购材料数量	实际耗用量	实际单价	实际成本
B材料	25 500千克	25 200千克	9.5	239 400
直接人工		19 800工时	5.2	102 960
变动制造费用			2.8	55 440
固定制造费用			2.1	41 580
实际产品成本总额				617 580

如果WK企业请你根据上述资料为之进行标准成本的会计处理，那么你将怎样做？并请根据处理结果进行评价。

◆ **案例参考答案**

WK企业标准成本的会计处理应当从以下三方面着手进行：

第一，根据上述资料，进行WK企业标准成本的计算和分析，确定各种成本差异；

第二，编制与标准成本有关的会计分录（假定本月发生的成本差异全部计入当期损益）；

第三，在计算确定各种成本差异后，进行成本差异分析评价。

具体处理过程如下：

1.计算确定材料成本差异

（1）购入原材料标准成本和价格差异计算：

$$\left.\begin{array}{l}\text{A材料标准成本} = 20\,000 \times 10 = 200\,000(\text{元})\\ \text{B材料标准成本} = 25\,500 \times 9 = 229\,500(\text{元})\end{array}\right\}\text{合计}429\,500\text{元}$$

$$\left.\begin{array}{l}\text{A材料实际成本} = 20\,000 \times 9 = 180\,000(\text{元})\\ \text{B材料实际成本} = 25\,500 \times 9.5 = 242\,250(\text{元})\end{array}\right\}\text{合计}422\,250\text{元}$$

直接材料价格差异=422 250−429 500=−7 250（元）

（2）直接材料标准成本的数量差异计算：

$$\left.\begin{array}{l}\text{A材料标准成本} = 20 \times 10 \times 900 = 180\,000(\text{元})\\ \text{B材料标准成本} = 30 \times 9 \times 900 = 243\,000(\text{元})\end{array}\right\}\text{合计}423\,000\text{元}$$

$$\left.\begin{array}{l}\text{A材料实际成本} = 19\,800 \times 10 = 198\,000(\text{元})\\ \text{B材料实际成本} = 25\,200 \times 9 = 226\,800(\text{元})\end{array}\right\}\text{合计}424\,800\text{元}$$

直接材料数量差异=424 800−423 000=1 800（元）

（3）编制会计分录

购进材料的会计分录：

借：原材料　　429 500

　贷：银行存款　　422 250

　　　材料价格差异　　7 250

耗用材料的会计分录：

借：生产成本　　423 000

　　材料数量差异　　1 800

　贷：原材料　　424 800

2.计算确定直接人工成本差异

（1）标准总工时=20×900=18 000（小时）

（2）直接人工标准成本=5×18 000=90 000（元）

（3）实际小时工资率=102 960÷19 800=5.2（元/小时）

（4）直接人工效率差异=（19 800−18 000）×5=9 000（元）

（5）直接人工的工资率差异=19 800×（5.2−5）=3 960（元）

（6）编制会计分录

借：生产成本　　90 000

　　直接人工效率差异　　9 000

　　直接人工工资率差异　　3 960

　贷：应付职工薪酬　　102 960

3.计算确定变动制造费用成本差异

（1）变动制造费用标准成本=20×3×900=54 000（元）

（2）变动制造费用实际分配率=55 440÷19 800=2.8（元/小时）

（3）变动制造费用效率差异=（19 800−20×900）×3=5 400（元）

（4）变动制造费用耗费差异=55 440−19 800×3=−3 960（元）

（5）编制会计分录

实际发生变动制造费用的会计分录：

借：变动制造费用　　55 440

　贷：应付账款　　55 440

变动制造费用分配计入产品成本的会计分录：

借：生产成本　　　　　　　　　　　　　　　　54 000

　贷：已分配变动制造费用　　　　　　　　　　　　　54 000

结清已分配变动制造费用和实际发生费用账户并记录其差异的会计分录：

借：已分配变动制造费用　　　　　　　　　　　54 000

　　变动制造费用效率差异　　　　　　　　　　5 400

　贷：变动制造费用耗费差异　　　　　　　　　　　　3 960

　　　变动制造费用　　　　　　　　　　　　　　　　55 440

4.计算确定固定制造费用成本差异

（1）固定制造费用标准成本=20×2×900=36 000（元）

（2）固定制造费用实际分配率=41 580÷19 800=2.1（元/小时）

（3）固定制造费用效率差异=（实际工时-实际产量标准工时）×预算分配率

=（19 800-900×20）×2

=3 600（元）

（4）固定制造费用生产能力利用差异=固定制造费用预算-实际工时×预算分配率

=40 000-19 800×2=400（元）

（5）固定制造费用耗费差异=41 580-40 000=1 580（元）

（6）编制会计分录

实际发生固定制造费用的会计分录：

借：固定制造费用　　　　　　　　　　　　　41 580

　贷：应付账款　　　　　　　　　　　　　　　　　41 580

固定制造费用分配计入产品成本的会计分录：

借：生产成本　　　　　　　　　　　　　　　36 000

　贷：已分配固定制造费用　　　　　　　　　　　　36 000

结清已分配固定制造费用和实际发生费用账户并记录其差异的会计分录：

借：已分配固定制造费用　　　　　　　　　　36 000

　　固定制造费用效率差异　　　　　　　　　　3 600

　　固定制造费用耗费差异　　　　　　　　　　1 580

　　固定制造费用生产能力利用差异　　　　　　　400

贷：固定制造费用　　　　41 580

5.结转完工产品成本

结转完工产品成本的会计分录如下：

借：产成品（670×900）　　603 000

　贷：生产成本　　　　603 000

6.销售产品

销售产品会计分录如下：

借：应收账款（950×800）　　760 000

　贷：主营业务收入　　　　760 000

同时，编制结转已销产品成本会计分录如下：

借：主营业务成本（670×800）　　536 000

　贷：库存商品　　　　536 000

7.结转各种成本差异

结转各种成本差异会计分录如下：

借：主营业务成本　　14 530

　　材料价格差异　　7 250

　　变动制造费用耗费差异　　3 960

　贷：材料数量差异　　　　1 800

　　　直接人工效率差异　　　　9 000

　　　直接人工工资率差异　　　　3 960

　　　变动制造费用效率差异　　　　5 400

　　　固定制造费用生产能力利用差异　　　　400

　　　固定制造费用效率差异　　　　3 600

　　　固定制造费用耗费差异　　　　1 580

8.进行各种成本差异的评价与分析

材料数量差异金额1 800元，是由于A、B两种材料消耗量变化造成的，应具体分析是生产技术上产品设计变更、制造方法改变、机器设备性能变化、材料本身质量原因，还是工人操作和技术水平的原因造成的。

材料价格差异7 250元，是由于A、B两种材料的实际单价发生变化造成的，如果对产品质量没有影响，则是企业采购工作的成绩。

直接人工效率差异和工资率差异分别是9 000元和3 960元，前者是由于工时消耗增加造成，后者是因工资率上升造成。应具体查找原因，对工时消耗增加，应分析是否是机器设备、材料质量、制造方法改变以及工人熟练程度、劳动纪律、劳动态度等主观原因造成。

变动制造费用效率差异以及固定制造费用效率差异具体原因分析可与人工效率差异相同。变动制造费用耗费差异3 960元，应是企业降低消耗的成绩。

固定制造费用耗费差异1 580元和固定制造费用生产能力利用差异400元，说明生产能力实际利用未达到预算水平，实际费用超过了预算水平。

第十六章　作业成本法

一、学习目的与要求

通过本章的学习，了解作业成本法产生的背景；理解作业成本法的含义；熟悉作业成本法下的几个基本概念；掌握成本动因及其分类，作业成本法下成本核算的主要程序；理解作业成本法与传统成本计算方法的区别，把握作业成本法的主要优缺点与适用条件。

二、预习要览

（一）关键概念

1. 作业成本法
2. 资源
3. 作业
4. 成本动因
5. 资源动因
6. 作业动因
7. 单位作业
8. 批次作业
9. 产品作业
10. 支持作业

（二）关键问题

1. 作业成本法产生的主要背景是什么？
2. 何谓成本动因？其主要分类是什么？
3. 作业成本法的核算程序主要包括哪些环节？
4. 作业成本法与传统成本计算方法相比主要有哪些不同？
5. 在现实条件下，推行作业成本法可能存在哪些局限？

三、本章重点与难点

☞ 成本动因及其分类

☞ 作业种类的划分

☞ 作业认定

☞ 动因追溯

☞ 作业成本法的核算程序

☞ 作业成本法的适用

（一）作业成本法概述

1.作业成本法的产生

作业成本法的出现是现代经济、技术环境变化与组织管理要求等多方面因素综合影响的结果，主要影响因素包括：①现代制造环境；②产品、服务的多样化需求；③管理理论与实践创新等。

2.作业成本法的含义

作业成本法，是指以“作业消耗资源、产出消耗作业”为原则，按照资源动因将资源费用追溯或分配至各项作业，计算出作业成本，然后再根据作业动因，将作业成本追溯或分配至各成本对象，最终完成成本计算的成本核算与管理方法。

作业成本法的基本指导思想是“产品消耗作业，作业消耗资源”。

3.作业成本法下的几个概念

（1）资源和资源费用。资源即企业可资利用的各种产生价值的源泉。在会计上，资源又是成本、费用的载体。资源费用，是指企业在一定期间内开展经济活动所发生的各项资源耗费。资源费用既包括房屋及建筑物、设备、材料、商品等有形资源的耗费，也包括信息、知识产权、土地使用权等各种无形资源的耗费，还包括人力资源耗费以及其他各种税费支出等。

（2）作业。在作业成本法下，作业主要表现为企业基于特定目的重复执行的任务或活动，是连接资源和成本对象的桥梁。由若干个相互关联的具体作业所组成的作业集合，一般被称为作业中心。

为了便于作业分析，并进行准确的作业成本计算，一般将作业按其层次分为如下几个类别：

① 单位作业，即针对单位产品的作业，如机械加工，对于每件产品的检验等。

② 批次作业，即针对具体产品批次的作业。

③ 产品作业，即针对某种产品全部单位的作业，或称品种级作业。

④ 支持作业，它是为维持整个生产过程所从事的作业。

（3）成本动因。成本动因或称成本驱动因素，即引致成本发生与变动的原因或推动因素。在作业成本法下，成本动因就是计算作业成本的依据，可以用来解释执行作业的原因和作业消耗资源的多少。

根据成本动因在作业成本核算程序中所处的位置，一般将其分为资源动因和作业动因。其中，资源动因是引起作业成本增加的驱动因素，用来衡量一项作业的资源消耗量；作业动因则用来衡量具体成本对象（产品或服务）需用的作业量，是产品成本增加的驱动因素。

（二）作业成本法的核算程序

根据“作业消耗资源，产品消耗作业”的指导思想，作业成本法下的产品成本计算过程大致可分为两个阶段：第一阶段，对消耗资源的作业加以认定和鉴别，根据资源动因，将相关资源的耗费分配到作业，计算作业的成本；第二阶段，将已经归集的作业成本按照一定的作业动因分配到各有关产品。

1.作业认定

进行作业成本计算，首先要对企业所发生的各项消耗资源的作业进行认定，尤其是对其主要作业要清楚地加以定义和描述，为作业成本计算和作业管理提供明确可靠的依据。

作业认定的方式可以“自上而下”或者“自下而上”，当然比较合理而稳妥的做法是“自上而下”和“自下而上”两种方式相结合。

2.资源成本的分配

资源成本分配主要是指将相关资源的耗费分配到有关作业。在对作业进行认定、区分与归类的基础上，相关资源成本就可以借助于资源成本动因而分配到各项作业。

如果某项资源耗费可以直接确认是为某一特定产品所消耗的，则直接计入该特定产品成本，如果某项资源耗费从最初消耗上呈现出混合或者共同耗费状态，则需要选择适当的量化依据首先将资源成本分解到各相关作业，这个量化依据就是资源动因。这一分配过程可称为动因追溯。动因追溯虽然不像直接追溯那么准确，但只要因果关系适配，成本分配结果同样可以保证较高的准确性。

3.作业成本的分配

作业成本的分配主要是指将作业成本分配到有关产品等核算对象。

在确定了作业成本之后，就可以根据作业动因，结合各产品所消耗的作业量，计算各产品应负担的作业成本，即最终产品成本。

作业成本分配的一般思路是首先根据具体作业（或作业组合）成本动因，计算该项（或该类）作业成本分配率（或者称之为单位作业成本），然后根据产品所消耗的该作业的量的大小，分别将各具体作业成本分配给产品，通过汇总而计算出最终产品成本。

某作业成本分配率=该作业总成本÷该作业总量

某产品应分配的该作业成本=该作业成本分配率×该产品耗用的该作业量

某产品总成本=$\sum$该产品分配的各相关作业成本

为了便于作业成本计算，作业动因一般用适当的作业量计量单位来表示，从计量单位的属性来看，作业成本动因可以分为三种类别，即业务动因、持续动因和强度动因。业务动因指以业务发生的次数作为动因。持续动因是指执行一项作业所需的时间标准。在不同产品所需作业量差异较大的情况下，例如，如果检验不同产品所耗用的时间长短差别较大，则不宜采用业务动因作为分配成本的基础，而应改用持续动因作为分配的基础，否则，会直接影响作业成本分配的准确性。持续动因一般假设执行作业的单位时间内耗用的资源是相等的。强度动因是在某些特殊情况下，将作业执行中实际耗用的全部资源单独归集，并将该项单独归集的作业成本直接计入某一特定的产品成本。在这三类作业动因中，业务动因的精确度最低，但其执行成本最低；强度动因的精确度最高，但其执行的成本最昂贵；而持续动因的精确度和成本则相对居中。

（三）作业成本法评价

1.作业成本法与传统成本计算法的区别

作业成本法与传统成本核算方法相比，二者的区别主要表现在以下几个方面：

（1）成本计算对象不同。传统的成本计算对象是企业生产的各种产品，而作业成本法的成本计算对象是多层次的，包括作业、作业中心、产品和劳务、顾客、市场等。

（2）间接成本分配程序不同。在传统成本计算方法下，间接成本的分配路径一般是“资源→部门→产品”，作业成本法下间接成本的分配路径是“资源→作业→产品”。

（3）费用分配标准不同。传统的成本计算方法分配间接费用是采用单一的机器工时作为标准进行分配，准确性差，无法正确反映不同产品生产中不同技术因素对间接费用产生的不同影响；而作业成本法下间接费用分配的基础是成本动因，因此作业成本法提供的成本信息更加客观、真实、准确。

（4）提供的成本信息不同。传统成本计算法只能提供企业最终产品的成本相关信息，可利用价值差；而作业成本法可以提供产品成本、作业成本以及动因成本信息，可利用价值大，有利于企业进行管理决策，改进企业的生产经营过程。

2.作业成本法的优缺点

与传统的成本计算方法相比，作业成本法的优点主要体现在以下几个方面：

（1）间接费用的分配以及产品成本计算更加准确。

（2）有利于加强成本管理，控制产品成本。

（3）提供的成本信息更为广泛。

3.作业成本法的局限性

作业成本法的局限性主要包括：

（1）作业的分类与计量具有一定主观性。

（2）成本动因的选择有些困难，并可能缺乏科学性。

（3）计算过程复杂，执行成本较高，有可能违背成本效益原则。

（4）作业成本法不符合现行会计准则与对外财务报告的需要。

（5）对未来绩效的改善作用无法验证。

4.作业成本法的适用条件

相对而言，能够比较成功地实施作业成本法的公司，一般具有以下特征：

第一，从成本结构看，制造费用在产品成本中占有较大比重。

第二，从产品品种看，产品多种多样，并根据市场需求不断加以调整。

第三，从外部环境看，面临激烈竞争压力。

第四，规模较大、信息化管理程度高。

四、练习题

(一) 单项选择题

1.作业成本法与传统成本计算法的区别，主要体现在（　　）。

A.全部成本分配方法不同　　B.间接成本分配方法不同

C.直接材料分配方法不同　　D.直接人工分配方法不同

2.作业成本法计算间接费用分配率应考虑（　　）。

A.生产工时　　B.作业目的

C.总量标准　　D.成本动因

3.作业成本法下的成本计算过程可以概括为（　　）。

A.资源→作业　　B.资源→产品

C.资源→产品→作业　　D.资源→作业→产品

4.作业成本法的一个突出特点是在成本分配中尽量避免使用（　　）。

A.直接追溯　　B.间接追溯

C.动因追溯　　D.分摊

5.在作业成本法下，引起作业成本变动的因素称为（　　）。

A.资源动因　　B.作业动因

C.数量动因　　D.产品动因

6.精确度最高，但执行成本最昂贵的作业动因是（　　）。

A.业务动因　　B.持续动因

C.强度动因　　D.以上三者相同

7.下列有关作业成本法基本理论的观点不正确的有（　　）。

A. 企业的全部经营活动是由一系列相互关联的作业组成的

B. 企业每进行一项作业都要耗用一定的资源

C. 生产耗费先分配到有关作业，计算作业成本，然后再将作业成本分配到有关产品

D. 产品的成本实际上就是企业全部作业消耗资源的总和

8.下列有关作业动因表述正确的是（　　）。

A. 作业动因是引起作业成本变动的因素

B. 作业动因通常被用来计量各项作业对资源的耗用

C. 运用作业动因可以将资源成本分配给各有关作业

D. 作业动因通常被用来计量各种产品对作业耗用的情况

9.将成本分配到成本对象的形式中，得到的产品成本最准确的是（　　）。

A.直接追溯　　B.间接追溯

C.动因追溯　　D.分摊

10.下列属于生产支持级作业的是（　　）。

A. 人工工时

B. 材料转移次数

C. 按产品品种计算的图纸制作份数

D. 公司的广告费用

11.下列作业中属于批次级作业的是（　　）。

A.直接人工成本　　B.生产准备

C.编制材料清单　　D.工厂管理

12.作业的成本与产量成比例变动的作业是（　　）。

A.产量级作业　　B.批次级作业

C.品种级作业　　D.生产支持级作业

13.某项作业本期实际成本130 000元，按照预算作业成本分配率分配成本135 000元，则调整率为（　　）。

A.−3.85%　　B.−3.70%

C.3.70%　　D.3.85%

（二）多项选择题

1.下列有关作业成本法的说法正确的有（　　）。

A. 作业成本法克服了传统成本计算方法间接成本集合较少且缺乏同质性的缺点

B. 改变了传统成本计算方法以产量为单一分配基础的间接成本分配方法

C. 较好地克服了传统成本计算方法间接成本责任不清的问题

D. 可以使一些在传统成本计算方法下不可控的间接成本变得可控

E. 作业成本法在任何情况下都比传统成本计算方法更优越

2.作业成本法的优点有（　　）。

A.提供了相对准确的成本信息

B.可以有效地改进企业的战略决策

C.提供了便于不断改进的业绩评价体系

D.有助于增强企业的核心竞争力

E.提高了成本核算的工作效率

3.作业成本法将成本分配到成本对象的形式有（　　）。

A.直接追溯　　B.主观追溯

C.动因追溯　　D.分摊

E.年终统一分配

4.在作业成本计算中，成本动因一般被分为（　　）。

A.资源动因　　B.作业动因

C.执行动因　　D.时间动因

E.产量动因

5.下列表述中，作业成本法和传统成本计算方法没有差异的有（　　）。

A. 直接成本计入产品成本的方法

B. 间接成本计入产品成本的方法

C. 完工产品和在产品之间的成本分配

D. 成本计算的过程

E. 明细账户流转方式

6.作业成本管理相对于传统的成本管理来讲，其优势体现为（　　）。

A. 能够提供更加准确的成本信息

B. 有助于企业更好地进行成本控制和经营决策

C. 能够发现作业及作业链中的浪费现象和导致浪费的原因

D. 有助于企业竞争力和盈利能力的不断提升

E. 有助于加强部门的责任成本核算

7.作业成本法的计算环节包括（　　）。

A.确认使用资源的作业，归集作业成本

B.将作业成本按部门进行归集

C.选择成本动因

D.计算单位作业成本

E.将作业成本分配到产品或服务

8. 下列成本项目中，作业成本计算法和传统的成本计算法的处理并无区别的有（　　）。

A. 直接人工成本　　　　　　B. 直接材料成本

C. 生产车间管理人员工资　　D. 车间照明费

E. 设备调整费

9. 根据资源动因与作业动因的一般定义，下列说法正确的有（　　）。

A. 资源动因是引起作业成本变动的因素

B. 资源动因是引起产品成本变动的因素

C. 作业动因是引起作业成本变动的因素

D. 作业动因是引起产品成本变动的因素

E. 资源动因与作业动因都是产量动因的表现形式

10. 根据作业成本法，以下说法不正确的有（　　）。

A. 产品的成本实际上就是企业全部作业所消耗资源的总和

B. 所有的成本都需要先分配到有关作业，然后再将作业成本分配到有关产品

C. 一项作业指的是一项非常具体的活动

D. 直接成本可以直接计入有关产品，与传统的成本计算方法并无差异

E. 无论直接成本还是间接成本，都应当根据有关分配标准直接分配至有关产品

11. 以下关于作业成本法的说法不正确的有（　　）。

A. 资源动因是引起产品成本变动的因素，作业动因是引起作业成本变动的因素

B. 作业成本法的基本指导思想是“作业消耗资源、产品消耗作业”

C. 作业成本法的成本分配使用直接追溯和动因追溯，不使用分摊

D. 成本追溯使用众多不同层面的作业动因

E. 作业成本法仅仅适用于制造企业的产品成本计算

12. 下列关于资源动因的说法中正确的有（　　）。

A. 它是引起作业成本变动的因素

B. 它被用来计量各项作业对资源的耗用

C. 运用资源动因可以将资源成本分配给各有关作业

D. 运用资源动因可以将作业成本分配给各有关产品

E. 资源动因越多，成本分配就会显得越复杂

（三）判断题

1. 作业成本法是将直接成本和间接成本更准确地分配到作业、生产过程、产品、服务及顾客的一种成本计算方法。（　　）

2. 作业动因是引起作业成本变动的因素。（　　）

3. 作业成本法的基本指导思想是“作业消耗资源、产品消耗作业”。（　　）

4. 在作业成本管理模式下，动因追溯虽然不像直接追溯那样准确，但只要因果关系建立适当，成本分配的结果同样可以达到较高的准确程度。（　　）

5. 作业成本法下，使用直接追溯方式分配的成本是最准确的。（　　）

6. 企业生产产品所耗费的全部成本都应该先分配到有关作业，计算作业成本，然后，再将作业成本分配到有关产品。（　　）

7. 某生产车间设备维修作业当月共计发生人工费用、动力费用、消耗性材料等80 000元，本月实际提供设备维修工时400小时，则设备维修作业成本分配率为200元/小时（80 000÷400）。（　　）

8. 从作业成本管理的角度看，降低成本的途径主要是改善作业，提高增值作业的效率和消除无增值作业。（　　）

9. 动因追溯不如直接追溯准确，成本分配的结果难以达到较高的准确程度。（　　）

10. 在作业成本法下，一般认为直接追溯方式得到的产品成本是最准确的。（　　）

11. 作业成本法与传统成本计算方法都不否认分摊是一种简便易行且成本较低的成本分配方式。（　　）

（四）计算分析题

1. 某车间维修甲、乙两种设备，有关资料见表16–1。

表16-1　　　　　　　**甲乙设备相关资料表**

作业名称	成本动因	作业成本（元）	甲耗用作业量	乙耗用作业量
质量检验	检验次数（次）	6 000	5	15
订单处理	生产订单份数（份）	24 000	30	10
机器运行	机器小时数（小时）	40 000	200	800
设备调整	调整次数（次）	10 000	6	4

要求：

（1）计算各项作业成本分配率。

（2）在甲乙设备之间分配本月发生的作业成本。

2.甲设备检修需要耗用A、B两种类型作业。其中A作业本期发生作业成本20 000元，B作业本期发生作业成本25 000元。甲设备耗用A作业5次，耗用B作业2次；乙设备耗用A作业20次，耗用B作业10次；丙设备耗用A作业15次，耗用B作业8次。

要求：计算检修甲设备总共发生了多少成本？

3.某车间生产甲、乙两种产品，都需经过作业A的加工，本月该作业实际共发生成本86 490元，采用预算分配率分配的作业A成本甲产品是55 000元，乙产品是38 000元。

要求：计算甲产品实际应承担的作业A的成本。

4.M公司生产和销售豪华型与普通型两种设备，相关资料如下：

（1）有关产量与直接消耗资料见表16-2。

表16-2　　　　　　　**两种产品的产量与直接消耗资料**

	豪华型	普通型
产量（台）	5 000	15 000
直接人工（小时）	25 000	75 000
单位直接材料和人工成本（元）	2 000	800

（2）两种产品消耗的作业、作业动因与间接成本（制造费用）见表

16–3。

表16–3　**两种产品作业与相关成本**

作业	间接成本（元）	作业动因
调整	3 000 000	调整次数
机器运行	16 250 000	机器小时
包装	750 000	包装单数量
合计	20 000 000	

（3）两种产品的实际作业量见表16–4。

表16–4　**两种产品消耗的作业与作业量**

作业动因	豪华型	普通型	合计
调整次数（次）	200	100	300
机器小时（小时）	55 000	107 500	162 500
包装单数量（个）	5 000	10 000	15 000

要求：

（1）采用传统成本计算方法，以直接人工工时为分配标准，确定两种产品的单位成本。

（2）采用作业成本法，确定两种产品的单位成本。

第十七章　期间费用的核算

一、学习目的与要求

通过本章学习，了解期间费用核算的任务；一般性了解期间费用的特点；掌握期间费用包括的内容；熟练掌握销售费用、管理费用和财务费用包括的具体内容；重点掌握销售费用、管理费用和财务费用的核算方法。

二、预习要览

（一）关键概念

1. 期间费用　　2. 销售费用

3. 管理费用　　4. 财务费用

（二）关键问题

1. 期间费用包括的内容是什么？期间费用的特点有哪些？
2. 销售费用的具体内容是什么？如何对销售费用进行核算？
3. 管理费用的具体内容是什么？如何对管理费用进行核算？
4. 财务费用的具体内容是什么？如何对财务费用进行核算？

三、本章重点与难点

☞ 期间费用包括的内容

☞ 销售费用包括的内容及其核算

☞ 管理费用包括的内容及其核算

☞ 财务费用包括的内容及其核算

（一）期间费用的含义

1. 期间费用的概念和特点

期间费用是指在发生时计入当期损益的各项费用。期间费用有以下特点：一是期间费用与产品生产活动没有直接联系；二是期间费用在发生时即确认为当期费用，全额记入当期利润表；三是期间费用在一定范围内与产品产量无关，而与期间长短有关。

2.期间费用的内容

期间费用包括企业行政管理部门为管理和组织生产而发生的各项管理费用，为销售本企业产品而发生的销售费用以及为筹集生产经营所需资金而发生的财务费用。

3.期间费用核算的任务

根据期间费用的特点，期间费用的核算主要应完成以下三项任务：①严格审核各项期间费用开支；②准确核算期间费用，为企业计算营业利润提供依据；③考核期间费用预算执行情况，落实经济责任制。

（二）销售费用

1.销售费用的内容

销售费用是企业在销售产品、自制半成品和提供劳务等过程中发生的各种费用以及为销售本企业商品而专设的销售机构发生的各项经费。

销售费用的具体内容较多，包括产品运往分销商发生的运费、包装费、保险费、委托代销手续费、广告费、展览费、租赁费、销售服务费、专设销售机构经费和其他费用。

2.销售费用的核算

为了核算销售费用，应设置“销售费用”科目。该科目是损益类科目，借方登记发生的各项销售费用，贷方登记期末余额转入“本年利润”科目的数额，本科目期末结转后无余额。该科目应按费用项目设置明细账进行明细核算。

（三）管理费用

1.管理费用的内容

管理费用是企业行政管理部门为管理和组织生产经营活动而发生的各项费用。管理费用包括的具体项目是：公司经费、行政管理人员的劳动保险费和医疗保险费、董事会费、咨询费、审计费、诉讼费、绿化费、土地使用费（海域使用费）、土地使用补偿费、转让费、技术开发费、无形资产摊销、开办费摊销、业务招待费、存货盘亏（减盘盈）以及其他管理费用。

2.管理费用的核算

为核算企业行政管理部门为管理和组织生产经营活动而发生的各项费用，应设置“管理费用”科目。该科目是损益类科目，借方登记发生的各项管理费用，贷方登记期末余额转入“本年利润”科目的数额，本科目期末结转后无余额。该科目应按费用项目设置明细账进行明细核算。

（四）财务费用

1.财务费用的内容

财务费用是企业为筹集生产经营所需资金而发生的各项费用。财务费用包括企业在经营期间发生的利息支出（减利息收入）、汇兑损失（减汇兑收益）、银行及其他金融机构手续费以及因筹集资金而发生的其他财务费用。

2.财务费用的核算

为了核算为筹集生产经营所需资金而发生的财务费用，应设置“财务费用”科目。该科目是损益类科目，借方登记发生的各项财务费用，贷方登记期末余额转入“本年利润”科目的数额，本科目期末结转后无余额。该科目应按费用项目设置明细账进行明细核算。

四、练习题

（一）单项选择题

1.下列各项费用中，应计入管理费用的是（　　）。

A.研究费用　　B.银行贷款利息

C.产品展览费　　D.发行债券手续费

2.下列各项费用中，应计入销售费用的项目是（　　）。

A.诉讼费　　B.绿化费

C.业务招待费　　D.广告费

3.下列各项费用中，应计入财务费用的项目是（　　）。

A.业务招待费　　B.金融机构手续费

C.审计费　　D.包装费

4.存货盘亏损失应记入的会计科目是（　　）。

A.“营业外支出”　　B.“管理费用”

C. “财务费用”　　　　　　　　　D. “销售费用”

5.月末，企业确认应付职工薪酬时，对于专设销售机构人员的职工薪酬，企业应当将其记入（　　）。

A.“管理费用”科目　　　　　　B.“财务费用”科目

C.“销售费用”科目　　　　　　D.“制造费用”科目

（二）多项选择题

1.下列各项费用中，应计入管理费用的项目是（　　）。

A.技术转让费　　　　　　　　B.广告费

C.行政总部办公费　　　　　　D.短期借款利息

E.行政管理人员的职工薪酬

2.下列各项费用中，应计入销售费用的项目是（　　）。

A.包装费　　　　　　　　　　B.广告费

C.运往分销商的运输费　　　　D.专设销售机构办公费

E.公司经费

3.下列各项中，应通过“财务费用”科目核算的有（　　）。

A.金融机构手续费　　　　　　B.一般借款发生的汇兑损失

C.银行存款利息收入　　　　　D.计提的短期借款利息

E.商业折扣

4.期间费用的特点是（　　）。

A. 期间费用与生产过程紧密相联

B. 期间费用与产品生产没有直接联系

C. 期间费用应在发生时确认为当期费用

D. 期间费用应记入当期利润表

E. 期间费用应与生产成本一样反映在资产负债表中

5.期间费用核算应完成的任务是（　　）。

A. 审核各项期间费用开支

B. 正确核算期间费用

C. 将期间费用采用适当的方法分配计入各种产品成本

D. 在资产负债表中恰当列示

E. 考核期间费用预算执行情况

（三）判断题

1. 管理费用与销售费用以及财务费用一样，都属于期间费用。因此，应将其计入当期损益。（ ）

2. 企业为筹集生产经营资金而发生的各项费用都应计入企业的财务费用中。（ ）

3. 企业专设销售机构发生的经常费用应计入管理费用。（ ）

4. 期间费用与产品生产活动没有直接联系，因此，不能将其计入产品生产成本。（ ）

5. 与筹集资金有关的全部支出都应计入财务费用。（ ）

6. 从某种程度上说，业务招待费的多少与企业产品市场开发与销售有关。因此，应将企业发生的业务招待费计入销售费用中进行核算。（ ）

7. 基本生产车间生产人员的职工薪酬应当计入产品成本中，车间管理人员的职工薪酬不应当计入产品成本，而应当计入期间费用中。（ ）

8. 财务费用科目借方登记发生的利息支出，贷方登记利息收入。因此，本科目期末余额可能在借方，也可能在贷方。（ ）

（四）业务题

甲企业本月份发生下列各项经济业务：

（1）以银行存款支付广告费125 000元；

（2）将产品运往分销商，支付运费3 300元；

（3）以银行存款支付专设销售机构经费6 000元；

（4）本月摊销无形资产价值，该无形资产入账价值为480 000元，受益期限为10年，该无形资产与特定产品的生产无关；

（5）支付业务招待费1 400元；

（6）支付一项管理用固定资产的修理费900元；

（7）分别计提销售部门和行政管理部门固定资产折旧费3 000元和11 500元；

（8）支付短期借款利息3 000元，其中1 800元已预提；

（9）本月行政管理部门领用低值易耗品一批，成本为3 500元，低值易耗品的摊销方法为一次转销法；

(10) 本月行政管理部门发生办公费5 500元，全部以银行存款支付；

(11) 月末，计提行政管理部门人员的职工薪酬250 000元；

(12) 月末，结转本期发生的各项期间费用。

本题不考虑相关税费。

要求：根据本月发生的各项经济业务，分别编制有关的会计分录。

五、案例

赤诚公司有两个基本生产车间，分别生产甲、乙两种产品。为简化核算，在进行产品成本核算过程中，只将为生产产品发生的直接材料费用、直接人工费用，按其发生地点和用途分别列入各相关产品生产成本中，对于发生的其他各项生产费用和经营管理费用全部列入“管理费用”账户中。本会计期间内列入管理费用账户的各有关项目包括：

(1) 各生产车间机器设备折旧费为45 000元，其中，第一车间20 000元，第二车间25 000元；办公设备折旧费5 000元。

(2) 支付各生产车间管理人员工资8 000元，其中，第一车间和第二车间分别为3 000元和5 000元；厂部管理人员工资12 000元。

(3) 第一车间经营性租入固定资产发生修理费用4 000元。

(4) 本期支付水电费8 600元，其中，第一车间和第二车间分别为4 600元和3 000元，其余1 000元为厂部耗用。

(5) 本期为推销产品支付广告宣传费34 000元。

(6) 支付厂部各项办公用品费5 200元。

(7) 本期支付业务招待费1 000元。

(8) 专设销售机构发生经费支出15 000元。

(9) 预提短期借款利息3 000元。

要求：根据上述资料，对该企业的会计处理进行评价，并说明理由。

◆ **案例参考答案**

首先，产品生产成本是由直接材料、直接人工和制造费用等成本项目组成的，应采用直接费用直接计入各种产品成本中、间接费用分配计入各种产品成本的方法，将企业为生产产品发生的各项材料消耗、人工消耗计入产品成本中。而对于各项制造费用，应先通过制造费用账户归集后，再选择适当的方法分配计入各种产品成本。赤诚公司在其成本核算过程中，未将制造费用计入产品生产成本中，这是不妥当的。

本例中，应通过制造费用账户归集的各项费用是：①各生产车间机器设备折旧费用45 000元，包括第一车间20 000元，第二车间25 000元；②各生产车间管理人员工资8 000元，其中，第一车间和第二车间分别为3 000元和5 000元；③第一车间经营性租入固定资产发生修理费用4 000元；④本期支付生产车间水电费7 600元，其中，第一车间和第二车间分别为4 600元和3 000元。

如果将这几项应计入制造费用的支出全部计入管理费用中，则要从当期利润中扣减；而如果记入制造费用科目，再分配到各种产品成本中，那么只有当本期生产的产品全部完工并全部销售时，才能将其从当期利润中全部扣除。因此，该企业的处理会影响当期利润的正确计算。

其次，期间费用包括三项，即销售费用、管理费用和财务费用。其中，销售费用是企业在销售产品、自制半成品和提供劳务等过程中发生的各种费用以及为销售本企业商品而专设的销售机构的职工工资等各项经费，包括产品运往分销商发生的运费、包装费、保险费、委托代销手续费、广告费、展览费、租赁费、销售服务费、专设销售机构经费和其他费用；管理费用是企业行政管理部门为管理和组织生产经营活动而发生的各项费用，管理费用包括的具体项目有：公司经费、行政管理人员的社会保险费和医疗保险费、董事会费、咨询费、审计费、诉讼费、绿化费、土地使用费（海域使用费）、土地使用补偿费、转让费、技术开发费、无形资产摊销、开办费、业务招待费、存货盘亏（减盘盈）以及其他管理费用；财务费用是企业为筹集生产经营所需资金而发生的各项费用，财务费用包括企业在经营期间发生的利息支出（减利息收入）、汇兑损失（减汇兑收益）、银行及其他金融机构手续费以及因筹集资金而发生的其他财务费用。

赤诚公司对上述各项费用没有加以区分，而是全部计入管理费用中，这样处理虽然对企业的经营成果不产生影响，但是在核算中看不到各类费用的支出情况，对于进行成本费用分析是有影响的。根据上述说明，具体处理应是：①办公设备折旧费5 000元，应计入管理费用中；

②支付厂部管理人员工资12 000元，应计入管理费用中；③本期为推销产品支付广告宣传费34 000元，应计入销售费用中；④支付厂部各项办公用品费5 200元，应计入管理费用中；⑤本期支付业务招待费1 000元，应计入管理费用中；⑥专设销售机构发生经费支出15 000元，应计入销售费用中；⑦预提短期借款利息3 000元，应计入财务费用中。

第十八章　成本报表

一、学习目的与要求

通过本章学习，了解成本报表的体系构成，一般性了解成本报表编制的作用；掌握成本报表的编制要求，成本报表的编制方法；重点掌握商品产品成本表、主要产品成本表的编制方法。

二、预习要览

（一）关键概念

1. 成本报表
2. 商品产品成本表
3. 主要产品成本表
4. 制造费用明细表
5. 可比产品
6. 不可比产品
7. 期间费用报表
8. 责任成本报告
9. 材料考核表
10. 人工成本考核表
11. 生产损失报告表
12. 会计报表

（二）关键问题

1. 成本报表的种类有哪些？
2. 成本报表的编制要求有哪些？
3. 成本报表在成本管理中有什么作用？
4. 什么是商品产品成本表？该表的结构如何？如何编制？
5. 什么是主要产品成本表？该表的结构如何？如何编制？
6. 什么是制造费用明细表？该表的结构如何？如何编制？
7. 商品产品成本表的作用有哪些？
8. 如何编制期间费用报表？
9. 其他成本报表有何特点？

三、本章重点与难点

☞ 商品产品成本表的构成及编制方法
☞ 主要产品成本表的构成及编制方法
☞ 制造费用明细表的构成及编制方法

（一）成本报表的含义

会计报表是根据日常会计核算资料归集、加工、汇总而形成的一个完整的报告体系。会计报表按服务对象划分为两类：对外报送的财务报表和为企业内部管理编制的成本报表。

成本报表是根据日常成本核算资料定期编制，用以反映产品成本的构成及水平、考核和分析成本计划执行情况的书面报告。编制成本报表是成本会计的一项重要工作内容。

（二）成本报表的作用

（1）成本报表提供了企业一定时期的产品成本水平及费用支出情况。

（2）可以分析和考核企业成本计划的执行情况，揭示工业企业在生产、技术和经营、管理方面取得的成绩和存在的问题，促使企业降低成本、节约费用，从而提高企业的经济效益。

（3）成本资料还可以为企业确定产品价格、编制成本和利润等计划提供重要的数据资料。

（4）企业主管机构利用成本报表，通过对成本报表的分析，还可以有效监督和管理企业经济活动。

（三）成本报表的种类

成本报表不是对外报送或公布的会计报表，因此，成本报表的种类、项目、格式和编制方法，由企业自行确定。企业主管部门为了对本系统所属企业的成本管理工作进行指导，为了给国民经济管理提供所需成本数据，也可以要求企业将其成本报表作为会计报表的附表上报。在这种情况下，企业成本报表的种类、项目、格式和编制方法，也可以由主管部门会同企业共同规定。

工业企业编制的成本报表，一般有以下几种：

（1）商品产品成本表；

（2）主要产品成本表；

（3）制造费用明细表；

（4）期间费用明细表；

（5）其他成本报告。

（四）编制成本报表的要求

为充分发挥成本报表的作用，成本报表的内容既要满足企业微观管理与成本分析的要求，又要适应宏观管理的需要；企业应按有关规定编制成本报表，并要做到数字准确、内容完整、编报及时。

（1）数字准确，就是报表的指标必须如实反映情况，不能任意估计数据，更不允许弄虚作假，篡改数字。因此，企业在编制成本报表前，所有经济业务都要登记入账，要调整不应当列入成本的费用，做到先结账，后编表。

（2）内容完整，指编报的各种成本报表必须齐全；应填列的报表指标和文字说明必须全面；表内项目和表外补充资料不论是根据账簿资料直接填列，还是分析计算填列，都应当完整无缺，不得任意取舍。

（3）编报及时，就是要求按规定期限编制成本报表。这样才能保证利用准确完整的资料，及时地对企业成本完成情况进行检查和分析，发现问题，迅速采取措施加以解决，以充分发挥成本报表的作用。

（五）商品产品成本表的编制

1.商品产品成本表的概念和作用

商品产品成本表是反映企业在报告期内生产的全部商品产品的总成本以及各种主要商品产品的单位成本和总成本的报表。利用该表可以考核全部商品产品和主要商品产品成本计划的完成情况以及分析各种可比产品成本降低任务的完成情况。

2.商品产品成本表的编制方法

（1）产品名称。产品名称填列主要的可比产品和不可比产品的名称。

（2）实际产量。实际产量分为两栏，分别反映本月和从年初起至本月末止各种主要商品产品的实际产量，应根据成本计算单或产品成本明细账的记录计算填列。

（3）单位成本。单位成本反映各种主要商品产品的上年实际平均、本年计划、本月实际和本年累计实际平均单位成本。

① 上年实际平均单位成本。各种可比产品要填列此项目，应根据上年度本表所列各种产品的全年实际平均单位成本填列。

② 本年计划单位成本。本项目根据本年度成本计划所列的单位成本填列。

③ 本月实际单位成本。本项目用表中本月实际总成本除以本月实际产量计算填列。

④ 本年累计实际平均单位成本。本项目用表中本年累计实际总成本除以本年累计实际产量计算填列。

(4) 本月总成本。本项目反映各种主要商品产品本月实际产量的上年实际平均、本年计划和本月实际总成本，以便按月考核产品成本计划的完成情况。

① 按上年实际平均单位成本计算的总成本。本项目用上年实际平均单位成本乘以本月实际产量计算填列。

② 按本年计划平均单位成本计算的总成本。本项目用本年计划单位成本乘以本月实际产量计算填列。

③ 本月实际总成本。本项目根据本月成本计算单的有关数字填列。

(5) 本年累计总成本。本项目反映各种主要商品产品本年累计实际产量的上年实际平均、本年计划和本年累计实际的总成本，借以考核年度内成本计划的执行结果。

① 按上年实际平均单位成本计算的总成本。本项目用上年实际平均单位成本乘以本年累计实际产量计算填列。

② 按本年计划平均单位成本计算的总成本。本项目用本年计划单位成本乘以本年累计实际产量计算填列。

③ 本年累计实际总成本。本项目根据成本计算单的有关数字填列。

(六) 主要产品单位成本表的编制

1. 主要产品单位成本表的概念和作用

主要产品单位成本表是反映各种主要产品单位成本的构成和各项主要技术经济指标执行情况的报表。编制该表是为了考核各种主要产品单位成本计划的执行情况，分析各项消耗定额的变化情况和产品单位成本的升降原因，并便于在生产同种产品的企业之间进行成本对比，以利于找出差距，挖掘潜力，降低成本。

2. 主要产品单位成本表的结构

该表分两部分，上半部分按成本项目反映报告期内发生的各项生产费用及其合计数，即生产成本；下半部分反映单位产品所耗用的各种主要原材料的数量和生产工时等主要技术经济指标。为便于考核产品成本的变动情况，各成本项目和主要经济技术指标分别列示了本年计划、本月实际、本年累计实际的单位成本和单耗。如是可比产品，还应增列历史先进水平、上年实际平均的单位成本和单耗。

3. 主要产品单位成本表的编制方法

（1）“成本项目”的内容按财政部门和上级主管部门的规定填列。

（2）“主要技术经济指标”各项目，反映该产品每一单位产量所耗用的原材料、燃料、工时等的数量，应根据企业或上级机构规定的指标名称和填列方法计算填列。

（3）“历史先进水平”项目，反映在历史上消耗量最低年度各成本项目的单位成本和单位消耗量，根据消耗量最低年度该产品的实际成本资料计算填列。

（4）“上年实际平均”项目，反映上年度各成本项目的平均单位成本和单位消耗，根据上年度该产品实际成本资料计算填列。如为不可比产品，上述两项可以不填。

（5）“本年计划”项目，反映成本计划规定的各成本项目的单位成本和单位消耗。根据该产品单位成本计划有关资料填列。

（6）“本月实际”项目，反映本月份各成本项目的单位成本和单位消耗，根据本月该产品成本计算资料填列。

（7）“本年累计实际平均”项目，反映自年初起至本月末止该产品每一单位产量各成本项目的平均单位成本和平均单位消耗，根据本年该产品各月实际成本资料汇总计算填列。

（七）制造费用明细表

制造费用明细表是反映企业在年度内发生各项制造费用明细情况的报表。编制本表是为了分析制造费用的构成和增减变动情况，考核制造费用预算的执行情况，以便加强监督，采取措施，节约开支，降低费用。

该表分为“本年计划数”、“上年同期实际数”、“本月实际数”和“本年累计实际数”四栏。编制时应按表中规定项目分别在有关栏中填列数字。

(1)“本年计划数”栏各项数字，可根据制造费用预算的有关项目数字填列。

(2)“上年同期实际数”栏各项数字，应根据上年同期本表的“本年累计实际数”栏相关项目的数字填列。

(3)“本年累计实际数”栏各项数字，应填列自本年年初起至填表月末止的累计实际数，根据“制造费用”科目的明细记录计算填列。

(八)期间费用明细表

期间费用明细表包括销售费用明细表、管理费用明细表和财务费用明细表，是反映企业在报告期内发生的经营管理费用及其构成情况的报表。编制期间费用明细表可以分析这些费用的本期实际数与上年同期实际数相比的增减变化情况，分析考核费用计划的执行情况和执行结果及内部构成情况，分析费用节约或超支的原因，以便降低费用开支，提高企业经济效益。

表中的“本年计划数”，应根据费用计划填列；“上年同期实际数”应根据上年同期本表的本月实际数填列；“本年累计实际数”应根据该明细账的本月末的累计数填列。

(九)其他成本报表

1.其他成本报表的特点

(1)形式上更灵活。

(2)内容上更有针对性。

(3)时间更及时。

(4)编报主体多样性。

2.常见的其他成本报表

(1)责任成本报告。

(2)材料考核表。

(3)人工成本考核表。

(4)生产损失报告表。

四、练习题

（一）单项选择题

1.成本报表属于（　　）。

A.对外报表

B.对内报表

C.既是对内报表，又是对外报表

D.对内还是对外由企业决定

2.可比产品成本降低额与可比产品成本降低率之间的关系是（　　）。

A.成反比　　B.成正比

C.同方向变动　　D.无直接关系

3.填制商品产品成本表必须做到（　　）。

A.可比、不可比产品须分别填列

B.可比、不可比产品可合并填列

C.既可分别填列，也可合并填列

D.填制时无须划分可比、不可比产品

4.商品产品成本表的填列必须做到（　　）。

A.主要产品逐一填列，非主要产品可以汇总填列

B.主要产品与非主要产品汇总填列

C.只填主要产品，并汇总填列

D.非主要产品同主要产品一样，须逐一填列

（二）多项选择题

1.商品产品成本表可以反映可比产品与不可比产品的（　　）。

A.实际产量　　B.单位成本

C.本月总成本　　D.本年累计总成本

2.工业企业编制的成本报表有（　　）。

A.商品产品成本表　　B.主要产品单位成本表

C.制造费用明细表　　D.成本计算单

3.工业企业编报的成本报表必须做到（　　）。

A.数字准确　　B.内容完整

C.对外报送　　D.编报及时

（三）判断题

1. 所有的成本报表，不论对内、对外都要求计算上绝对准确。（ ）

2. 内部成本报表必须和责任会计组织相配合，以明确责任者的成本责任。（ ）

3. 制造费用明细表只需列出“上年同期实际数”及“本年累计实际数”两栏数字。（ ）

4. 可比产品成本降低率等于可比产品成本降低额与本年累计的实际总成本之比。（ ）

5. 本年累计实际产量与本年计划单位成本之积称为按本年实际产量计算的本年累计总成本。（ ）

（四）计算题

某企业2×25年3月有关商品产品成本资料见表18-1。

表18-1 **产品产量及单位成本资料**

2×25年3月

金额单位：元

产品种类	单位	产量		单位成本			
		本月	本年累计	上年实际	本年计划	本月实际	本年实际
可比产品							
甲产品	件	100	1 100	163	162	161	161.5
乙产品	件	200	2 450	134	135	136	135.5
不可比产品							
丙产品	件	300	3 500		108	106	107

要求：编制商品产品成本表。

第十九章　成本分析

一、学习目的与要求

通过本章的学习，了解成本分析的意义、任务和产品成本的具体分析过程；一般性了解影响产品成本的因素；掌握成本分析的原则与评价标准；熟练掌握成本分析的程序与方法以及全部商品产品成本的分析；重点掌握因素分析方法中连环替代法和差额计算法的运用，以及可比产品成本降低任务完成情况分析和产品单位成本分析的原理与方法。

二、预习要览

（一）名词解释

1. 成本分析　　2. 成本分析评价标准
3. 水平分析法　　4. 垂直分析法
5. 趋势分析法　　6. 指标对比分析法
7. 比率分析法　　8. 相关比率分析
9. 趋势比率分析　　10. 构成比率分析
11. 连环替代法　　12. 差额计算法
13. 全部产品成本分析　　14. 可比产品
15. 不可比产品　　16. 品种构成
17. 效率差异　　18. 材料配比
19. 可比产品成本降低额　　20. 可比产品成本降低率

（二）关键问题

1. 影响产品成本的因素有哪些？
2. 成本分析评价标准有哪些？各有什么作用？
3. 成本分析的程序可分哪几个阶段？各阶段的主要工作是什么？
4. 成本分析的方法有哪些？

5. 指标对比分析法具体包括哪些形式？各有什么作用？

6. 比率分析法具体包括哪些形式？各有什么作用？

7. 连环替代法的分析程序是什么？运用时应注意什么问题？

8. 差额计算法的分析程序是什么？差额计算法与连环替代法有什么关系？

9. 成本分析报告的内容包括什么？

10. 怎样对全部商品产品成本进行分析？分析时应注意什么问题？

11. 可比产品成本降低任务完成情况的分析对象如何确定？

12. 影响可比产品成本降低任务完成情况的因素有哪些？

13. 产量变动对可比产品成本降低额和降低率各有什么影响？为什么？

14. 品种构成变动对可比产品成本降低任务完成情况会产生哪些影响？

15. 为什么要对产品单位成本进行分析？怎样进行产品单位成本的比较分析？

16. 产品单位成本主要项目分析包括哪些内容？怎样对各主要项目进行分析？

17. 如何进行直接材料成本的三因素分析？为什么材料配比差异会影响直接材料成本？

三、本章重点与难点

☞ 成本报表的整体分析方法

☞ 指标对比分析法的具体形式

☞ 比率分析法的具体形式

☞ 连环替代法的分析程序及运用时应注意的问题

☞ 差额计算法的分析程序

☞ 全部商品产品成本分析的内容和方法

☞ 可比产品成本降低任务完成情况分析

☞ 产品单位成本分析

（一）成本分析概述

1.成本分析的意义和任务

（1）成本分析的内涵

成本分析是利用成本核算提供的成本信息及其他有关资料，分析成本水平与构成的变动情况，查明影响成本变动的各种因素和产生的原因，并采取有效措施控制成本的成本管理活动。广义的成本分析可以在成本形成前后进行事前、事中和事后分析。狭义的成本分析主要指事后成本分析。成本分析主要包括产品成本分析和成本效益分析。

（2）影响产品成本的因素

影响产品成本的因素可以分为固有因素、宏观因素和微观因素三大类。固有因素是指企业建厂时先天条件的好坏等影响企业产品成本的因素，包括企业地理位置和资源条件，企业规模和技术装备水平，企业的专业化协作水平等；宏观因素是从整个国民经济活动这样一个宏观的方面来观察的因素，包括宏观经济政策的调整，成本管理制度的改革，市场需求和价格水平等；微观因素是从企业本身的经济活动这样一个微观的方面来观察的因素，包括劳动生产率水平，生产设备利用情况，原材料和燃料动力的利用情况，产品生产的工作质量，企业的成本管理水平，企业精神文明建设状况等。

（3）成本分析的任务

成本分析的任务包括：揭示成本差异原因，掌握成本变动规律；合理评价成本计划完成情况，正确考核成本责任单位的工作业绩；检查企业是否贯彻执行国家有关的方针、政策和财经纪律；挖掘降低成本的潜力，不断提高企业经济效益。

2.成本分析的原则与评价标准

（1）成本分析的原则

成本分析时要着重掌握下列原则：一是全面分析与重点分析相结合的原则；二是专业分析与群众分析相结合的原则；三是经济分析与技术分析相结合的原则；四是纵向分析与横向分析相结合的原则；五是事后分析与事前、事中分析相结合的原则；六是报表数据分析与实地分析相结合的原则。

（2）成本分析的评价标准

成本分析的评价标准主要有历史标准、行业标准和预算标准等。历史标准是指企业在以前年度中某项成本指标的最低水平。行业标准是指由企业主管部门根据所属行业生产经营的实际情况所制定的同行业的成本指标水平。预算标准（或称计划标准或目标标准），是指企业预先规定的在计划期内产品生产耗费和各种产品的成本水平，具体包括主要产品单位成本预算，商品产品成本预算，制造费用、销售费用、管理费用和财务费用预算等。

（二）成本分析的程序与方法

1.成本分析的基本程序

成本分析的基本程序可归纳为以下几个阶段和步骤：①成本分析准备阶段，本阶段的主要任务是明确成本分析目的，确立成本分析标准和搜集成本分析资料。②成本分析实施阶段，本阶段工作内容主要包括成本报表整体分析、成本指标分析和影响成本的基本因素分析。③成本分析报告阶段，本阶段主要工作内容是得出成本分析结论，提出可行的措施和建议，编写成本分析报告。

2.成本分析的方法

成本分析的方法有三种：①成本报表整体分析方法，包括水平分析法、垂直分析法和趋势分析法。②指标分析法，包括指标对比分析法和比率分析法。前者进行指标对比的主要形式是实际指标与计划指标对比，本期实际指标与以前（上期、上年同期或历史最高水平）实际指标的对比，本期实际指标与国内外同类型企业的先进指标相比较，或者在企业内部开展与先进车间、班组和个人的指标相比较；比率分析法包括相关比率分析、趋势比率分析和构成比率分析。③因素分析方法，可分为连环替代法和差额计算法两种，前者从数值上测定各个相互联系因素对有关经济指标的差异影响程度，后者利用各个因素的实际数与基数之间的差额，直接计算各个因素对经济指标差异的影响数值，两种方法的计算结果一致。

3.成本分析报告

成本分析报告的内容包括：①情况反映；②成绩说明；③问题分析；④提出建议。

对成本分析报告的基本要求是：①观点要明确；②原因要分析清楚；③建议要切实可行；④报告要简练。

（三）全部商品产品成本分析

对全部商品产品成本进行分析，是将全部商品实际总成本与计划总成本进行比较，确定全部商品产品实际成本与计划成本相比的降低额与降低率。具体分析内容包括以下方面：

1.按产品类别分析全部商品产品成本计划的完成情况

可分别计算确定全部商品产品实际成本与计划成本相比的降低额和降低率以及每种产品实际成本与计划成本相比的降低额和降低率。分析时需要注意以下问题：①不仅要将本年实际成本与本年实际产量的计划成本相比较，还要将本年计划单位成本同上年实际单位成本进行对比；②分析不可比产品成本时，如果成本差异额较大，应进一步查明其原因；③企业在分配共同费用时，是否存在分配不合理的情况。

2.按成本项目分析全部商品产品成本计划的完成情况

按成本项目分别进行产品成本分析，就是将全部产品的总成本按成本项目比较其实际总成本与计划总成本，以确定各个成本项目的升降额和升降率，并比较分析各成本项目的变动对总成本的影响程度。

（四）可比产品成本分析

1.可比产品成本降低任务及其完成情况的计算

可比产品成本降低任务完成情况的计算，是将可比产品的实际成本与按照实际产量和上年实际单位成本计算的上年实际成本进行比较，确定可比产品实际成本的降低额和降低率，并同计划规定的成本降低任务相比，以评价企业可比产品成本降低任务的完成情况。可比产品成本降低额和降低率的计算公式是：

降低额=实际降低额-计划降低额

降低率=实际降低率-计划降低率

2.影响可比产品成本降低任务完成情况的因素

影响可比产品成本降低任务完成情况的因素具体有三个：一是产量因素；二是品种构成因素；三是单位成本因素。各因素变动对可比产品成本降低任务完成情况的影响有一定的原理和规律，在分析各因素影响时注意分析前提和假设条件。

产品产量变动的影响原理是：在品种构成和单位成本不变的条件下，产量变动只影响成本降低额，不影响成本降低率，而且产量变动与成本降低额变动保持相同比例。

品种构成变动的影响原理是：当企业生产两种或两种以上产品时，各种产品的成本降低率是不同的（前提条件），这时，如果各种产品产量变动不是同比例的，就会产生品种构成变动对分析对象的影响。这种影响还会产生两种比较特殊的情况：第一种情况是，虽然各种产品的成本降低率都完成了计划，但由于品种构成的影响，全部可比产品成本降低率并没有完成计划；第二种情况是，虽然各种产品的成本降低率都没有完成计划，但由于品种构成的影响，全部可比产品成本降低率完成了计划。

单位成本因素变动的影响原理较为直观易懂，即实际单位成本越低，降低任务将完成得越好。因为，可比产品成本的计划降低额是以本年计划单位成本和上年实际单位成本相比较来确定的，可比产品成本的实际降低额是以本年实际单位成本和上年实际单位成本相比较来确定的，而且，可比产品计划降低率和实际降低率也是以上年单位成本为基础来确定的。所以，产品单位成本的实际数比计划数低，其降低额和降低率的实际数也会相应地比计划多降低；反之，则会少降低。

3.可比产品成本降低任务完成情况的分析方法

可比产品成本降低任务完成情况的分析方法有两种：一是连环替代法；二是余额推算法。两种方法殊途同归，各有特点。连环替代法按照产品产量、产品品种构成和产品单位成本计算的顺序依次进行因素替换，而余额推算法先计算产品单位成本变动的影响，再计算产品品种构成变动的影响，最后计算确定产品产量变动的影响。

4.将成本分为变动成本和固定成本的分析方法

为了正确分析成本降低任务完成情况，可以将成本划分为变动成本和固定成本进行分析，这种分析方法可称为成本性态因素分析法。采用连环替代法分别计算产量、品种构成、变动成本和固定成本四个因素变动对成本降低任务的影响程度如下：

（1）按计划产量、计划品种构成、计划变动成本、计划固定成本计算

降低额=计划产量按上年单位成本计算的总成本−计划总成本

$$降低率=\frac{降低额}{计划产量按上年单位成本计算的总成本}\times 100\%$$

（2）按实际产量、计划品种构成、计划变动成本、计划固定成本计算

$$降低额=\frac{实际产量按上年单位}{成本计算的总成本}-\left(\frac{计划}{变动成本}\times\frac{按上年成本计算的}{产量完成百分比}+\frac{计划}{固定成本}\right)$$

$$式中：\frac{按上年成本计算的}{产量完成百分比}=\frac{\sum(实际产量\times本年单位成本)}{\sum(计划产量\times上年单位成本)}\times 100\%$$

$$降低率=\frac{降低额}{实际产量按上年单位成本计算的总成本}\times 100\%$$

（3）按实际产量、实际品种构成、计划变动成本、计划固定成本计算

$$降低额=\frac{实际产量按上年单位}{成本计算的总成本}-\left[\sum\left(\frac{实际}{产量}\times\frac{计划单位}{变动成本}\right)+\frac{计划}{固定成本}\right]$$

$$降低率=\frac{降低额}{实际产量按上年单位成本计算的总成本}\times 100\%$$

（4）按实际产量、实际品种构成、实际变动成本、计划固定成本计算

$$降低额=\frac{实际产量按上年单位}{成本计算的总成本}-\left[\sum\left(\frac{实际}{产量}\times\frac{实际单位}{变动成本}\right)+\frac{计划}{固定成本}\right]$$

$$降低率=\frac{降低额}{实际产量按上年单位成本计算的总成本}\times 100\%$$

（5）按实际产量、实际品种构成、实际变动成本、实际固定成本计算

降低额=实际产量按上年单位成本计算的总成本-实际总成本

$$降低率=\frac{降低额}{实际产量按上年单位成本计算的总成本}\times 100\%$$

（五）产品单位成本的分析

1.产品单位成本分析的意义

产品单位成本分析的意义在于揭示各种产品单位成本及其各个成本项目以及各项消耗定额的超支或节约的情况，同时，有助于对全部商品产品成本和可比产品成本脱离计划的原因进行分析，正确评价企业成本

计划完成情况，并针对存在的问题，采取改进措施。

产品单位成本分析应抓住重点，着重对一些企业经常生产、在全部产品中所占比重较大、能代表企业生产经营基本面貌的主要产品或成本发生异常变动的产品进行分析。具体的分析包括两个方面的内容：一是产品单位成本计划完成情况分析；二是产品单位成本各主要项目分析。

2.产品单位成本计划完成情况分析

产品单位成本计划完成情况分析，是对产品单位成本及其各成本项目的本期实际数与计划数、上期数和历史先进水平相比的升降情况进行的分析。进行分析时可依据主要产品单位成本表等核算资料。

3.产品单位成本各主要项目分析

（1）直接材料项目的分析

对直接材料成本变动情况的分析方法是：首先，将各种主要材料的本期实际成本与计划成本进行比较，查明哪些材料成本升降幅度较大；其次，分析直接材料成本升降的原因。一般来说，直接材料成本高低取决于单位产品材料消耗数量和材料的单价，其对直接材料成本影响的计算公式如下：

$$\text{材料耗用量差异的影响}=\left(\begin{matrix}\text{实际单位}\\\text{耗用量}\end{matrix}-\begin{matrix}\text{计划单位}\\\text{耗用量}\end{matrix}\right)\times\text{材料的计划单价}$$

材料价格差异的影响=实际单位耗用量×（材料实际单价-材料计划单价）

分析单位产品直接材料成本变动，在单位产品材料消耗数量和材料单价两因素分析的基础上，还要进一步分析影响材料消耗数量和材料价格变动的具体原因。影响材料消耗数量的原因主要有产品设计的变化，材料质量的变化，下料和生产工艺方法的改变，材料利用程度的改变，边角余料、废料回收利用情况的变化，废品数量的变化等；影响材料单价的原因主要有材料买价的变动，材料运费的变动，运输途中合理损耗的变化，材料整理加工费及检验费的变化等。

（2）直接人工项目的分析

对直接人工项目进行分析，需要结合不同的工资制度和直接人工的分配方法来进行。

①计时工资制度

采用计时工资制度时，在工资费用直接计入产品成本的企业里，单位产品的直接人工计算公式如下：

$$单位产品直接人工=\frac{直接人工总额}{产品产量}$$

产品产量和生产工人工资额对单位产品工资成本影响的计算方法如下：

$$产量差异的影响=\frac{直接人工总计划数}{产量实际数}-单位产品直接人工计划数$$

$$直接工资额差异的影响=单位产品直接人工实际数-\frac{直接人工总计划数}{产量实际数}$$

产品产量的增加，主要是靠开展技术革新，改进产品设计和生产工艺，提高工人技术熟练程度和提高工时利用率等。直接人工差异的原因，主要是由于人员的增减、工人工资的调整、发给工人的奖金和加班工资以及出勤率变动等。

如果工资费用是按照生产工时消耗分配计入产品成本的，单位产品直接人工成本的计算公式如下：

$$单位产品的直接人工=单位产品的生产工时\times小时工资率$$

单位产品的生产工时（简称效率）和小时工资率两个因素变动对单位产品直接人工成本的影响，可按下列公式进行计算分析：

$$\begin{matrix}单位产品生产\\工时差异的影响\end{matrix}=\left(\begin{matrix}单位产品的\\实际生产工时\end{matrix}-\begin{matrix}单位产品的\\计划生产工时\end{matrix}\right)\times计划小时工资率$$

$$小时工资率差异的影响=单位产品的实际生产工时\times\left(\begin{matrix}实际小时\\工资率\end{matrix}-\begin{matrix}计划小时\\工资率\end{matrix}\right)$$

影响劳动效率的原因有多种，如机器设备的性能、材料的质量、生产工艺、产品设计的改变、生产工人的技术熟练程度、劳动纪律以及劳动态度等。影响小时工资率的原因有以下两点：一是直接人工总额变动，包括人员的增减、工人工资的调整、发给工人的奖金和加班加点工资的变动等；二是生产工时消耗总量变动，生产工时消耗总量的变动取决于出勤率和工时利用率的高低。

②计件工资制度

一般来说，在采用无限制计件工资制度的企业中，单位产品直接人工成本的高低，取决于计件单价。如果计件单价不变，生产工人劳动效率的变动，并不会影响单位产品直接人工成本，但会通过产量影响那些计入产品成本中的非工作时间的工资、奖金和其他工资，从而引起单位产品直接人工成本的变动。在这种情况下，可以根据生产工人工资构成的明细资料进行分析。在采用有限制的计件工资制的企业中，工人超产达到一定限度时，生产超过规定限度的产品，不再支付工资，那么，劳动生产率的提高，就会使单位产品成本中的工资相应降低。

（3）制造费用项目的分析

在制造费用按照生产工时消耗分配计入产品成本的企业里，单位产品制造费用成本计算公式如下：

单位产品的制造费用=单位产品的生产工时×小时费用率

式中：$\text{小时费用率}=\dfrac{\text{制造费用总额}}{\text{生产工时消耗总数}}$

单位产品的生产工时和小时费用率两个因素变动，对制造费用成本的影响可按下列公式计算：

$$\text{效率差异的影响}=\left(\text{单位产品的实际生产工时}-\text{单位产品的计划生产工时}\right)\times\text{计划小时费用率}$$

$$\text{小时费用率差异的影响}=\text{单位产品的实际生产工时}\times\left(\text{实际小时费用率}-\text{计划小时费用率}\right)$$

在对单位产品生产工时和小时费用率两因素进行分析的基础上，还要进一步结合各个生产环节的具体情况，查明制造费用明细项目的升降原因。

4.直接材料成本三因素的分析方法

影响直接材料成本的三因素包括材料单耗差异、材料配比差异和价格差异。分析的程序如下：

（1）计算不同配比的平均单价

$$\text{计划配比的计划平均单价}=\frac{\sum(\text{计划各种材料配料数量}\times\text{计划单价})}{\text{计划各种材料配料数量之和}}$$

$$\text{实际配比的计划平均单价}=\frac{\sum(\text{实际各种材料配料数量}\times\text{计划单价})}{\text{实际各种材料配料数量之和}}$$

$$\text{实际配比的实际平均单价}=\frac{\sum(\text{实际各种材料配料数量}\times\text{实际单价})}{\text{实际各种材料配料数量之和}}$$

（2）计算分析单耗、配比和单价各因素变动对直接材料成本的影响

$$\text{单位产品材料耗用总量差异的影响}=\left(\text{单位产品材料实际耗用总量}-\text{单位产品材料计划耗用总量}\right)\times\text{计划配比的计划平均单价}$$

$$\text{材料配比差异的影响}=\left(\text{实际配比的计划平均单价}-\text{计划配比的计划平均单价}\right)\times\text{单位产品材料实际耗用总量}$$

$$\text{材料价格差异的影响}=\left(\text{实际配比的实际平均单价}-\text{实际配比的计划平均单价}\right)\times\text{单位产品材料实际耗用总量}$$

材料价格差异的影响，也可以按照每一种材料分别计算加总而求得，即：

$$\text{材料价格差异的影响}=\sum\left(\text{某种材料的实际单价}-\text{某种材料的计划单价}\right)\times\text{该种材料的实际单耗}$$

5.产品单位成本分析有关问题的探讨

（1）材料配比分项法的探讨

按照传统的计算方法，凡因配比差异使材料消耗量增加的材料，其成本也就相应增加；反之，因配比差异使消耗量减少的材料，其成本也就相应减少。这种分析方法并没有真正反映配比差异对各种材料成本影响的特点。从计算上看，传统方法也是欠妥的，材料消耗比例降低对直接材料成本的影响，不能以其消耗量差异乘以其计划单价计算，而应当乘以某种材料的计划单价与其计划平均单价的差额数。新方法能正确地按每种材料来计算配比差异对直接材料成本的影响。

（2）将制造费用分为变动费用和固定费用的分析方法

在单一产品生产的情况下，制造费用是按产品实物量直接计入产品成本，因此，单位产品制造费用差异是受产量差异、固定费用差异和变动费用差异三方面因素影响的。

在生产多种产品的情况下，可将费用差异分为固定费用差异和变动费用差异两方面。其中，固定费用差异可以分为效率差异、生产能力利用差异和耗费差异三因素进行分析；变动费用差异可分为效率差异和分配率差异两因素进行分析。

四、练习题

（一）单项选择题

1.从狭义的角度说，成本分析主要是指（　　）。

A.成本事前分析　　B.成本事后分析
C.成本事中分析　　D.成本全过程分析

2.影响产品成本的固有因素是（　　）。
A.企业规模和技术装备水平　　B.成本管理制度的改革
C.市场需求和价格水平　　D.生产设备利用效果

3.影响产品成本的微观因素是（　　）。
A.市场需求和价格水平　　B.生产设备利用效果
C.企业的专业化协作水平　　D.企业地理位置和资源条件

4.成本分析的任务是（　　）。
A. 确定成本分析的基本程序
B. 明确成本分析目的
C. 确立成本分析标准
D. 检查企业是否贯彻执行国家的有关政策规定

5.成本分析准备阶段的主要工作是（　　）。
A.确立成本分析标准　　B.进行成本指标分析
C.得出成本分析结论　　D.提出可行的措施和建议

6.指标对比分析法包括（　　）。
A.趋势分析法　　B.垂直分析法
C.水平分析法　　D.实际指标与计划指标对比

7.为了确定某一经济指标各个组成部分占总体的比重，以掌握该项经济活动的特点和变化趋势的方法是（　　）。
A.因素分析方法　　B.相关比率分析法
C.趋势比率分析法　　D.构成比率分析法

8.将某个项目和其他有关但又不同的项目加以对比，求出比率，以便更深入地认识某方面的生产经营情况的分析方法是（　　）。
A.因素分析方法　　B.相关比率分析法
C.趋势比率分析法　　D.构成比率分析法

9.水平分析法是将反映企业报告期成本的信息与反映企业前期或历史某一种成本状况的信息进行对比，研究企业经营业绩或成本状况发展变动情况的方法，它属于（　　）。
A.指标对比分析法　　B.因素分析方法

C.成本报表整体分析方法　　　　D.连环替代法

10.差额计算法的计算程序是（　　）。

A. 首先确定各因素对经济指标差异数的影响

B. 首先确定各因素的实际数与基数的差额

C. 首先确定各影响因素的分析方法

D. 首先替换各个基数指标

11.可比产品成本实际降低额是指（　　）。

A. $\sum\left(\begin{matrix}计划\\产量\end{matrix}\times\begin{matrix}上年实际\\单位成本\end{matrix}\right)-\left(\begin{matrix}计划\\产量\end{matrix}\times\begin{matrix}本年实际\\单位成本\end{matrix}\right)$

B. $\sum\left(\begin{matrix}实际\\产量\end{matrix}\times\begin{matrix}本年计划\\单位成本\end{matrix}\right)-\left(\begin{matrix}实际\\产量\end{matrix}\times\begin{matrix}本年实际\\单位成本\end{matrix}\right)$

C. $\sum\left(\begin{matrix}实际\\产量\end{matrix}\times\begin{matrix}上年实际\\单位成本\end{matrix}\right)-\left(\begin{matrix}实际\\产量\end{matrix}\times\begin{matrix}本年实际\\单位成本\end{matrix}\right)$

D. $\sum\left(\begin{matrix}实际\\产量\end{matrix}\times\begin{matrix}上年实际\\单位成本\end{matrix}\right)-\left(\begin{matrix}实际\\产量\end{matrix}\times\begin{matrix}本年计划\\单位成本\end{matrix}\right)$

12.某产品单位材料计划耗用量10千克，实际耗用量9.5千克，每千克计划价格50元，实际价格55元，则该产品单位成本的量差影响额是（　　）元。

A.25　　　　B.−25

C.27.5　　　　D.−27.5

13.影响可比产品成本降低率的因素是（　　）。

A.产品产量　　　　B.产品单位成本

C.产品的规格和种类　　　　D.产品数量

14.产量变动之所以影响产品单位成本，是因为（　　）。

A. 在产品全部成本中包括了一部分变动费用

B. 在产品全部成本中包括了一部分相对固定的费用

C. 产品总成本不变

D. 产品产量增长小于产品总成本增长

15.通过成本指标不同时期（或不同情况）数据的对比，来揭示成本变动及其原因的分析方法是（　　）。

A.对比分析法　　　　　　　　B.趋势分析法

C.比率分析法　　　　　　　　D.因素分析法

16.把综合性指标分解为各个因素，研究诸因素变动对综合性指标变动影响程度的分析方法是（　　）。

A.对比分析法　　　　　　　　B.趋势分析法

C.比率分析法　　　　　　　　D.因素分析法

17.计算实际成本降低率时，应当用实际成本降低额除以（　　）。

A.实际产量按上年单位成本计算的总成本

B.计划产量按上年单位成本计算的总成本

C.实际产量按计划单位成本计算的总成本

D.实际产量按实际单位成本计算的总成本

18.在不考虑成本性态分析，即不将成本划分固定成本和变动成本时，产品产量的变动对企业主要产品成本降低任务完成情况的影响是（　　）。

A.成本降低额和降低率都不受影响

B.既影响成本降低率，又影响成本降低额

C.只影响成本降低额，不影响成本降低率

D.只影响成本降低率，不影响成本降低额

19.产品品种结构变动影响可比产品成本降低额和降低率，这是因为各种产品的（　　）。

A.成本降低额和降低率不同　　B.单位成本和总成本不同

C.计划成本降低率不同　　　　D.实际成本降低率不同

20.在直接材料成本三因素分析法下，材料配比差异的计算方法是以单位产品材料实际耗用总量乘以（　　）。

A.实际配比的平均实际单价-实际配比的平均计划单价

B.计划配比的平均实际单价-计划配比的平均计划单价

C.实际配比的平均实际单价-计划配比的平均计划单价

D.实际配比的平均计划单价-计划配比的平均计划单价

（二）多项选择题

1.影响产品成本的微观因素有（　　）。

A.劳动生产率水平　　　　　　B.生产设备利用效果

C.企业的成本管理水平
D.原材料和燃料动力的利用情况
E.成本管理制度的改革

2.影响产品成本的固有因素有（　　）。

A.企业规模和技术装备水平
B.企业地理位置和资源条件
C.企业的专业化协作水平
D.市场需求和价格水平
E.劳动生产率水平

3.成本分析的任务是（　　）。

A.揭示成本差异原因，掌握成本变动规律
B.挖掘降低成本的潜力，不断提高企业经济效益
C.合理评价成本计划完成情况，正确考核成本责任单位工作业绩
D.全面分析与重点分析相结合
E.事后分析与事前、事中分析相结合

4.成本评价标准中的预算标准包括（　　）。

A.主要产品单位成本预算
B.生产工时消耗标准
C.制造费用预算
D.财务费用预算
E.原材料消耗标准

5.成本分析实施阶段的工作内容包括（　　）。

A.确立成本分析标准
B.得出成本分析结论
C.报表整体分析
D.成本指标分析
E.基本因素分析

6.成本报表整体分析方法包括（　　）。

A.垂直分析法
B.指标对比分析法
C.水平分析法
D.比率分析法
E.趋势分析法

7.比率分析法主要包括（　　）。

A.构成比率分析
B.连环替代法
C.差额计算法
D.相关比率分析
E.指标对比分析法

8.指标对比分析法的主要形式是（　　）。

A.同类产品单位成本厂际对比
B.企业内部与先进车间指标对比

C.实际指标与计划指标对比
D.本期实际指标与上年同期实际指标对比
E.本期实际指标与历史最高水平对比
9.成本分析报告的基本要求是（　　）。
A.观点要明确
B.原因要分析清楚
C.说明成本计划完成情况
D.揭示成本计划执行中存在的问题
E.报告要简练
10.成本分析原则包括（　　）。
A.领导分析与群众分析相结合　　B.全面分析与重点分析相结合
C.专业分析与群众分析相结合　　D.经济分析与技术分析相结合
E.报表数据分析与实地分析相结合
11.影响可比产品成本降低率的主要因素包括（　　）。
A.产品产量　　B.产品品种比重
C.产品单位成本　　D.产品的价格
E.产品的种类和规格
12.影响可比产品成本降低额的主要因素包括（　　）。
A.产品产量　　B.产品品种比重
C.产品单位成本　　D.产品的销售税金
E.产品的售价
13.连环替代法的计算程序包括（　　）。
A.确定指标的组成因素和因素排列顺序
B.依次以各因素的实际数值替换该因素的标准数值，直至最后计算出实际指标
C.以每一个替换后计算出的新数据，减去前一个数据，其差额即为该因素的影响程度
D.综合各因素的影响程度，其代数和应等于该指标实际数与标准数之差
E.影响各指标的因素替换顺序可根据企业实际情况决定，没有什么规律

14.全部产品成本计划完成情况分析的任务包括（　　）。

A.查明全部产品和各类产品成本计划完成情况

B.查明全部产品中各成本项目的计划完成情况

C.找出成本升降幅度大的产品和成本项目

D.查明单位成本升降的原因

E.查明主要产品单位成本各项目的计划完成情况

15.连环替换分析法的特点是（　　）。

A.计算方法的简化性　　B.计算程序的连环性

C.因素替换的顺序性　　D.计算结果的假定性

E.计算结果的准确性

16.在直接材料成本三因素分析法下，影响材料成本差异的因素包括（　　）。

A.单位产品材料耗用量　　B.材料配比

C.材料购入数量　　D.材料单价

E.产品产量

17.在可比产品成本降低任务完成情况分析中，既影响降低额又影响降低率的因素包括（　　）。

A.产品产量　　B.产品单位成本

C.产品品种结构　　D.材料单耗

E.单位工时消耗

18.产品单位成本分析的内容主要包括（　　）。

A.联产品成本分析　　B.可比产品成本分析

C.直接材料成本分析　　D.制造费用项目分析

E.单位成本厂际对比分析

19.产品成本分析的内容包括（　　）。

A.可比产品成本分析　　B.单位产品成本分析

C.全部商品产品成本分析　　D.联产品成本分析

E.单位产品成本厂际对比分析

20.西方企业成本分析将影响直接材料成本的三因素称为（　　）。

A.配比差异　　B.组合差异

C.价格差异　　D.产出差异

E. 单耗差异

（三）判断题

1. 根据成本分析的内涵和目的，成本分析主要包括产品成本分析和成本效益分析。（ ）

2. 成本核算贯穿于成本会计的全过程，对充分发挥成本会计的积极作用具有重要意义。（ ）

3. 成本分析的评价标准主要有行业标准和预算标准。（ ）

4. 构成比率分析法是以某个项目和其他有关但又不同的项目加以对比，求出比率，以便更深入地认识某方面的生产经营情况的分析方法。（ ）

5. 因素分析法是依据分析指标与其影响因素之间的关系，按照一定的程序和方法，确定各因素对分析指标差异影响程度的一种技术分析方法。（ ）

6. 差额计算法是连环替代法的一种简化形式。（ ）

7. 应用连环替代法时，经济指标体系的组成因素必须能够反映形成该项指标差异的内在构成原因。（ ）

8. 应用连环替代法时，各因素对经济指标差异数的影响，可根据需要选择替换顺序。（ ）

9. 成本分析报告没有固定格式，企业只需说明成本计划的完成情况，不必提出建议。（ ）

10. 作为成本分析评价标准，行业标准应是体现全行业先进水平的成本指标，大多数企业可以达到这一标准。（ ）

11. 可比产品成本计划降低额是按上年实际平均单位成本计算的可比产品成本与本年可比产品实际总成本的差额。（ ）

12. 对本期产品成本报表的分析是一种事后分析。（ ）

13. 某企业可比产品成本计划上升率为2%，实际降低率为0.5%，因此该企业的可比产品成本计划降低任务没有完成。（ ）

14. 采用连环替代法，在测定某一因素变动影响时，是以假定其他因素不变为条件的，意即在其他因素均为计划数时，确定这一因素变动影响程度。（ ）

15. 影响可比产品成本降低率指标变动的因素有产品品种构成和产

品单位成本。（ ）

16. 产量变动之所以影响产品单位成本，是由于在产品全部成本中包括了一部分变动费用。（ ）

17. 运用连环替代法，各因素的单项影响值，即使采用不同的替代顺序计算的结果也总是相同的。（ ）

18. 在任何情况下，产品产量的变动都会影响可比产品成本降低率。（ ）

19. 可比产品成本计划降低率并非可比产品成本降低计划。（ ）

20. 可比产品是指以前年度或上年度未正常生产过的产品。（ ）

21. 采用连环替代法进行产品成本分析时，替代顺序确定的一般原则是：先数量因素后质量因素。（ ）

22. 在生产多种可比产品的条件下，影响可比产品成本降低任务完成情况的因素有三个，即产品产量变动的影响、产品品种结构变动的影响和产品单位成本变动的影响。（ ）

23. 产品成本降低额和降低率指标，计划数和实际数都是与上年进行比较计算的。（ ）

24. 运用差额计算法不需要考虑影响经济指标各因素的排列顺序。

（ ）

25. 单一产品成本降低率变动不受产品结构变动的影响。（ ）

26. 可比产品成本可能会出现这样的情况：各种产品均完成了成本降低率计划，但并没有完成总的成本降低率计划。（ ）

（四）计算题

1. 根据表19–1中资料，运用连环替代法计算确定各有关因素变动对材料成本的影响。

表19–1 **甲产品材料消耗资料表**

项目	计量单位	计划指标	实际指标
产品产量	吨	200	190
材料单耗	千克	300	320
材料单价	元	15	20

2. 根据第1题所给的资料，运用差额计算法计算确定各有关因素变

动对材料成本的影响。

3.某企业生产甲、乙、丙三种产品，前两种产品在上年度已生产过，后一种产品系本期新产品。本期各种产品产量和单位成本见表19-2。

表19-2　　产品产量和成本资料表　　金额单位：元

产品	产量（件）		单位成本		
	计划	实际	上期实际	本期计划	本期实际
甲	800	900	160	151	137
乙	2 000	2 000	62	60	58
丙	900	1 000		100	102

要求：

（1）根据上述资料，按产品别分析全部商品成本计划的完成情况(将计算结果填入表19-3中)；

表19-3　　商品产品成本分析表（按产品别）　　金额单位：元

商品产品	实际产量		差异	
	计划总成本	实际总成本	金额	百分比（%）
可比产品				
甲				
乙				
合计				
不可比产品				
丙				
全部商品产品				

（2）根据上述资料，确定可比产品成本的降低任务和实际完成情况；

（3）用余额推算法分析可比产品成本降低任务完成情况。

4.MK公司可比产品成本有关资料见表19-4和表19-5。

表19-4　**计划降低任务**　金额单位：万元

产品	产量（吨）	单位成本		总成本		降低任务	
		上年	计划	上年	计划	降低额	降低率（%）
甲	10	10	9	100	90	10	10
乙	4	20	16	80	64	16	20
合计				180	154	26	14.44

表19-5　**实际完成情况**　金额单位：万元

产品	产量（吨）	单位成本			总成本			实际完成	
		上年	计划	实际	上年	计划	实际	降低额	降低率（%）
甲	8	10	9	8.5	80	72	68		
乙	6	20	16	16.5	120	96	99		
合计					200	168	167	33	16.5

要求：采用连环替代法和余额推算法对可比产品成本降低任务完成情况进行分析。

5.RT公司可比产品的有关资料见表19-6。

表19-6　**产量与成本资料**　金额单位：千元

产品名称	本年实际产量（吨）	单位成本			总成本		
		上年	计划	实际	上年	计划	实际
甲	50	80	72	76			
乙	60	100	85	80			
合计							

计划产量：甲产品60吨，乙产品48吨。

计划降低任务：降低额1 200 000元，降低率12.5%。

要求：采用连环替代法对可比产品成本降低任务完成情况进行分析。

6.RT公司生产的W产品的有关资料见表19–7。

表19–7 **W产品单位成本资料** 金额单位：元

项目		计划		实际	
直接材料		700		560	
直接人工		60		40	
制造费用		200		200	
合计		960		800	
明细项目	单位	计划		实际	
原材料		单耗	金额	单耗	金额
A	千克	50	500	45	360
B	千克	10	200	10	200
工时	小时	100		80	

要求：

（1）确定单耗和单价变动对直接材料项目的影响。

（2）确定效率和工资分配率变动对直接人工项目的影响。

（3）确定效率和费用分配率变动对制造费用项目的影响。

7.RT公司生产的A产品的有关资料见表19–8。

表19–8 **单位产量的材料消耗情况** 金额单位：元

原材料	计划			实际		
	用量（千克）	单价	成本	用量（千克）	单价	成本
甲	3	20	60	5.4	18	97.2
乙	6	40	240	3.6	36	129.6
丙	9	25	225	2.7	32	86.4
丁	2	30	60	6.3	24	214.2
合　计	20	—	585	18	—	527.4

要求：根据上述资料确定单耗、配比和单价各因素的变动对A产品单位产品材料成本的影响。

五、案例

1. 东方公司2×25年甲产品单位成本资料见表19-9。请你根据所给资料，运用指标对比分析法和因素分析法，对该公司的产品成本进行分析评价。

表19-9　　　　**2×25年甲产品单位成本资料**　　　　金额单位：元

产品名称	甲产品	计量单位	件	计划产量	60
				实际产量	50

成本项目	上年实际平均单位成本	本年计划单位成本	本年实际平均单位成本
直接材料	360	290	316
直接人工	100	90	95
制造费用	106	93	104
废品损失	34	27	25
合　计	600	500	540

明细项目	计量单位	上年度		计划数		实际数	
		单位用量	单价	单位用量	单价	单位用量	单价
原材料							
A	千克	26	10	20	10	22	10
B	千克	10	10	10	9	12	8
工资	小时	16	6.25	15	6	16	5.9375
制造费用	小时	16	6.625	15	6.2	16	6.5

2.RT公司准备招聘几名成本核算人员，它向应聘者提出的考试题目之一是：本公司生产B产品（实际产量10件）的材料耗用资料见表19-10。

表19-10　**B产品材料耗用资料**　金额单位：千元

原材料	计划单价	单位产品计划			实际耗用量（千克）	实际单价	实际成本
		用量（千克）	配比（%）	成本			
甲	2	1	10	2	40	1.2	48
乙	4	4	40	16	20	3.5	70
丙	5	5	50	25	40	5	200
合　计		10	100	43	100		318

RT公司的要求是：按每种材料来计算材料配比变动对直接材料成本的影响，说明计算方法和理由（附参考表格，见表19-11）。

表19-11　**按每种材料计算分析材料配比变动对材料成本的影响**　金额单位：元

材料名称	计划单价	计划配比	单位产品实际耗用量		配比差异	材料成本影响	
			按实际配比	按计划配比		传统方法	新方法
甲							
乙							
丙							
合　计							

3.RT公司为招聘成本核算人员，向应聘者提出的考试题目之二是：本公司多年以来生产的甲、乙产品为主要产品，其成本降低任务和实际完成情况见表19-12和表19-13。

表19-12　**成本计划降低任务**　金额单位：元

产品	产量（件）	单位成本		总成本		降低任务	
		上年	计划	上年	计划	降低额	降低率（%）
甲	60	800	700	48 000	42 000	6 000	12.5
乙	36	1 000	840	36 000	30 240	5 760	16
合　计	—	—	—	84 000	72 240	11 760	14

表19-13　　**实际完成情况**　　金额单位：元

产品	产量（件）	实际单位成本	总成本			实际完成	
			上年	计划	实际	降低额	降低率（%）
甲	50	740	40 000	35 000	37 000	3 000	7.5
乙	62	800	62 000	52 080	49 600	12 400	20
—	—	—	102 000	87 080	86 600	15 400	15.1

RT公司的要求是：根据所给资料，指出影响产品成本降低情况的因素，确定各因素对上述产品成本降低任务完成情况的影响，并进行分析评价（附参考表格，见表19-14）。

表19-14　　**主要产品成本降低任务完成情况分析表**　　金额单位：元

序号	指标	计算方法	成本降低数	
			降低额	降低率
①				
②				
③				
④				
各因素的影响程度				

◆ 案例参考答案

1.对东方公司甲产品的成本进行分析

首先，根据所给资料，运用指标对比分析法计算单位产品各成本项目变动情况（此处只将实际成本与计划成本进行对比，若将实际单位成本与上年进行对比，方法相同，不具体说明），将计算结果编制成表19-15。

表19-15　　**甲产品单位成本计划完成情况分析表**　　金额单位：元

成本项目	计划成本	实际成本	降低或超支		各项目变动对单位成本影响（%）
			金额	百分比（%）	
直接材料	290	316	+26	+8.97	+5.2
直接人工	90	95	+5	+5.55	+1
制造费用	93	104	+11	+11.83	+2.2
废品损失	27	25	−2	−7.41	−0.4
合　计	500	540	+40	+8	+8

根据甲产品单位成本计划完成情况分析表，甲产品实际单位成本比计划超支40元，超支率为8%，其主要原因是原材料成本提高以及制造费用和工资支出提高。从各成本项目超降幅度看，除了废品损失下降7.41%以外，其余各项目超支幅度在5%～12%。因此，有必要进一步分析各成本项目提高的原因。

其次，运用因素分析法，分析各成本项目变动情况和具体原因。

（1）直接材料项目成本差异计算及分析（见表19-16）

表19-16　　**材料成本差异计算表**　　金额单位：元

材料名称	计量单位	耗用量		材料单价		材料成本		差异
		计划	实际	计划	实际	计划	实际	
A材料	千克	20	22	10	10	200	220	+20
B材料	千克	10	12	9	8	90	96	+6
合　计	—	—	—	—	—	290	316	+26

单位产品材料成本上升26元，各因素影响结果是：

材料消耗量因素影响：（22−20）×10+（12−10）×9=38（元）

材料单价变动的影响：（8−9）×12=−12（元）

由此可见，材料成本上升主要是材料消耗量增加所致，而材料单价下降使材料费用下降了12元。为此应进一步查找材料消耗上升的原因，是属于产品设计变更、制造方法改变、机器设备性能变化、材料质量下降、材料代用、材料规格不符合要求，还是工人操作和技术水平等原因。

（2）直接人工项目成本差异计算（见表19-17）

表19-17　**直接人工成本差异计算表**　金额单位：元

项目	计划	实际	差异
单位产品生产工时	15	16	+1
小时工资率	6	5.9375	−0.0625
单位产品直接人工	90	95	+5

单位产品直接人工成本上升5元，各因素影响结果是：

工时消耗增加的影响：（16−15）×6=6（元）

小时工资率降低的影响：（5.9375−6）×16=−1（元）

单位产品工资成本上升，主要是工时消耗增加导致的，为此需进一步分析工时消耗增加的具体原因，是机器设备、材料质量和制造方法改变或设计不当等客观原因导致的，还是工人熟练程度、劳动纪律、劳动态度等主观原因导致的。

（3）制造费用项目成本差异计算（见表19-18）

表19-18　**制造费用成本差异计算表**　金额单位：元

项目	计划	实际	差异
单位产品生产工时	15	16	+1
小时制造费用率	6.2	6.5	+0.3
单位产品制造费用	93	104	+11

单位产品制造费用成本上升11元，各因素影响结果是：

工时消耗增加的影响：（16−15）×6.2=6.2（元）

小时制造费用率降低的影响：（6.5−6.2）×16=4.8（元）

对制造费用的变动，应分具体项目进行对比，分析升降幅度及原因。

（4）废品损失项目差异分析

本例中废品损失实际比计划下降了2元，下降幅度为7.41%，应分析废品损失产生的具体原因的责任者，考虑能否采用更好的方法降低废品损失，以进一步降低产品成本。

2.按传统方法和新方法对RT公司B材料成本进行分析见表19-19。

表19-19 **按每种材料计算分析材料配比变动对材料成本的影响**

金额单位：千元

材料名称	计划单价	计划配比（%）	单位产品实际耗用量（千克）		配比差异	材料成本影响	
			实际配比	计划配比		传统方法	新方法
甲	2	10	4	1	+3	+6	+3×（2-4.3）=-6.9
乙	4	40	2	4	-2	-8	-2×（4-4.3）=0.6
丙	5	50	4	5	-1	-5	-1×（5-4.3）=-0.7
合计	—	100	10	10	—	-7	-7

评价如下：根据计算结果，传统方法和新方法下配比变动对材料成本影响的综合结果相同，都是7 000元。但配比变动对每种材料的影响结果则是不同的，甚至得出相反的结果。

首先，按照传统方法，凡因配比差异使消耗量增加的材料，其成本也相应增加，反之其成本就减少。而按照新方法，计划配比的平均单价为4 300元，价格低的材料消耗比例比计划提高时，不仅不会使材料成本增加，还会使材料成本下降，本案例中的甲材料就是这样。由于甲材料的计划单价2 000元，比平均单价低，按照新方法计算时将使材料成本下降6 900元，而按照传统方法计算则使材料成本上升6 000元。从这一点看，新方法更合理。

其次，传统计算方法从理论上说也是不妥的。乙、丙两种材料消耗比例下降对材料成本的影响，不能以其消耗量差异数乘以其计划单价计算，因为乙、丙材料消耗量减少，意味着甲材料消耗量增加，因而只能乘以某种材料计划单价与其计划平均单价的差额数。因此，新方法能正确地按每种材料计算配比差异对直接材料成本的影响。

3.RT公司主要产品成本降低任务完成情况结果见表19-20。

表19-20 **主要产品成本降低任务完成情况分析表** 金额单位：元

序号	指标	计算方法	成本降低数	
			降低额	降低率(%)
①	按计划产量、计划品种构成、计划单位成本计算的成本降低额和降低率	降低额=84 000−72 240 降低率=11 760÷84 000×100%	11 760	14
②	按实际产量、计划品种构成、计划单位成本计算的成本降低额和降低率	降低额=102 000×14% 降低率=按计划指标计算的降低率	14 280	14
③	按实际产量、实际品种构成、计划单位成本计算的成本降低额和降低率	降低额=102 000−87 080 降低率=14 920÷102 000×100%	14 920	14.63
④	按实际产量、实际品种构成、实际单位成本计算的成本降低额和降低率	降低额=102 000−86 600 降低率=15 400÷102 000×100%	15 400	15
各因素的影响程度：				
产量变动影响		②-①	2 520	0
品种构成变动影响		③-②	640	0.63
单位成本变动影响		④-③	480	0.47

根据计算结果对主要产品成本降低任务完成情况评价如下：RT公司主要产品成本降低任务超额完成了3 640元，是产量、产品品种构成和产品单位成本三个因素共同影响的结果，其中产量因素的影响最大，同时品种构成和单位成本变动也使降低任务超额完成，只是影响程度较小。应该说明的是，该公司主要产品品种构成变动是在没有完成计划品种的情况下，多生产乙产品引起的，这需要根据产品的销售情况正确进行评价。此外，甲产品单位成本发生了超支，超支率为5.7%。由此可见，该公司并没有真正全面完成成本降低任务，还需结合生产实际进一步分析甲产品没有完成生产计划及其单位成本超支的原因。

第二十章　特殊行业成本核算

一、学习目的与要求

通过本章学习，了解一些特殊行业的成本核算特点，掌握这些特殊行业的成本计算基本内容，包括了解施工企业成本核算特点，掌握施工项目成本构成、工程施工成本核算的主要环节与内容；了解房地产企业成本核算的特点，掌握房地产企业开发产品成本核算的基本内容；了解交通运输企业的营运成本构成，掌握其成本核算的主要环节；了解农业生产成本核算的特点，掌握生物资产核算与农业生产成本核算之间的区别与联系、农业生产成本计算的主要内容。

二、预习要览

（一）关键概念

1. 施工项目成本构成　　2. 工程施工与工程结算科目

3. 房地产开发产品成本项目　　4. 交通运输营运成本

5. 消耗性生物资产与生产性生物资产

6. 农业生产成本项目　　7. 农产品单位生产成本

（二）关键问题

1. 施工企业成本核算主要有哪些特点？

2. 建造合同成本的构成内容主要有哪些？如何确定建造合同收入与结转建造合同成本？

3. 房地产开发企业的成本核算主要有哪些特点？开发产品成本主要由哪些项目构成？

4. 房地产开发企业的开发产品成本主要由哪些项目构成？

5. 交通运输企业的成本核算主要有哪些特点？

6. 交通运输企业的营运成本的主要构成内容是什么？

7. 农业生产成本的核算主要有哪些特点?

8. 生物资产与农产品生产成本是如何区别核算的?

三、本章重点与难点

☞ 施工企业施工项目成本构成

☞ 建造合同中“工程施工”的核算

☞ 房地产企业开发产品的成本项目构成

☞ 交通运输企业营运成本的核算内容

☞ 农业企业生物资产的核算

☞ 农产品生产成本核算与单位生产成本的计算

(一)施工企业成本核算

施工企业或称建筑安装企业,是指专门从事各类建筑工程、设备安装工程及其他专业工程施工的生产经营性企业,包括各类建筑公司、工程公司、设备安装公司、装修公司、拆迁公司等。施工企业按其生产的产品或者提供劳务的性质可分为建筑工程和安装工程两大类别。

1.施工企业的生产经营特点

(1)施工生产具有很强的流动性。

(2)施工生产周期长且易受自然环境影响。

(3)施工产品工程具有单件性特征。

(4)施工产品对象具有一定复杂性。

2.施工企业成本核算特点

(1)成本核算对象为具体的单项工程。

(2)一般采用分级管理方式,进行分级成本核算。

(3)按工程进度的不同阶段、期间作为成本核算期间。

(4)成本计量应当充分考虑自然环境及其变化的影响。

3.施工项目成本构成与核算科目

根据企业会计准则的规定,施工企业执行建造合同发生的直接费用及组织管理施工生产活动而发生的间接费用可计入工程成本,对计入建造合同或施工项目成本的生产费用按其用途可分为直接成本与间接成本,其中直接成本包括直接材料、直接人工、机械作业(使用)费等直接费用。

为了反映施工企业在工程施工过程中发生的各项费用支出，施工企业通常应设置以下几个会计科目进行核算：

（1）“合同履约成本——工程施工”科目，该科目核算施工企业在工程施工过程中发生的计入工程成本的各项支出。“合同履约成本”科目区分具体建造合同或工程项目进行明细核算。

（2）“机械作业”科目，该科目核算施工企业以及内部独立核算的施工单位、机械站、运输队在使用自有施工机械进行机械作业时所发生的各项费用。

（3）“辅助生产”科目，该科目核算企业非独立核算的辅助生产部门，如机修车间、木工车间、混凝土车间、供电站、供水站、运输队等，为工程施工、产品生产、机械作业等提供产品和劳务（如设备修理、构件的现场制作、施工机械的安装等）所发生的各项费用。

（4）“合同结算”科目，该科目核算同一合同下施工企业在某一时段履行义务涉及与结算客户对价的合同资产或合同负债。

4.施工企业产品成本核算的内容

施工项目成本核算一般包括材料、人工费用的核算，机械使用费的核算，辅助生产费用的归集与分配，建造合同间接费用的归集与分配，工程成本结算（建造合同成本结转）等内容。这里要求掌握各项费用的归集分配等具体核算内容。

（二）房地产开发企业成本核算

房地产开发企业是指从事房地产开发、经营活动的企业。房地产是房产与地产的总称，其中房产即各种房屋财产，包括住宅、厂房、商铺以及办公与公共服务用房等；地产即土地财产，包括土地与地下设施，如供水、供电、供气、供热、排水、排污等地下管线以及地面道路等。

1.房地产开发企业的生产经营特点

（1）房地产产品兼具消费性与投资性。

（2）开发建设周期较长，投资较大。

（3）开发经营活动内容复杂，涉及面广。

（4）房地产业经营具有周期性与风险性。

2.房地产开发企业成本核算的特点

（1）成本开支范围具有广泛性。

（2）成本核算对象具有多元性和平行性。

（3）成本计算具有较长的周期性与复杂性等。

3.房地产开发企业的成本项目构成与会计科目设置

（1）开发产品成本项目构成

开发产品的成本项目包括：土地征用及拆迁补偿费、前期工程费、基础设施费、建筑安装工程费、公共配套设施费、开发间接费等。

（2）开发成本核算会计科目

①“开发成本”科目：核算房地产开发企业在土地、房屋、配套设施和代建工程的开发过程中所发生的各项费用。

②“开发间接费用”科目：核算房地产开发企业内部独立核算单位为开发产品而发生的各项间接费用，包括工资、福利费、折旧费、修理费、办公费、水电费、劳动保护费和周转房摊销等。

4.开发产品成本核算具体内容

房地产企业的开发产品成本核算内容包括土地开发、房屋开发、配套设施开发、代建工程等开发成本核算，这里主要以房屋开发成本核算为例予以讲述。房屋开发成本是指企业在进行房屋开发过程中所发生的各项开发直接费用和间接费用的总和，主要包括土地征用及拆迁补偿费、前期工程费、基础设施费、建筑安装工程费、配套设施费、开发间接费等项目。

以房屋开发为例，其成本核算内容包括：

（1）房屋开发费用的归集与分配，具体包括土地征用及拆迁补偿费的归集与分配；前期工程费的归集与分配；基础设施费的归集与分配；建筑安装工程费的归集与分配；公共配套设施费的归集与分配；开发间接费的归集与分配等内容。

（2）房屋开发成本的结转。“开发成本——房屋开发”科目中归集累计开发费用，在建设项目尚未完工时，即为在建房屋的实际成本，在完成竣工验收时，即为房屋开发项目的实际成本。企业开发完成的房屋建筑物，按房屋建筑物的实际成本结转至“开发产品”，即借记“开发产品”“投资性房地产”等账户，贷记“开发成本——房屋开发”账户。

（三）交通运输企业成本核算

交通运输业指国民经济中专门从事货物和旅客运送的社会生产部

门，包括铁路运输企业、公路运输企业、水上运输企业、航空运输企业、管道运输企业。相对于一般的工商企业而言，交通运输企业的生产经营具有一定的显著特点，如运输企业的产品是旅客和货物的位移，是将旅客或货物从一个地点移送到指定地点的服务活动，不产生新的实物形态的产品。而且，运输企业的生产过程和消费过程同时进行，当运输过程结束时，满足了运输对象的要求，也就完成了其消费过程。

1.交通运输企业成本核算的特点

（1）成本计算对象的特殊性。运输企业的成本计算对象是旅客和货物的周转量。另外，为了加强成本管理，除以前述各类业务作为成本计算对象外，还要以运输工具及其运行情况等作为成本计算对象，这是运输企业成本计算对象比较独特的地方。

（2）营运成本与应计入本期营业成本的费用一致，没有在产品成本。

（3）计算方法单一。交通运输企业由于不涉及半成品结转，也就不存在分步骤、分批别计算成本的问题。

（4）从成本构成看，占运输支出比重较大的是运输设备和工具的燃料费、折旧费、修理费等。

2.交通运输企业营运成本构成与相关会计科目设置

（1）交通运输企业的营运成本构成

为了正确计算交通运输企业的成本费用，对于在营运过程中实际发生的与运输、装卸和其他业务等有关的支出均计入营运成本。这些成本包括：在营运过程中实际消耗的各种燃料、材料、油料、备品配件、航空高价周转件、隔热材料、轮胎、专用工具器具、低值易耗品等直接材料费用；直接从事生产活动人员的工资及按工资总额计提并缴纳的五险一金等；在营运过程中实际发生固定资产折旧费、修理费、租赁费（不包括融资租赁费），取暖费，水电费，办公费，保险费，劳动保护费，季节性、修理期间的停工损失，事故净损失等支出，运输企业向公路管理部门缴纳的养路费、公路运输管理费，以及车辆保险费、车船税等。

此外，不同类型的运输企业还包括自身所特有的费用项目。

（2）交通运输企业的成本核算科目设置

交通运输企业通常可以考虑设置如下会计科目：

①“运输支出”科目。该科目核算交通运输企业沿海、内河、远洋和汽车运输企业经营旅客运输、货物运输业务所发生的各项费用支出。

②“装卸支出”科目。该科目核算交通运输企业经营装卸业务所发生的各项费用支出。

③“堆存支出”科目。该科目核算企业经营仓库和堆场业务所发生的费用支出。

④“营运间接费用”科目。本科目也可以作为“劳务成本”科目的二级科目来用。“营运间接费用”科目核算企业在营运过程中所发生的不能直接计入成本核算对象的各种间接费用，包括企业实行内部独立核算单位的车站费用、车队费用、装卸队（站）费用、自营港埠费用等。

⑤“辅助营运费用”科目。该科目可以作为“劳务成本”的二级科目来用。“辅助营运费用”科目核算运输企业发生的辅助船舶费用，企业辅助部门为企业主要营运单位生产产品和供应劳务所发生的辅助生产费用，包括修理部门的工资、福利费支出、燃料、折旧费用、劳动保护费、事故损失及其他等。

⑥“其他业务成本”科目。该科目核算除营运业务以外的其他业务所发生的各项支出等。

3.交通运输业务成本核算的内容

以公路运输业务为例，其成本核算的内容包括确定成本计算对象；确定成本计算单位；确定成本计算期；确定成本项目等。具体核算内容包括：人工成本的归集与分配；燃料费用的归集与分配；轮胎费用的归集与分配；折旧费用的归集与分配；辅助营运费用的归集与分配；营运间接费用的归集与分配；汽车运输成本计算与结转等。

（四）农业生产成本核算

农业是整个国民经济的基础，是一个重要的综合性物质生产部门。从广义的角度看，农业包括种植业、林业、畜牧养殖业、渔业等行业。农业企业是指从事农、林、牧、渔业等生产经营活动的企业，该类企业主要通过生物的种养和生产繁殖取得相应的农产品。

1.农业生产的特点

（1）土地，包括陆面、水面、山场等自然资源，是农业生产的基础生产资料，也是农业企业的最重要的经济资源。

（2）农业生产的劳动对象是有生命的动植物，即生物资产。

（3）农业生产过程是一个自然过程，其生产周期与动植物的生命周期相融合，具有明显的季节性和地域性，生产成果受自然环境的影响明显。

（4）在农业生产过程中，人的劳动时间与农业自然生产时间不一致。

（5）部分劳动资料与劳动对象可以相互转化。

（6）农业生产的组织形式复杂多样，一般都实行一业为主，多种经营，同一地域往往能同时或交错生产出多种产品，另外，种植业和养殖业之间往往相互依存、相互促进进行生产经营等。

2.农业生产成本核算的特点

（1）费用的归集与分配对象为有生命的动植物（生物资产）及其产出农产品。

（2）应将生物资产与农产品区别开来分别加以核算。

（3）成本计算期受生物资产生命周期的影响，各种产品的成本计算周期也不尽一致。

3.农业生产成本项目的内容

（1）种子和种苗：指农作物生产过程中直接耗用的自产品和外购的种子与种苗的费用。

（2）肥料与农药：指农作物生产过程中直接耗用的各种化肥、农家肥和农药的费用。

（3）直接人工费：指直接从事农业生产人员的工资、奖金、津贴和补贴及按工资总额计提并缴纳的社会保险费用等。

（4）其他直接费：指为农产品生产直接支付的不属于以上各项的费用，如灌溉费、机械作业费等。

（5）燃料和动力费用：指在农产品生产过程中消耗的各种固体燃料、液体燃料和气体燃料及消耗的电力费用等。

（6）折旧与修理费用：指农业企业固定资产的折旧费与修理费用。

（7）其他费用：指农业生产企业发生的除上述费用以外的各种费用。

4.与农业生产核算有关的会计科目设置

（1）“消耗性生物资产”科目

消耗性生物资产是指为出售而持有的或在将来收获为农产品的生物资产。消耗性生物资产通常被视为存货加以核算。

（2）“生产性生物资产”科目

生产性生物资产是指为产出农产品、提供劳务或出租等目的而持有的生物资产。“生产性生物资产”科目一般下设“未成熟生产性生物资产”与“成熟生产性生物资产”两个明细科目分别予以核算。

（3）“公益性生物资产”科目

根据《企业会计准则》的规定，农业企业根据需要应当开设“公益性生物资产”科目，用来反映与核算以防护、环境保护为主要目的的生物资产，如防风固沙林、水土保持林和水源涵养林等。

（4）“农业生产成本”科目

“农业生产成本”科目用来反映农业企业所生产的各种农副产品的生产成本，该科目一般按种植业、养殖业、畜牧业、林业和水产养殖业确定成本核算对象，并分别成本项目开设相应核算栏目进行明细核算。

如果企业生产规模较大，经营种类多种多样，也可以区分具体农业生产类型，分别设置“农业（种植业）生产成本”“林业生产成本”“畜牧业生产成本”“渔业（水产业）生产成本”“副业生产成本”等账户进行具体核算。

除了上述比较特殊的会计科目之外，农业企业根据需要可以考虑单设“制造费用”“机械作业费”“辅助生产成本”等辅助性科目进行相关成本费用的归集与分配。

5.农业生产成本核算的内容

农业生产活动与生物资产密切相关，生物资产核算就成为农业生产成本核算的前奏或者组成部分，因此这里所说的农业生产成本的核算内容包括消耗性生物资产的核算、生产性生物资产的核算以及农业生产成本（农产品成本）的核算等。此外，对于生物资产的核算，根据企业会计准则，有成本计量模式与公允价值计量模式可供选择。这里考虑一般性，仅仅采用以成本模式对生物资产进行核算（后续计量）。

（1）生物资产的核算

生物资产在取得时按照实际成本计量。

对自行繁殖、营造的消耗性生物资产，其成本确定的一般原则是按照自行繁殖或营造（培育）过程中发生的必要支出确定，既包括直接材料、直接人工、其他直接费，也包括应分摊的间接费用。对于不同种类消耗性生物资产，其成本构成也有所不同。

对自行繁殖、营造的生产性生物资产而言，其成本确定的一般原则是按照其达到预定生产经营目的前发生的必要支出确定，包括直接材料、直接人工、其他直接费和应分摊的间接费用。生物资产在达到预定的生产经营目的、能够连续生产农产品之前所发生的成本应在"未成熟生产性生物资产"科目中核算，达到预定的生产经营目的、能够连续生产农产品时，其成本从"未成熟生产性生物资产"科目的贷方转到"成熟生产性生物资产"的借方。

（2）农产品生产成本的核算

本书主要讲述从生物资产收获农产品过程中所发生的成本费用的核算，至于农产品收获之后，就和一般存货成本核算无异。

从消耗性生物资产上收获农产品后，消耗性生物资产自身完全转为农产品而不复存在，企业应当将收获时点消耗性生物资产的账面价值结转为农产品的成本。对于不通过入库直接销售的鲜活产品等，按实际成本转入"主营业务成本"等。

从生产性生物资产上收获农产品后，生产性生物资产这一母体仍然存在，其成本不应直接转入农产品成本。农产品收获过程中发生的直接材料、直接人工等直接费用，直接计入相关成本核算对象，农产品收获过程中发生的间接费用，如材料费、人工费、生产性生物资产的折旧费等应分摊的共同费用，应当在生产成本归集，在会计期末按一定的分配标准，分配计入有关的成本核算对象。

实务中，常用的间接费用分配方法通常以直接费用或直接人工作为分配标准，其公式为：

$$\text{间接费用分配率}=\frac{\text{间接费用总额}}{\text{分配标准(直接费用总额或直接人工总额)}}\times 100\%$$

$$\text{某项生物资产或农产品应分配的间接费用额}=\frac{\text{该项资产相关的}}{\text{直接费用或直接人工}}\times\text{间接费用分配率}$$

除此之外，还可以直接材料、生产工时等为基础进行分配。

在收获时点，企业应当将该时点归属于某农产品生产成本的账面价值结转为农产品的成本。具体的成本结转方法包括加权平均法、个别计价法、蓄积量比例法、轮伐期年限法等。

6.农业生产单位成本计算

由于农业生产类型多种多样，并具有不同的自然属性，其单位成本计算就显得比较特殊。大家在学习过程中注意结合不同农业产品类型，把握较为典型的单位成本计算方法。

四、练习题

（一）单项选择题

1.下列会计科目中能够完整反映施工企业工程项目成本支出数额的是（　　）。

A.机械作业　　B.辅助生产

C.工程施工　　D.工程结算

2.施工企业以及内部独立核算的施工单位、机械站、运输队在使用自有施工机械进行机械作业时所发生的各项费用，通常使用的会计核算科目是（　　）。

A.“工程施工”　　B.“机械作业”

C.“工程结算”　　D.“辅助生产”

3.施工企业在与客户办理工程价款结算时，按应收金额借记“应收账款”“预收账款”等科目，贷记（　　）科目。

A.“工程施工”　　B.“主营业务收入”

C.“合同毛利”　　D.“工程结算”

4.施工企业内部的机械作业部门对外单位承包的工程提供机械作业所发生的机械使用费，一般记入（　　）科目。

A.“机械作业”　　B.“工程施工”

C.“其他业务成本”　　D.“制造费用”

5.房地产企业为了核算所开发的商品房等项目的开发成本，通常设置的会计科目是（　　）科目。

A.“开发产品”　　B.“工程施工”

C.“生产成本”　　D.“在建工程”

6.房地产开发企业发生的应计入开发成本的开发间接费用指的是（　　）。

A.多项开发产品共同发生的规划设计费、辅助工程费用等

B.企业的各行政部门为管理公司而发生的各项费用

C.企业所属的开发部门或工程指挥部门为组织和管理开发项目而发生的各项费用支出

D.以上都包括

7.房地产企业开发产品过程中将部分建筑安装工程采用出包方式的，某期应计入产品开发成本的金额为（　　）。

A.预付给承包单位的工程款

B.预付给承包单位的备料款

C.根据工程进度应支付的工程价款

D.承包单位当期实际发生的工程支出

8.交通运输企业对经营仓库和堆场业务所发生的费用支出进行核算，比较适当的账户是（　　）。

A.“运输支出”　　B.“装卸支出”

C.“堆存支出”　　D.“营运间接费用”

9.某农场对种植的还在生长中的大田作物、蔬菜所发生的相关费用进行核算，一般应采用的会计科目是（　　）。

A.“生产性生物资产”　　B.“消耗性生物资产”

C.“农业生产成本”　　D.“农产品”

10.关于农业生产成本的核算，下列说法错误的是（　　）。

A.从消耗性生物资产收获农产品的，企业应当将收获时点消耗性生物资产的账面价值结转为农产品的成本

B.从生产性生物资产收获农产品的，不应当将该生产性生物资产成本转入农产品成本

C.从生产性生物资产收获农产品的，应将农产品收获过程中生产性生物资产计提的折旧计入农产品的生产成本

D. 从生产性生物资产收获农产品的，应将该生产性生物资产成本按期摊销计入农业生产成本

（二）多项选择题

1. 下列企业类型通常属于施工企业成本核算的会计主体的有（　　）。

A. 建筑公司　　B. 工程公司

C. 设备安装公司　　D. 装修公司

E. 拆迁公司

2. 施工企业工程成本核算一般具有的特点包括（　　）。

A. 可以仿照一般企业的品种法进行施工项目的成本核算

B. 成本核算对象一般为具体的单项工程

C. 一般按工程进度的不同阶段、期间划分成本核算期间

D. 采用分级管理方式，进行分级成本核算

E. 成本计量应当充分考虑自然环境及其变化的影响

3. 在施工企业，施工项目的成本构成内容包括（　　）。

A. 直接材料　　B. 直接人工

C. 机械使用费　　D. 间接费用

E. 符合资本化条件的项目借款利息支出

4. 房地产开发企业成本核算的特点主要包括（　　）。

A. 开发成本支出的时间范围包括房地产从征地到建成交工的全过程，具有较大的广泛性

B. 成本核算对象具有多元性，多个项目往往需要同步进行成本计算

C. 房地产的开发成本应根据开发顺序逐步进行成本核算

D. 成本计算具有较长的周期性与复杂性，不同的开发产品的成本可比性也较差

E. 企业应严格按照不同的房地产开发项目设置成本核算对象，并定期进行成本计算

5. 房地产企业的房屋开发成本项目包括的内容有（　　）。

A. 土地征用与拆迁补偿费　　B. 前期工程费

C. 基础设施费　　D. 建筑安装工程费

E. 不能有偿转让的公共配套设施费

6. 房地产企业从事房屋开发过程中发生的公共配套设施费，下列会

计处理方法不合理的有（　　）。

A. 公共配套设施费在发生时直接计入房屋开发成本

B. 对于不能有偿转让的公共配套设施所发生的费用，直接计入房屋开发成本，能够有偿转让的，则分配计入房屋开发成本

C. 对于多个成本核算对象共同发生的公共配套设施费，先通过"配套设施费用"等类似科目归集，待配套设施完工时再选取合理标准分配计入有关成本核算对象

D. 对于能够有偿转让的公共配套设施所发生的相关费用，在"开发成本——配套设施开发"账户内单独核算，而不计入房屋开发成本

E. 无论是否能够有偿转让，公共配套设施都应当区别于房屋项目而作为独立的成本核算对象

7. 房地产企业开发的商品房，其开发成本结转通常应具备的前提条件包括（　　）。

A. 建筑安装工程已完工，并已同施工单位办理完竣工验收和结算手续

B. 项目内供水、供电、供暖等基础设施工程已完工并已办理竣工验收和结算手续

C. 尚未完工的公共配套设施工程费，已经有关部门批准，按规定进行了预提

D. 已按规定分配计入了该项目应负担的各项成本费用

E. 房屋及其配套设施都要全部完工，并已经符合销售收入的确认条件

8. 交通运输企业成本核算的特点有（　　）。

A. 成本核算对象一般为各具体交通运输工具

B. 成本核算对象一般为旅客或货物的周转量

C. 需要定期进行完工与在产品之间的费用分配

D. 不进行在产品成本的核算，成本计算方法比较单一

E. 运输成本构成一般不包括原材料支出

9. 农业企业所拥有的下列资产项目中，一般作为生产性生物资产核算的有（　　）。

A. 肉牛　　　　B. 奶牛

C. 种牛　　　　　　　　　　　　D. 薪炭林

E. 果树

10. 农业企业在确定收获农产品的成本时，应注意成本计算的截止时点。关于成本计算截止时点，下列说法正确的有（　　）。例如，纤维作物、香料作物、人参、啤酒花等算至纤维等初级产品；草成本算至干草；年底尚未脱粒的作物，其产品成本算至预提脱粒费用等。再如，育苗的成本算至出圃；采割阶段，林木采伐算至原木产品；橡胶算至加工成干胶或浓缩胶乳；茶的成本计算算至各种毛茶。

A. 粮豆的成本算至入库或能够销售

B. 棉花的成本算至皮棉

C. 不入库的鲜活产品算至销售，入库的算至入库

D. 育苗的成本算至出圃

E. 水果的成本算至产品能够销售

（三）判断题

1. 施工企业执行建造合同发生的直接费用及组织管理施工生产活动发生的间接费用都应计入施工项目成本。（　　）

2. 在施工企业中，各施工单位，如工程处、施工队、工区等为组织和管理生产活动发生的各种费用，不应计入工程成本，而应计入管理费用。（　　）

3. 施工企业内部非独立核算的辅助生产部门为工程施工、产品生产、机械作业等提供产品和劳务（如设备修理、构件的现场制作、施工机械的安装等）所发生的各项费用，可以先设置“辅助生产”科目核算，然后分配转入各受益项目或部门。（　　）

4. 在房地产企业开发房地产从征地到建成交工的全过程中发生的与开发经营有关的各项相关的、合理的支出，都应按照规定计入开发产品成本。（　　）

5. 由于房地产品的开发周期较长，其成本计算通常与生产周期保持一致。（　　）

6. 房地产企业针对个别规模较大、工期较长的开发项目，可以按开发项目的一定区域划分成本对象。（　　）

7. 房地产开发项目的成本仅仅包括直接成本，不包括间接费用。

（　　）

8. 房地产企业的房屋开发成本并不包括前期工程费用。（　　）

9. 房地产企业为从事房地产开发而购买的土地使用权，即便在被开发时也不转入房屋开发成本，而应作为无形资产核算。（　　）

10. 房地产企业所属的开发部门或工程指挥部门为组织和管理开发项目而发生的各项费用支出，作为开发间接费用，也是房地产开发成本的组成部分。（　　）

11. 运输企业的相关运输成本通常定期进行结转，而不存在期末余额。（　　）

12. 汽车运输业务的成本计算一般以汽车运输业务量的计量单位为依据。（　　）

13. 对于农业企业而言，农产品收获后，应将原来计入“生物资产”的成本全部转入“农产品”成本。（　　）

14. 农产品的成本计算期间一般与其生产周期保持一致。（　　）

15. 农业企业应当对所有的生产性生物资产计提折旧。（　　）

（四）业务题

1. 甲公司主要从事建筑安装活动，自2×23年年初承揽一项总金额为6 000万元的固定造价合同，并预计该设备建造的合同总成本为5 500万元，按规定采用履约进度确认合同收入和合同费用，合同进度按照实际发生成本占合同预计总成本的比例确定。工程于2×23年3月开工，预计2×25年6月完工，2×24年年底，由于材料涨价，工程总成本作出相应调整，预计合同总成本为6 400万元。2×25年3月甲公司提前3个月保质保量完成了合同，客户给予奖励款200万元。

甲公司在合同期间的其他相关资料见表20–1。

表20–1　**甲公司合同期间其他相关资料**　单位：万元

项目	2×23年	2×24年	2×25年
累计实际发生成本	1 540	4 800	5 950
预计完工尚需发生成本	3 960	1 600	—
结算合同价款	1 740	2 960	1 500
实际收到价款	—	—	—

要求：作出如下计算和会计处理：

（1）作出2×23年结算合同价款分录；

（2）计算2×23年度的合同收入、合同费用，并作出相应的会计分录；

（3）2×24年年末，根据相关事项作出与确认和计量合同损益有关的账务处理；

（4）作出2×25年度确认合同收入和合同费用的账务处理；

（5）作出2×25年合同完工时的相关账务处理（不考虑合同价款结算）。

2. 甲公司系一房地产开发公司，现征得一块土地（地块A）并用于小区开发建设，小区开发产品包括一栋写字楼、两栋住宅楼和一个社区中心（属于不能有偿转让的公共配套设施），并作为三个单独的成本计算对象，占地面积比重分别为30%、60%与10%。有关土地与房屋开发成本资料如下：

（1）支付土地征用与拆迁补偿费1 400万元，按占地比重进行分配。

（2）支付前期工程费200万元，按占地比重进行分配。

（3）发生基础设施费300万元，按建筑安装工程概算比例分配，写字楼、住宅楼与社区活动中心的建筑安装工程概算价值分别为2 000万元、2 500万元、500万元。

（4）甲公司将整个小区的建筑安装工程出包给Y建筑安装公司施工，将自行采购的电梯交付给Y建筑安装公司安装，其中写字楼两部，住宅楼4部，每部电梯的成本为180万元。

（5）出包给Y建筑安装公司的建筑安装工程完工，根据有关建造合同，共需支付工程款3 170万元，其中写字楼1 200万元，住宅楼1 800万元，社区中心170万元，已经预付工程款1 000万元，并在交工时补付余款。

（6）将社区中心开发建设成本（公共配套设施费）按建筑安装工程概算价值比例分配给写字楼与住宅楼。

（7）发生开发间接费用123万元，按照写字楼与住宅楼的开发直接费用比重分配。

（8）小区建成，结转完工写字楼与住宅楼的工程成本。

要求：根据上述资料，作出相关会计处理。

3.某果园林场自2×21年年初自行营造100亩苹果树。生长期3年，长成后，6月上旬开始挂果，9月末收获完毕。假定该苹果树采用成本模式计量，采用年限平均法计提折旧，假定该苹果树期满无残值。其他资料如下：

（1）2×21年发生种苗费180 000元，平整土地的机械作业费为20 000元，肥料费用为90 000元，农药费用为10 000元，人工费为80 000元，用存款支付管护费50 000元。

（2）2×22、2×23年（生长期），发生化肥费用140 000元，农药费用20 000元，人工费70 000元，用存款支付管护费40 000元。

（3）2×24年，苹果树开始挂果，折旧期10年。上半年肥料费为58 000元，农药费用为25 000元，人工费为42 000元，管护费为15 000元。下半年投入农药费用6 000元，人工费12 000元，管护费4 000元。（假定以上费用在每月均匀发生）

（4）2×24年9月，采摘苹果入库，采摘过程中共发生采摘费等相关费用24 000元。

要求：根据上述有关资料，分别作出相应的会计处理，并计算出2×24年所产出的农产品的生产成本。

附录1

成本会计模拟考试题

一、单项选择题（下列各题只有一个符合题意的正确答案，将你选定的答案用英文大写字母填在题后的括号内。本类题共10分，每小题1分。不选、错选或多选，本小题不得分）

1.采用品种法进行成本计算时，其成本计算期是（　　）。

A.定期于期末计算　　B.定期于期初计算

C.于产品完工时计算　　D.定期于年末计算

2.需要进行成本还原的成本计算方法是（　　）。

A.品种法　　B.分批法

C.逐步结转分步法　　D.平行结转分步法

3.下列属于在产品成本计算方法的是（　　）。

A.分步法　　B.直接分配法

C.约当产量法　　D.顺序分配法

4.在各种成本计算方法中最基本的成本计算方法是（　　）。

A.品种法　　B.分步法

C.分批法　　D.分类法

5.在进行可比产品成本降低任务完成情况分析时，单纯产品产量的变动（　　）。

A. 只影响成本降低额，不影响成本降低率

B. 只影响成本降低率，不影响成本降低额

C. 既影响成本降低额，也影响成本降低率

D. 既不影响成本降低额，也不影响成本降低率

6.某企业设有供电和修理两个辅助生产车间，本月份供电车间提供的电力为54 400度，其中，被修理车间耗用4 000度，发生费用13 608元；修理车间提供修理工时11 360小时，其中，供电车间耗用300小

时，共发生费用10 064元。若采用直接分配法分配辅助生产费用，则供电车间的费用分配率为（　　）。

A.0.252　　B.0.27

C.7.4　　D.0.250147

7.采用平行结转分步法计算产品成本时，各步骤成本计算单中登记的费用（　　）。

A.只包括本步骤发生的费用，不包括上步骤转入的费用

B.只包括上步骤发生的费用，不包括本步骤发生的费用

C.既包括本步骤发生的费用，也包括上步骤转入的费用

D.既不包括本步骤发生的费用，也不包括上步骤转入的费用

8.下列属于成本项目的是（　　）。

A.直接材料　　B.外购材料

C.外购燃料　　D.工资

9.定额法的特点是（　　）。

A.对产品成本进行事前控制

B.对成本差异进行日常核算、分析和控制

C.进行成本的定期分析和考核

D.上述三点均具备

10.在各种辅助生产费用的分配方法中，最为准确的方法是（　　）。

A.直接分配法　　B.一次交互分配法

C.顺序分配法　　D.代数分配法

二、多项选择题（下列各题，有两个或两个以上符合题意的正确答案，将你选定的答案用英文大写字母填在题后的括号内。本类题共10分，每小题1分。不选、少选、错选或多选，本小题不得分）

1.在进行成本核算时需要正确划分的各种费用界线包括（　　）。

A.正确划分生产经营管理费用与非生产经营管理费用的界线

B.正确划分生产费用与经营管理费用的界线

C.正确划分各个月份的费用界线

D.正确划分各种产品之间的费用界线

E.正确划分完工产品与在产品之间的费用界线

2.企业的生产按工艺过程的特点划分，可分为（　　）。

A.简单生产　　B.复杂生产

C.大量生产　　D.成批生产

E.单件生产

3.下列属于期间费用的项目是（　　）。

A.生产成本　　B.制造费用

C.销售费用　　D.管理费用

E.财务费用

4.下列属于成本报表的是（　　）。

A.商品产品成本表　　B.主要产品单位成本表

C.现金流量表　　D.制造费用明细表

E.期间费用明细表

5.采用定额法计算产品实际成本时需要的指标有（　　）。

A.定额成本　　B.标准成本

C.脱离定额差异　　D.定额变动差异

E.材料成本差异

6.生产类型的特点和管理的要求对成本计算方法的影响主要表现在（　　）。

A.成本计算对象　　B.成本计算期

C.成本计算特点　　D.废品损失的计算

E.在产品成本的计算

7.标准成本制度下成本差异若全部计入当期损益，其账务处理方法是（　　）。

A.如果是有利差异，应当冲减当期的收益

B.如果是有利差异，应当增加当期收益

C.如果是不利差异，应当冲减当期的收益

D.如果是不利差异，应当增加当期的收益

E.不论是有利差异还是不利差异均不增减当期的收益

8.各因素变动对可比产品成本降低任务完成情况的影响主要有（　　）。

A.产品单位成本　　B.产品品种构成

C.产品单位利润　　D.产品产量

E.产品单位税金

9.采用平行结转分步法计算产品成本的优点是（　　）。

A.各步骤可以同时计算产品成本

B.能够提供各个步骤的半成品成本资料

C.能为各生产步骤在产品的实物管理和资金管理提供资料

D.能全面反映各步骤产品的生产耗费水平

E.能直接提供按原始成本项目反映的产品成本资料不必进行成本还原

10.固定制造费用标准成本差异一般分为（　　）。

A.耗费差异　　B.生产能力利用差异

C.效率差异　　D.数量差异

E.价格差异

三、判断题（将你的判断结果填在题后的括号内，你认为正确的用“√”表示，错误的用“×”表示。本类题共10分，每小题1分）

1.生产费用按其与生产工艺的关系划分，可分为直接生产费用和间接生产费用。（　　）

2.采用分批法计算产品成本时，成本计算期与产品的生产周期一致，与会计报告期不一致。（　　）

3.定额法中的定额差异是指由于对旧定额进行修改而产生的新旧定额之间的差额。（　　）

4.本期支出的费用不一定全部由本期生产的产品负担，而应由本期生产的产品负担的费用也不一定全部在本期支付。（　　）

5.采用分项结转分步法计算产品成本时，能直接提供按原始成本项目反映的产品成本构成，不需要进行成本还原。（　　）

6.采用标准成本法的主要目的是简化成本核算的程序。（　　）

7.产品成本计算的品种法，只能在大量大批单步骤的生产企业里采用，不能在其他类型的企业中采用。（　　）

8.一个企业的一个生产车间只能采用一种成本计算方法计算产品成本，而不能同时采用多种方法。（　　）

9.标准成本差异是实际成本与计划产量的标准成本之间的差额。（　　）

10. 采用分类法计算产品成本时，若企业生产产品使用的原材料相同，则可将其分为一类进行成本计算。（　）

四、名词解释（本类题共10分，每小题5分）

1. 约当产量法　　2. 分批法

五、计算题（本类题共40分，每小题10分）

1. 假定某企业生产的丙产品月初在产品的直接材料费用为5 500元，直接人工4 500元，制造费用6 000元。本月费用为：直接材料18 500元，直接人工16 300元，制造费用26 500元。完工产品的定额材料费用为16 000元，定额工时为11 000小时。月末在产品的定额材料费为4 000元，定额工时为2 000小时。在完工产品与月末在产品之间，直接材料费用按定额费用比例分配，其他各项费用按定额工时比例分配。

要求：根据上述资料，采用定额比例法计算完工产品和在产品成本，并将计算结果直接填入表1中。

表1　**丙产品成本计算单**　金额单位：元

项目		直接材料	直接人工	制造费用	合计
月初在产品成本					
本月生产费用					
费用合计					
费用分配率					
完工产品费用	定额				
	实际				
月末在产品费用	定额				
	实际				

2. 中兴工厂设有供水、供电两个辅助生产车间，主要为基本生产车间和厂部行政管理部门服务。根据辅助生产成本明细账，供水车间本月发生费用为90 000元，供电车间本月发生费用为45 000元。根据劳务供应和耗用劳务通知单，可整理各车间和部门耗用劳务情况见表2。

表2　　**辅助生产车间劳务供应通知单**

受益单位		用水数量（吨）	用电度数（度）
辅助生产车间	供水		4 000
	供电	1 000	
基本生产车间	甲产品	30 000	21 000
	乙产品	20 000	12 000
	一般耗用	5 000	10 000
厂行政管理部门耗用		4 000	3 000
合计		60 000	50 000

要求：根据上述资料，采用一次交互分配法分配辅助生产费用，并将计算结果直接填入表3中。

表3　　**辅助生产费用分配表**　　计量单位：吨、度

金额单位：元

项目				交互分配			对外分配		
辅助生产车间名称				供水	供电	合计	供水	供电	合计
待分配辅助生产费用									
供应劳务数量									
费用分配率									
辅助车间内部的分配	供水车间		耗用数量						
			分配金额						
	供电车间		耗用数量						
			分配金额						
	分配金额小计								
辅助车间以外的分配	基本生产成本	甲产品	耗用数量						
			分配金额						
		乙产品	耗用数量						
			分配金额						
		分配金额小计							
	制造费用		耗用数量						
			分配金额						
	管理费用		耗用数量						
			分配金额						
合计									

3.某企业生产甲产品，经过三个生产步骤，原材料在开始生产时一次投入。月末在产品按约当产量法计算。有关资料见表4和表5。

表4　　**产量资料**　　数量单位：件

项目	一步骤	二步骤	三步骤
月初在产品数量	80	120	160
本月投产数量	160	200	260
本月完工产品数量	200	260	320
月末在产品数量	40	60	100
在产品完工程度（%）	50	50	60

表5　　**生产费用资料**　　单位：元

成本项目	月初在产品成本			本月发生费用		
	一步骤	二步骤	三步骤	一步骤	二步骤	三步骤
直接材料	3 600	5 000	10 582	48 000		
燃料和动力	1 200	1 830	2 500	18 600	6 000	10 800
直接人工	2 000	2 250	2 720	15 820	5 000	6 400
制造费用	1 400	1 750	2 260	8 500	2 600	4 200
合计	8 200	10 830	18 062	90 920		

要求：根据上述资料，采用逐步结转分步法（综合结转）进行成本计算，并将计算结果直接填入表6、表7和表8中。

表6　　　　第一步骤产品成本计算单　　　　金额单位：元

项目		直接材料	燃料和动力	直接人工	制造费用	合计
月初在产品成本						
本月发生费用						
合计						
产品产量（件）	完工半成品产量					
	在产品约当产量					
	合计					
单位成本						
转出半成品成本						
在产品成本						

表7　　　　第二步骤产品成本计算单　　　　金额单位：元

项目		直接材料	燃料和动力	直接人工	制造费用	合计
月初在产品成本						
本月发生费用						
合计						
产品产量（件）	完工半成品产量					
	在产品约当产量					
	合计					
单位成本						
转出半成品成本						
在产品成本						

表8 **第三步骤产品成本计算单** 金额单位：元

项目		直接材料	燃料和动力	直接人工	制造费用	合计
月初在产品成本						
本月发生费用						
合计						
产品产量（件）	完工半成品产量					
	在产品约当产量					
	合计					
单位成本						
转出半成品成本						
在产品成本						

4.某企业生产甲产品，材料项目的有关资料见表9。

表9 **材料项目有关资料表**

材料名称	计划				实际				差异（元）
	耗用量（千克）	配比（%）	单价（元/千克）	成本（元）	耗用量（千克）	配比（%）	单价（元/千克）	成本（元）	
A	320	40	100	32 000	294	37	102	29 988	−2 012
B	200	25	80	16 000	210	26	81	17 010	+1 010
C	120	15	60	7 200	168	21	55	9 240	+2 040
D	160	20	40	6 400	126	16	35	4 410	−1 990
合计	800	100	—	61 600	798	100	—	60 648	−952

计划配比的材料平均计划单价为77元/千克，实际配比的材料平均计划单价为76.842元/千克，实际配比的材料实际平均单价为76

元/千克。

要求：根据上述资料，采用三因素分析法计算材料单耗、配比和单价三个因素的变动对材料成本差异的影响。

六、论述题（本类题共20分，每小题10分）

1. 什么是产品成本计算的品种法？试述品种法的基本内容。

2. 什么是标准成本差异？标准成本差异应如何处理？

成本会计模拟考试题参考答案

一、单项选择题

1.A　2.C　3.C　4.A　5.A　6.B　7.A　8.A　9.D　10.D

二、多项选择题

1.ACDE　2.AB　3.CDE　4.ABDE　5.ACDE　6.ABE　7.BC　8.ABD　9.AE　10.ABC

三、判断题

1.×　2.√　3.×　4.√　5.×　6.×　7.×　8.×　9.×　10.×

四、名词解释

1.约当产量法

约当产量法是先将月末实际结存的在产品数量，按其完工程度折合为相当于完工产品产量（即在产品约当产量），然后按照完工产品产量与月末在产品约当产量的比例分配计算完工产品成本与月末在产品成本的方法。

2.分批法

分批法亦称订单法，它是以产品的批别（或订单）为计算对象，归集费用，计算产品成本的一种方法。分批法一般适用于单件小批生产类型的企业，如船舶制造、重型机械制造以及精密仪器、专用设备生产企业，对于新产品的试制、工业性修理作业和辅助生产的工具模具制造等也可以采用分批法计算成本。

五、计算题

1.计算的结果见表10。

表10　**丙产品成本计算单**　金额单位：元

项目		直接材料	直接人工	制造费用	合计
月初在产品成本		5 500	4 500	6 000	16 000
本月生产费用		18 500	16 300	26 500	61 300
费用合计		24 000	20 800	32 500	77 300
费用分配率		1.2	1.6	2.5	—
完工产品费用	定额	16 000	11 000	11 000	
	实际	19 200	17 600	27 500	64 300
月末在产品费用	定额	4 000	2 000	2 000	
	实际	4 800	3 200	5 000	13 000

2.计算结果见表11。

表11　　**辅助生产费用分配表**　　计量单位：吨、度

金额单位：元

项目			交互分配			对外分配		
辅助生产车间名称			供水	供电	合计	供水	供电	合计
待分配辅助生产费用			90 000	45 000	135 000	92 100	42 900	135 000
供应劳务数量			60 000	50 000	—	59 000	46 000	—
费用分配率			1.5	0.9	—	1.561	0.933	—
辅助车间内部的分配	供水车间	耗用数量		4 000				
		分配金额		3 600				
	供电车间	耗用数量	1 000					
		分配金额	1 500					
	分配金额小计		1 500	3 600				
辅助车间以外的分配	基本生产成本 甲产品	耗用数量				30 000	21 000	
		分配金额				46 830	19 593	66 423
	基本生产成本 乙产品	耗用数量				20 000	12 000	
		分配金额				31 220	11 196	42 416
	基本生产成本 分配金额小计					78 050	30 789	108 839
	制造费用	耗用数量				5 000	10 000	
		分配金额				7 805	9 330	17 135
	管理费用	耗用数量				4 000	3 000	
		分配金额				6 245	2 781	9 026
合计			1 500	3 600		92 100	42 900	135 000

3.计算结果见表12、表13和表14。

表12　　**第一步骤产品成本计算单**　　金额单位：元

项目		直接材料	燃料和动力	直接人工	制造费用	合计
月初在产品成本		3 600	1 200	2 000	1 400	8 200
本月发生费用		48 000	18 600	15 820	8 500	90 920
合计		51 600	19 800	17 820	9 900	99 120
产品产量（件）	完工成品产量	200	200	200	200	—
	在产品约当产量	40	20	20	20	—
	合计	240	220	220	220	—
单位成本		215	90	81	45	431
转出半成品成本		43 000	18 000	16 200	9 000	86 200
在产品成本		8 600	1 800	1 620	900	12 920

表13　　**第二步骤产品成本计算单**　　金额单位：元

项目		直接材料	燃料和动力	直接人工	制造费用	合计
月初在产品成本		5 000	1 830	2 250	1 750	10 830
本月发生费用		86 200	6 000	5 000	2 600	99 800
合计		91 200	7 830	7 250	4 350	110 630
产品产量（件）	完工成品产量	260	260	260	260	—
	在产品约当产量	60	30	30	30	—
	合计	320	290	290	290	—
单位成本		285	27	25	15	352
转出半成品成本		74 100	7 020	6 500	3 900	91 520
在产品成本		17 100	810	750	450	19 110

表14　　**第三步骤产品成本计算单**　　金额单位：元/件

项目		直接材料	燃料和动力	直接人工	制造费用	合计
月初在产品成本		10 582	2 500	2 720	2 260	18 062
本月发生费用		91 520	10 800	6 400	4 200	112 920
合计		102 102	13 300	9 120	6 460	130 982
产品产量（件）	完工成品产量	320	320	320	320	—
	在产品约当产量	100	60	60	60	—
	合计	420	380	380	380	—
单位成本		243.10	35	24	17	319.10
转出半成品成本		77 792	11 200	7 680	5 440	102 112
在产品成本		24 310	2 100	1 440	1 020	28 870

4.分析对象：60 648-61 600=-952（元）

单位产品材料消耗总量变动对单位成本的影响=（798-800）×77=-154（元）

材料配比变动对单位成本的影响=（76.842-77）×798=-126（元）

材料价格变动对单位成本的影响=（102-100）×294+（81-80）×210+（55-60）×168+（35-40）×126

=-672（元）

各因素变动对单位成本影响的金额=-154-126-672=-952（元）

六、论述题

1.品种法是以产品的品种为成本计算对象，归集费用，计算产品成本的一种方法。品种法一般适用于大量大批单步骤生产类型的企业，例如，发电厂、采矿厂等企业。在这种类型的企业中，由于产品生产的工艺过程不能间断，没有必要，也不可能划分生产步骤计算产品成本，只能以产品品种作为成本计算对象。

品种法除广泛应用于单步骤生产类型的企业外，对于大量大批多步骤生产类型的企业或车间，如果生产规模较小，或者按流水线组织生产，或者从原材料投入到产品产出的全过程是集中封闭式生产，管理上不要求按照生产步骤计算产品成本，也可以采用品种法计算成本。例如，砖瓦厂、造纸厂和小型水泥厂等。

品种法的成本计算对象是每种产品，因此，在进行成本计算时，需要为每一品种产品设置一张产品成本计算单。如果企业只生产一种产品，成本计算对象就是该种产品，只需为该种产品设置一张成本计算单，单中按成本项目设置专栏，生产中所发生的费用都是直接费用，可以直接根据有关凭证和费用分配表分成本项目全部列入到该种产品的成本计算单中。

如果企业生产多种产品，成本计算对象则是每种产品，需要按每种产品分别设置产品成本计算单，生产中发生的生产费用，要区分为直接费用和间接费用，凡能分清应由某种产品负担的直接费用，应直接记入该种产品的成本计算单中；对于几种产品共同耗用而又分不清应由哪种产品负担多少数额的间接费用，应采用适当的分配方法，在各种产品之间直接进行分配，或先另行归集，再经分配记入各产品成本计算单的有关成本项目中。

采用品种法计算产品成本的企业，从其生产工艺过程看，有的是单步骤生产，有的是多步骤生产；但从生产组织方式上看，大多是大量大批生产，是连续不断地重复着某种或几种产品的生产，经常有很多完工产品，不能等到产品全部制造完工时再计算成本，而只能定期在月末平均地计算成本。

月末计算在产品成本时，如果没有在产品，或者在产品数量很少，占有生产费用数额不大，按照重要性原则，就不需要计算在产品成本，成本计算单中所归集的全部生产费用，就是该产品的完工产品总成本，除以该产品的产量，即可求得该产成品的单位成本；如果月末有在产品，而且数量较多，占用的费用也较大，就需要将成本计算单上所归集的生产费用（包括月初在产品成本和本月发生的费用），采用适当的分配方法，在完工产品和月末在产品之间进行分配，以便计算出完工产品成本和月末在产品成本。

2. 标准成本差异是指产品的实际成本与产品的标准成本之间的差额，其计算公式如下：

标准成本差异=产品的实际成本-产品的标准成本

如果上式计算的结果为“+”号，表示实际成本大于标准成本的差异，称为不利差异；如果计算的结果为“-”号，表示实际成本小于标准成本的差异，称为有利差异。对于不利差异，应及时找出原因，提出进一步改进的措施，以便尽早消除；对于有利差异，也应及时总结经验，巩固成绩。

标准成本差异的处理，应根据具体情况采用不同的方法进行。一般主要有如下两种方式：

（1）将差异全部计入当期损益。采用这种方法处理时，在期末，应将归集在各种差异账户中的标准成本差异，全部记入当期的损益账户中，结平这些差异账户。如果为有利差异，则应增加当期的收益；如果是不利差异，则应冲减当期的收益。

（2）将标准成本差异根据当月销售产品成本和月末结存产品成本的比例进行分摊。在分摊时，是根据各种销售产品和月末结存产品的标准成本的比例进行的。

附录2

练习题参考答案

第一章　总论

（一）单项选择题

1.D　2.C　3.A　4.C　5.C　6.A　7.B　8.B　9.B　10.A

（二）多项选择题

1.ABC　2.BCDE　3.ABC　4.AB　5.ABCDE　6.ABCE　7.ABC　8.CDE　9.ABCDE　10.BD

（三）判断题

1.×　2.×　3.√　4.×　5.×　6.×　7.√　8.×　9.×　10.×　11.√　12.×　13.×　14.√　15.×　16.√　17.×　18.×

第二章　成本会计的发展、职能与分类

（一）单项选择题

1.B　2.B　3.B　4.B

（二）多项选择题

1.ABCDE　2.ACD　3.ABD　4.ABCDE　5.ABC

（三）判断题

1.√　2.×　3.√　4.×　5.√　6.×　7.√　8.√　9.√　10.√

第三章　成本会计的基础工作和工作组织

（一）单项选择题

1.D　2.C　3.D　4.B　5.C

（二）多项选择题

1.BCE　2.ABCDE　3.DE　4.ABDE　5.ABC　6.ABC　7.ABCDE　8.AC

（三）判断题

1.×　2.√　3.√　4.×　5.×　6.×　7.√　8.×　9.×　10.×

第四章　成本核算概述

（一）单项选择题

1.D　2.A　3.C　4.C　5.D　6.C　7.B　8.A　9.A　10.C

（二）多项选择题

1.ABCD　2.AB　3.ABE　4.AC　5.ABCD　6.ABCE　7.ACE　8.ABCDE

（三）判断题

1.√　2.×　3.×　4.√　5.√　6.√　7.√　8.×　9.√　10.×

第五章　生产费用要素的归集和分配

（一）单项选择题

1.C　2.A　3.D　4.A　5.D　6.C　7.D

（二）多项选择题

1.BCD　2.BCDE　3.ACE　4.ACD　5.BE　6.BCDE　7.ABCD　8.ABCDE　9.ABD　10.ABCD　11.AB　12.ABCDE

（三）判断题

1.×　2.×　3.√　4.×　5.×　6.×　7.√　8.×　9.×　10.√　11.√　12.√　13.×　14.×　15.√

（四）计算题

1.材料费用分配率=40 000÷（300×10+200×25）=5（元/件）

甲产品应分配的原料费用=3 000×5=15 000（元）

乙产品应分配的原料费用=5 000×5=25 000（元）

2.计算的结果如下：

丙产品消耗的C材料定额费用=200×5×12=12 000（元）

丙产品消耗的D材料定额费用=200×8×14=22 400（元）

丙产品材料定额费用合计　　　　34 400（元）

丁产品消耗的C材料定额费用=100×7×12=8 400（元）

丁产品消耗的D材料定额费用=100×9×14=12 600（元）

丁产品材料定额费用合计　　　　21 000元

材料费用分配率=66 480÷（34 400+21 000）=1.2（元/件）

丙产品应分配的材料费用=34 400×1.2=41 280（元）

丁产品应分配的材料费用=21 000×1.2=25 200（元）

合计　　　　66 480元

3.计算的结果如下：

$$材料费用分配率=\frac{3\,000 \times 180}{2\,000 + 1\,200}=168.75（元/千克）$$

甲产品应分配的材料费用=2 000×168.75=337 500（元）

乙产品应分配的材料费用=1 200×168.75=202 500（元）

4.计算的结果如下：

$$材料费用分配率=\frac{60\,000 \times 20}{100 + 300}=3\,000（元/件）$$

甲产品应分配的材料费用=100×3 000=300 000（元）

乙产品应分配的材料费用=300×3 000=900 000（元）

5.计算的结果如下：

（1）按全年平均每月工作日数计算

日工资=5 787.60÷20.67=280（元）

计时工资=5 787.60−5×280=4 387.60（元）

加班加点工资=2×280×2=1 120（元）

病假工资=5×280×80%=1 120（元）

应付职工薪酬=4 387.60+200+280+1 120+1 120=7 107.60（元）

（2）按全年平均每月日历日数计算

日工资=5 787.60÷30=192.92（元）

计时工资=5 787.60−7×192.92=44 37.16（元）

加班加点工资=2×192.92×2=771.68（元）

病假工资=7×192.92×80%=1 080.35（元）

应付职工薪酬=4437.16+200+280+771.68+1080.35=6769.19（元）

（3）按当月满勤日数计算

日工资=5 787.60÷（30−9）=275.60（元）

计时工资=5 787.60−5×275.60=4 409.60（元）

加班加点工资=2×275.60×2=1 102.40（元）

病假工资=5×275.60×80%=1 102.40（元）

应付职工薪酬=4 409.60+200+280+1 102.40+1 102.40=7 094.40（元）

6.计算结果如下：

甲产品计件单价=（30÷60）×5=2.5（元/件）

乙产品计件单价=2×5=10（元/件）

应付计件工资=（300−20）×2.5+150×10=2 200（元）

7. 集体计件工资=2 000×8=16 000（元）

每位职工应分配的计件工资见附表5-1。

附表5-1　　**计件工资分配表**　　金额单位：元

工人姓名	小时工资率	实际工作小时	计时工资	分配率	应付计件工资
张刚强	6.00	180	1 080.00		2 775.60
李金明	7.00	175	1 225.00		3 148.25
王码	6.00	160	960.00		2 467.20
孙小朋	8.00	169	1 352.00		3 474.64
赵越	8.80	182	1 601.60		4 134.31
合计	—	866	6 218.60	2.57	16 000.00

8. 集体计件工资=800×60=48 000（元）

每位职工应分配的计件工资见附表5-2。

附表5-2　　**计件工资分配表**　　金额单位：元

工人姓名	实际工作天数	计件工资分配率	应付计件工资
甲	25		12 903.25
乙	24		12 387.12
丙	23		11 870.99
丁	21		10 838.64
合计	93	516.13	48 000.00

9. 计算的结果见附表5-3。

附表5-3　　**工资费用分配表**　　金额单位：元

分配对象	分配标准	分配率	分配金额
甲产品	2 000		40 000
乙产品	4 000		80 000
丙产品	3 000		60 000
合计	9 000	20	180 000

10.计算的结果见附表5-4。

附表5-4 **工资费用分配表**

2×25年8月

单位：元

部门	工资总额	职工福利（5%）	医疗保险（10%）	基本养老保险（20%）	住房公积金（10%）	工会经费（2%）	职工教育经费（1.5%）	合计
一车间生产工人	400 000	20 000	40 000	80 000	40 000	8 000	6 000	594 000
二车间生产工人	800 000	40 000	80 000	160 000	80 000	16 000	12 000	1 188 000
一车间管理人员	100 000	5 000	10 000	20 000	10 000	2 000	1 500	148 500
二车间管理人员	120 000	6 000	12 000	24 000	12 000	2 400	1 800	178 200
供电车间生产工人	200 000	10 000	20 000	40 000	20 000	4 000	3 000	297 000
供电车间管理人员	80 000	4 000	8 000	16 000	8 000	1 600	1 200	118 800
行政管理部门人员	150 000	7 500	15 000	30 000	15 000	3 000	2 250	222 750
工程部门人员	110 000	5 500	11 000	22 000	11 000	2 200	1 650	163 350
合计	1 960 000	98 000	196 000	392 000	196 000	39 200	29 400	2 910 600

根据上述“工资费用分配表”，可编制如下会计分录：

借：生产成本 2 079 000

制造费用 445 500

管理费用 222 750

在建工程 163 350

贷：应付职工薪酬——工资 1 960 000

——职工福利 98 000

——社会保险费 588 000

——住房公积金 196 000

——工会经费 39 200

——职工教育经费 29 400

第六章　辅助生产成本与制造费用的核算

（一）单项选择题

1.B　2.B　3.C　4.D　5.C　6.B　7.B　8.B　9.A　10.B　11.D　12.C　13.B　14.B　15.C

（二）多项选择题

1.ABDE　2.BDE　3.ABE　4.AC　5.ABCD　6.BE　7.BCE　8.ABD

（三）判断题

1.×　2.×　3.×　4.×　5.√　6.√　7.×　8.×　9.×　10.√

（四）计算题

1.编制的辅助生产费用分配表见附表6-1、附表6-2和附表6-3。

附表6-1　**辅助生产费用分配表**

（直接分配法）　金额单位：元

辅助生产车间名称			供水车间	供电车间	合计
待分配辅助生产费用			7 380	10 519.20	17 899.20
辅助生产车间以外部门劳务供应量			6 150	26 298	—
费用分配率			1.20	0.40	—
基本生产成本	甲产品	耗用数量		12 000	
		分配金额		4 800	4 800
	乙产品	耗用数量		8 000	
		分配金额		3 200	3 200
	小计				8 000
制造费用		耗用数量	5 100	2 000	
		分配金额	6 120	800	6 920
管理费用		耗用数量	1 050	4 298	
		分配金额	1 260	1 719.20	2 979.20
分配金额合计			7 380	10 519.20	17 899.20

根据直接分配的结果，编制如下的会计分录：

借：生产成本——基本生产成本　　8 000

　　制造费用　　6 920

　　管理费用　　2 979.20

　贷：生产成本——辅助生产成本（供水车间）　　7 380

　　　　　　——辅助生产成本（供电车间）　　10 519.20

附表6-2

辅助生产费用分配表

（一次交互分配法）

金额单位：元

项目				交互分配			对外分配		
辅助生产车间名称				供水	供电	合计	供水	供电	合计
待分配辅助生产费用				7 380	10 519.20	17 899.20	7 817.02	10 082.18	17 899.20
供应劳务数量				6 709	29 220		6 150	26 298	
费用分配率				1.10	0.36		1.2711	0.3834	
辅助生产车间内部的分配	供水车间		耗用数量		2 922				
			分配金额		1 051.92				
	供电车间		耗用数量	559					
			分配金额	614.90					
	分配金额小计			614.90	1 051.92				
辅助生产车间以外的分配	基本生产成本	甲产品	耗用数量					12 000	
			分配金额					4 600.80	4 600.80
		乙产品	耗用数量					8 000	
			分配金额					3 067.20	3 067.20
		分配金额小计						7 668	7 668
	制造费用		耗用数量				5 100	2 000	
			分配金额				6 482.61	766.80	7 249.41
	管理费用		耗用数量				1 050	4 298	
			分配金额				1 334.41	1 647.38	2 981.79
合计				614.90	1 051.92		7 817.02	10 082.18	17 899.20

根据上述计算结果，编制如下的会计分录：

第一阶段交互分配的会计分录是：

借：生产成本——辅助生产成本（供水车间）　　1 051.92

　　　　　　——辅助生产成本（供电车间）　　614.90

　贷：生产成本——辅助生产成本（供水车间）　　614.90

　　　　　　　——辅助生产成本（供电车间）　　1 051.92

第二阶段对外分配的会计分录是：

借：生产成本——基本生产成本　　7 668

　　制造费用　　7 249.41

　　管理费用　　2 981.79

　贷：生产成本——辅助生产成本（供水车间）　　7 817.02

　　　　　　　——辅助生产成本（供电车间）　　10 082.18

附表6-3　**辅助生产费用分配表**

（按计划成本分配法）　金额单位：元

项目		供水车间（计划单位成本：1.20）		供电车间（计划单位成本：0.38）		按计划成本分配转入合计
		供水数量	分配金额	供电数量	分配金额	
辅助生产成本	供水车间			2 922	1 110.36	1 110.36
	供电车间	559	670.80			670.80
	小计		670.80		1 110.36	1 781.16
基本生产成本	甲产品			12 000	4 560	4 560
	乙产品			8 000	3 040	3 040
	小计				7 600	7 600
制造费用		5 100	6 120	2 000	760	6 880
管理费用		1 050	1 260	4 298	1 633.24	2 893.24
按计划成本分配转出合计			8 050.80		11 103.60	19 154.40
待分配费用			7 380		10 519.20	17 899.20
分配转入费用			1 110.36		670.80	1 781.16
实际成本			8 490.36		11 190	19 680.36
成本差异			+439.56		+86.4	+525.96

根据上述计算结果，应编制如下的会计分录：

借：生产成本——辅助生产成本（供水车间）　　1 110.36

　　　　　　——辅助生产成本（供电车间）　　670.80

　　　　　　——基本生产成本　　7 600

　　制造费用　　6 880

　　管理费用　　2 893.24

　贷：生产成本——辅助生产成本（供水车间）　　8 050.80

　　　　　　　——辅助生产成本（供电车间）　　11 103.60

对于结转的差异额，应编制如下的会计分录：

借：管理费用　　525.96

　贷：生产成本——辅助生产成本（供水车间）　　439.56

　　　　　　　——辅助生产成本（供电车间）　　86.40

2.计算的结果如下：

制造费用分配率$=\frac{64\ 600}{2\ 000+800+1\ 200}=16.15$（元/小时）

甲产品应负担的制造费用=2 000×16.15=32 300（元）

乙产品应负担的制造费用=800×16.15=12 920（元）

丙产品应负担的制造费用=1 200×16.15=19 380（元）

3.计算的结果如下：

制造费用分配率$=\frac{64\ 600}{3\ 600+2\ 000+2\ 400}=8.075$（元）

甲产品应负担的制造费用=3 600×8.075=29 070（元）

乙产品应负担的制造费用=2 000×8.075=16 150（元）

丙产品应负担的制造费用=2 400×8.075=19 380（元）

4.计算的结果见附表6-4。

附表6-4　　**制造费用分配表**　　金额单位：元

产品名称	折旧费			其他费用			制造费用
	机器工时	分配率	分配金额	生产工时	分配率	分配金额	
甲产品	300		16 128	2 500		14 500	30 628
乙产品	200		10 752	1 800		10 440	21 192
合计	500	53.76	26 880	4 300	5.80	24 940	51 820

5.计算的结果如下：

制造费用计划分配率=$\frac{360\ 000}{400\ 000}$=0.9（元/小时）

12月份甲产品应负担的制造费用=26 000×0.9=23 400（元）

12月份乙产品应负担的制造费用=11 000×0.9=9 900（元）

全年按计划分配率分配的制造费用=（244 800+23 400）+（107 100+9 900）

=268 200+117 000=385 200（元）

差异额=378 000−385 200=−7 200（元）

差异额分配率=$\frac{-7\ 200}{385\ 200}$=−0.0186916（元）

甲产品应负担的差异额=268 200×（−0.0186916）=−5 013（元）

乙产品应负担的差异额=117 000×（−0.0186916）=−2 187（元）

根据上述计算结果，12月份应编制如下的会计分录：

借：生产成本——基本生产成本（甲产品）　　23 400

　　　　　　——基本生产成本（乙产品）　　9 900

　贷：制造费用　　33 300

对于计算出来的差异额，应编制如下的会计分录：

借：生产成本——基本生产成本（甲产品）　　−5 013

　　　　　　——基本生产成本（乙产品）　　−2 187

　贷：制造费用　　−7 200

6.计算的结果如下：

制造费用分配率=$\frac{2\ 720 + 11\ 305}{(800 + 3\ 000) + 4\ 800 + 3\ 600 + 3\ 250}$=0.908（元/小时）

甲产品应负担的制造费用=（800+3 000）×0.908=3 450.40（元）

第七章　生产损失的核算

（一）单项选择题

1.D　2.B　3.B　4.A　5.C　6.C　7.D　8.D　9.A　10.C　11.C　12.A　13.B

（二）多项选择题

1.AB　2.ABC　3.BC　4.AB　5.CD　6.ACDE　7.BCDE　8.ABD　9.ACDE　10.CE　11.AC

（三）判断题

1.×　2.×　3.√　4.×　5.×　6.×　7.×　8.×　9.×　10.×　11.×

（四）计算题

1.编制的不可修复废品损失计算表见附表7–1。

附表7–1　　**不可修复废品损失计算表**　　金额单位：元

项目	数量（件）	直接材料	生产工时（小时）	直接人工	制造费用	合计
费用总额	180	4 500	2 780	2 224	5 560	12 284
费用分配率		25		0.8	2	
废品成本	30	750	420	336	840	1 926
减：残值		110				110
废品报废损失		640		336	840	1 816

应进行如下的账务处理：

（1）将废品成本从“生产成本”总账及其明细账的贷方转出时，应编制如下的会计分录：

借：废品损失——丁产品　　1 926

　贷：生产成本——基本生产成本——丁产品　　1 926

（2）回收废品残料价值时，应编制如下的会计分录：

借：原材料　　110

　贷：废品损失——丁产品　　110

（3）在向某过失人索取赔款200元时，应编制如下的会计分录：

借：其他应收款——某责任人　　200

　贷：废品损失——丁产品　　200

（4）将废品净损失1 616元（1 926–110–200）转入合格产品成本，应编制如下的会计分录：

借：生产成本——基本生产成本——丁产品　　1 616

　贷：废品损失——丁产品　　1 616

2.编制的不可修复废品损失计算表见附表7–2。

附表7-2　　**不可修复废品损失计算表**　　金额单位：元

项目	直接材料	定额工时（小时）	直接人工	制造费用	合计
单件、小时费用定额	50		1.20	1.40	—
废品定额成本	200	100	120	140	460
减：残值	15				15
废品净损失	185		120	140	445

第八章　在产品和产成品成本的核算

（一）单项选择题

1.C　2.D　3.B　4.B　5.A　6.C　7.B　8.A

（二）多项选择题

1.ABD　2.ABCD　3.ABCD　4.BDE　5.ACD　6.ABC　7.ABC　8.AC　9.ADE

（三）判断题

1.√　2.√　3.×　4.√　5.×　6.×　7.×　8.×　9.√　10.√　11.×

（四）计算题

1.计算的结果见附表8-1。

附表8-1　　**产品成本计算单**　　金额单位：元

项目	直接材料	直接人工	制造费用	合计
月初在产品成本	6 800	5 600	4 800	17 200
本月发生费用	70 000	32 000	21 200	123 200
合计	76 800	37 600	26 000	140 400
约当产量（台）	48	40	40	—
单位成本（元/台）	1 600	940	650	3 190
完工产品成本	51 200	30 080	20 800	102 080
月末在产品成本	25 600	7 520	5 200	38 320

2.计算的结果见附表8-2。

附表8-2 **丙产品成本计算单** 金额单位：元

项目		直接材料	直接人工	制造费用	合计
月初在产品成本		5 500	4 500	6 000	16 000
本月生产费用		18 500	16 300	26 500	61 300
费用合计		24 000	20 800	32 500	77 300
费用分配率		1.20	1.60	2.50	
完工产品费用	定额	16 000	11 000		
	实际	19 200	17 600	27 500	64 300
月末在产品费用	定额	4 000	2 000		
	实际	4 800	3 200	5 000	13 000

3.计算的结果见附表8-3。

附表8-3 **甲产品成本计算单** 单位：元

项目	直接材料	燃料和动力	直接人工	制造费用	合计
月初在产品成本	17 900	172	28	750	18 850
本月发生费用	36 000	1 032	168	2 750	39 950
合计	53 900	1 204	196	3 500	58 800
完工产品成本	38 500	860	140	2 500	42 000
月末在产品成本	15 400	344	56	1 000	16 800

4.计算的结果见附表8-4。

附表8-4 **甲产品成本计算单** 金额单位：元

成本项目		直接材料	燃料和动力	直接人工	制造费用	成本合计
月初在产品费用	定额	12 500		50 000		
	实际	13 100	4 100	3 890	11 290	32 380
本月生产费用	定额	25 200		70 000		
	实际	23 469	61 900	48 910	66 710	200 989
生产费用累计	定额	37 700		120 000		
	实际	36 569	66 000	52 800	78 000	233 369
费用分配率		0.97	0.55	0.44	0.65	
完工产品费用	定额	13 000		80 000		
	实际	12 610	44 000	35 200	52 000	143 810
月末在产品费用	定额	24 700		4 000		
	实际	23 959	22 000	17 600	26 000	89 559

5.计算的结果见附表8-5和附表8-6。

附表8-5 **约当产量计算表**

工序	完工率（%）	盘存数（件）	约当产量（件）
1	15	2	0.3
2	30	3	0.9
3	60	4	2.4
4	80	1	0.8
合计	—	10	4.4

附表8-6　　产品成本计算单　　单位：元

摘要	直接材料	燃料和动力	直接人工	制造费用	合计
生产费用合计	25 680	3 660	5 856	7 808	43 004
转出产成品成本	17 120	3 000	4 800	6 400	31 320
产成品单位成本	856	150	240	320	1 566
在产品成本	8 560	660	1 056	1 408	11 684

6. 计算的结果见附表8-7。

附表8-7　　产品成本计算单　　单位：元

成本项目	月初在产品成本	本月生产费用	生产费用累计	完工产品成本	月末在产品成本
直接材料	60 000	240 000	300 000	180 000	120 000
直接人工	—	3 000	3 000	3 000	—
制造费用	—	1 500	1 500	1 500	—
合计	60 000	244 500	304 500	184 500	120 000

7. 计算的结果见附表8-8和附表8-9。

附表8-8　　约当产量计算表

工序	原材料			工时		
	消耗定额（千克）	完工率（%）	约当产量（件）	消耗定额（小时）	完工率（%）	约当产量（件）
1	50	31.25	9.375	40	20	6
2	30	81.25	48.75	60	70	42
合计	80	—	58	100	—	48

附表8-9 **产品成本计算单** 单位：元

摘要	直接材料	燃料和动力	直接人工	制造费用	合计
生产费用合计	40 320	3 160	6 320	2 528	52 328
转出产成品成本	26 400	2 200	4 400	1 760	34 760
产成品单位成本	240	20	40	16	316
在产品成本	13 920	960	1 920	768	17 568

8.计算的结果见附表8-10和附表8-11。

附表8-10 **约当产量计算表**

工序	原材料			工时		
	消耗定额（千克）	完工率（%）	约当产量（件）	消耗定额（小时）	完工率（%）	约当产量（件）
1	50	62.50	375	8	33.33	200
2	30	100	800	4	83.33	667
合计	80	—	1 175	12	—	867

附表8-11 **产品成本计算单** 单位：元

摘要	直接材料	燃料和动力	直接人工	制造费用	合计
生产费用合计	269 875	37 271	43 005	22 936	373 087
转出产成品成本	170 000	26 000	30 000	16 000	242 000
产成品单位成本	85	13	15	8	121
在产品成本	99 875	11 271	13 005	6 936	131 087

9.计算的结果见附表8-12。

附表8-12　　产品成本计算单　　单位：元

项目	直接材料	燃料和动力	直接人工	制造费用	合计
月初在产品成本	30 000	2 000	800	900	33 700
本月发生费用	86 000	4 000	5 000	3 000	98 000
合计	116 000	6 000	5 800	3 900	131 700
完工产品成本	69 600	3 600	3 480	2 340	79 020
月末在产品成本	46 400	2 400	2 320	1 560	52 680

10.计算的结果见附表8-13。

附表8-13　　产品成本计算单　　金额单位：元

成本项目		直接材料	燃料和动力	直接人工	制造费用	合计
月初在产品成本		40 000	12 000	6 000	13 000	71 000
本月生产费用		130 000	22 000	9 000	18 000	179 000
生产费用累计		170 000	34 000	15 000	31 000	250 000
费用分配率		0.85	1.25	1.20	2.48	—
完工产品成本	定额	150 000	20 400	9 500		
	实际	127 500	25 500	11 400	23 560	187 960
月末在产品成本	定额	50 000	6 800	3 000		
	实际	42 500	8 500	3 600	7 440	62 040

第九章　产品成本计算方法概述

（一）单项选择题

1.D　2.B　3.A　4.A　5.A

（二）多项选择题

1.ABD　2.CE　3.AD　4.ABD　5.AC　6.AD　7.AE　8.ABE　9.ABE

（三）判断题

1.√　2.√　3.×　4.×　5.×　6.√

第十章　成本计算的品种法

（一）单项选择题

1.A　2.B　3.A　4.A

（二）多项选择题

1.ABD　2.ABD　3.ADE　4.AC

（三）判断题

1.√　2.×　3.√　4.×　5.√　6.×

（四）计算题

1. 制造费用分配率=（2 000+21 000+10 000+6 000+7 000+3 000+50 000）÷（4 000+2 000）

=99 000÷6 000=16.5（元/小时）

甲产品应负担的制造费用=4 000×16.5=66 000（元）

编制的“甲产品成本明细账”见附表10-1。

附表10-1　甲产品成本明细账

2×25年5月　单位：元

2×25年		摘要	直接材料	直接人工	制造费用	合计
月	日					
5	1	在产品成本	29 400	10 425	7 650	47 475
	31	本月发生费用	90 000	40 000	66 000	196 000
	31	生产费用累计	119 400	50 425	73 650	243 475
	31	完工产品成本	99 800	43 475	68 550	211 825
	31	在产品成本	19 600	6 950	5 100	31 650

2.按照品种法计算产品成本，见附表10-2至附表10-12。

附表10-2

材料费用分配表

2×25年6月

金额单位：元

应借账户			A材料	B材料			合计
总账账户	明细账户	成本或费用项目		定额用量（千克）	分配率	分配额	
基本生产成本	甲产品	直接材料	40 000	1 000		10 000	50 000
	乙产品	直接材料	50 000	1 100		11 000	61 000
	小计		90 000	2 100	10	21 000	111 000
辅助生产成本	热处理车间	机物料	14 000				14 000
	供水车间	机物料	6 000				6 000
	小计		20 000				20 000
制造费用	基本生产车间	机物料	5 000				5 000
合计			115 000			21 000	136 000

附表10-3

工资及福利费用分配表

2×25年6月

金额单位：元

应借账户			分配标准（生产工时）	分配率	应分配工资	应分配福利费	合计
总账账户	明细账户	成本或费用项目					
基本生产成本	甲产品	直接人工	4 000		8 000	1 120	9 120
	乙产品	直接人工	4 500		9 000	1 260	10 260
	小计		8 500	2	17 000	2 380	19 380
辅助生产成本	热处理车间	职工薪酬			10 000	1 400	11 400
	供水车间	职工薪酬			8 000	1 120	9 120
	小计				18 000	2 520	20 520
制造费用	基本生产车间	职工薪酬			7 000	980	7 980
合计					42 000	5 880	47 880

附表10-4 **折旧及其他费用汇总表**

2×25年6月 单位：元

应借账户		金额						
总账账户	明细账户	折旧费	低值易耗品摊销	办公费	电费	保险费	其他	合计
制造费用	基本生产车间	10 000	1 600	500	2 800	2 200	400	17 500
辅助生产成本	热处理车间	4 000	800	200	1 000	500	500	7 000
	供水车间	6 000	500	400	1 800	1 200	600	10 500
	小计	10 000	1 300	600	2 800	1 700	1 100	17 500
合计		20 000	2 900	1 100	5 600	3 900	1 500	35 000

附表10-5 **辅助生产费用明细账（热处理车间）**

2×25年6月 单位：元

2×25年		摘要	机物料	职工薪酬	折旧费	其他费用	合计金额	转出	累计金额
月	日								
6	30	材料费用分配表	14 000				14 000		14 000
	30	工资及福利费用分配表		11 400			11 400		25 400
	30	折旧及其他费用汇总表			4 000	3 000	7 000		32 400
	30	辅助生产费用分配表				900	900		33 300
	30	辅助生产费用分配表						33 300	
		合计	14 000	11 400	4 000	3 900	33 300	33 300	0

附表10-6　　　　**辅助生产费用明细账（供水车间）**

2×25年6月　　　　单位：元

2×25年 月	日	摘要	机物料	职工薪酬	折旧费	其他费用	合计金额	转出	累计金额
6	30	材料费用分配表	6 000				6 000		6 000
	30	工资及福利费用分配表		9 120			9 120		15 120
	30	折旧及其他费用汇总表			6 000	4 500	10 500		25 620
	30	辅助生产费用分配表				1 000	1 000		26 620
	30	辅助生产费用分配表						26 620	
		合计	6 000	9 120	6 000	5 500	26 620	26 620	0

附表10-7　　　　**辅助生产费用分配表**

2×25年6月　　　　金额单位：元

劳务供应 \ 劳务耗费			热处理车间		供水车间		合计
			数量（小时）	费用	数量（吨）	费用	
待分配的数量和费用			3 200	32 400	30 000	25 620	58 020
计划单位成本				10		0.9	
辅助生产成本	热处理车间	水费			1 000	900	900
	供水车间	热处理费	100	1 000			1 000
	小计		100	1 000	1 000	900	1 900
制造费用	基本生产车间	水费			29 000	26 100	26 100
		热处理费	3 100	31 000			31 000
	小计		3 100	31 000	29 000	26 100	57 100
按计划成本分配合计				32 000		27 000	59 000
辅助生产实际成本				33 300		26 620	59 920
辅助生产成本差异				+1 300		−380	+920

附表10-8

制造费用明细账（基本生产车间）

2×25年6月

单位：元

2×25年		摘要	机物料	职工薪酬	折旧费	低值易耗品摊销	办公费	保险费	电费	其他	热处理费	水费	合计
月	日												
6	30	材料费用分配表	5 000										5 000
	30	工资及福利费用分配表		7 980									7 980
	30	折旧及其他费用汇总表			10 000	1 600	500	2 200	2 800	400			17 500
	30	辅助生产费用分配表									31 000	26 100	57 100
	30	待分配费用合计	5 000	7 980	10 000	1 600	500	2 200	2 800	400	31 000	26 100	87 580
6	30	制造费用分配转出	5 000	7 980	10 000	1 600	500	2 200	2 800	400	31 000	26 100	87 580

附表10-9　　制造费用分配表

2×25年6月　　金额单位：元

分配对象	分配标准（生产小时）	分配率	应分配金额
甲产品	4 000		41 214
乙产品	4 500		46 366
合计	8 500	10.3035	87 580

附表10-10　　基本生产成本明细账（甲产品）

月末在产品数量：300件

完工产品数量：450件　　2×25年6月　　金额单位：元

2×25年		凭证号数	摘要	成本项目			合计
月	日			直接材料	直接人工	制造费用	
6	1		月初在产品成本	10 000	4 080	6 186	20 266
	30	略	材料费用	50 000			50 000
	30	略	工资费用		9 120		9 120
	30	略	制造费用			41 214	41 214
			生产费用合计	60 000	13 200	47 400	120 600
			分配率	80①	22②	79③	181
	30		结转完工产品成本	36 000	9 900	35 550	81 450
	30		月末在产品成本	24 000	3 300	11 850	39 150

注：

① 直接材料分配率=60 000÷（450+300）=80（元/件）

② 直接人工分配率=13 200÷（450+300×50%）=22（元/件）

③ 制造费用分配率=47 400÷（450+300×50%）=79（元/件）

附表10-11　　　　基本生产成本明细账（乙产品）

月末在产品数量：0件

完工产品数量：650件　　　　2×25年6月　　　　单位：元

2×25年		凭证号数	摘要	成本项目			合计
月	日			直接材料	直接人工	制造费用	
6	1		月初在产品成本	9 175	7 030	3 034	19 239
	30	略	材料费用	61 000			61 000
	30	略	工资费用		10 260		10 260
	30	略	制造费用			46 366	46 366
			生产费用合计	70 175	17 290	49 400	136 865
	30		结转完工产品成本	70 175	17 290	49 400	136 865

附表10-12　　　　完工产品成本汇总表

2×25年6月　　　　金额单位：元

成本项目	甲产品（450件）		乙产品（650件）	
	总成本	单位成本	总成本	单位成本
直接材料	36 000	80	70 175	107.96
直接人工	9 900	22	17 290	26.6
制造费用	35 550	79	49 400	76
合计	81 450	181	136 865	210.56

第十一章　成本计算的分批法

（一）单项选择题

1.B　2.D　3.C　4.D　5.A　6.C

（二）多项选择题

1.ABD　2.BD　3.ABCDE　4.ADE　5.ABC　6.ACDE

（三）判断题

1.√　2.×　3.√　4.×　5.√　6.×　7.√　8.×　9.√　10.×　11.√　12.√

（四）计算题

各批产品成本明细账见附表11-1至附表11-3。

附表11-1　　产品成本明细账（051甲产品）

批量：6件　未完工：6件　　2×25年5月　　单位：元

摘要	直接材料	直接人工	制造费用	合计
本月发生费用	30 000	14 000	6 000	50 000
月末在产品成本	30 000	14 000	6 000	50 000

附表11-2　　产品成本明细账（031乙产品）

批量：10件　未完工：10件　　2×25年5月　　单位：元

摘要	直接材料	直接人工	制造费用	合计
月初在产品成本	80 000	40 000	18 000	138 000
本月发生费用	30 000	20 000	8 000	58 000
合计	110 000	60 000	26 000	196 000

附表11-3　　产品成本明细账（032乙产品）

批量：10件　完工：10件　　2×25年5月　　单位：元

摘要	直接材料	直接人工	制造费用	合计
月初在产品成本	120 000	60 000	22 000	202 000
本月发生费用	10 000	10 000	5 000	25 000
合计	130 000	70 000	27 000	227 000
转出完工产品成本	130 000	70 000	27 000	22 7000
单位成本	13 000	7 000	2 700	22 700

第十二章　成本计算的分步法

（一）单项选择题

1.D　2.A　3.B　4.C　5.D　6.B　7.C　8.D　9.A　10.A

（二）多项选择题

1.BC　2.ABDE　3.AC　4.DE　5.AC　6.ABCD　7.ACE

（三）判断题

1.× 2.× 3.× 4.× 5.× 6.× 7.× 8.√ 9.√ 10.√ 11.× 12.× 13.√

（四）计算题

1.计算结果见附表12–1至附表12–3。

附表12–1 **第一步骤产品成本计算单** 金额单位：元

项目		直接材料	燃料和动力	直接人工	制造费用	合计
月初在产品成本		1 800	600	1 000	700	4 100
本月发生费用		24 000	9 300	7 910	4 250	45 460
合计		25 800	9 900	8 910	4 950	49 560
产品产量（件）	完工产品产量	100	100	100	100	
	在产品约当产量	20	10	10	10	
	合计	120	110	110	110	
单位成本		215	90	81	45	431
转出半成品成本		21 500	9 000	8 100	4 500	43 100
在产品成本		4 300	900	810	450	6 460

附表12–2 **第二步骤产品成本计算单** 金额单位：元

项目		直接材料	燃料和动力	直接人工	制造费用	合计
月初在产品成本		2 500	915	1 125	875	5 415
本月发生费用		43 100	3 000	2 500	1 300	49 900
合　计		45 600	3 915	3 625	2 175	55 315
产品产量（件）	完工产品产量	130	130	130	130	—
	在产品约当产量	30	15	15	15	—
	合计	160	145	145	145	—
单位成本		285	27	25	15	352
转出半成品成本		37 050	3 510	3 250	1 950	45 760
在产品成本		8 550	405	375	225	9 555

附表12-3 **第三步骤产品成本计算单** 金额单位：元

项目		直接材料	燃料和动力	直接人工	制造费用	合计
月初在产品成本		5 291	1 250	1 360	1 130	9 031
本月发生费用		45 760	5 400	3 200	2 100	56 460
合计		51 051	6 650	4 560	3 230	65 491
产品产量（件）	完工产品产量	160	160	160	160	
	在产品约当产量	50	30	30	30	
	合计	210	190	190	190	
单位成本		243.10	35	24	17	319.10
转出半成品成本		38 896	5 600	3 840	2 720	51 056
在产品成本		12 155	1 050	720	510	14 435

2.编制的产品成本还原计算表见附表12-4和附表12-5。

附表12-4 **产品成本还原计算表** 金额单位：元

	成本项目	还原前产品成本	本月生产	还原分配率	半成品成本还原	还原后总成本	还原后单位成本
按第二步骤半成品成本结构进行还原	直接材料				31 494.09	31 494.09	196.84
	半成品	38 896	37 050	80.97%			
	燃料和动力	5 600	3 510	7.67%	2 983.32	8 583.32	53.65
	直接人工	3 840	3 250	7.10%	2 761.62	6 601.62	41.26
	制造费用	2 720	1 950	4.26%	1 656.97	4 376.97	27.35
	合计	51 056	45 760	100%	38 896	51 056	319.10
按第一步骤半成品成本结构进行还原	直接材料		21 500	49.88%	15 709.25	15 709.25	98.18
	半成品	31 494.09					
	燃料和动力	8 583.32	9 000	20.88%	6 575.97	15 159.29	94.75
	直接人工	6 601.62	8 100	18.79%	5 917.74	12 519.36	78.25
	制造费用	4 376.97	4 500	10.45%	3 291.13	7 668.10	47.92
	合计	51 056	43 100	100%	31 494.09	51 056	319.10

附表12-5　**产品成本还原计算表**　金额单位：元

	成本项目	还原前产品成本	本月生产	还原分配率	半成品成本还原	还原后总成本	还原后单位成本
按第二步骤半成品成本结构进行还原	直接材料			38 896÷45 760=0.85	31 492.50	31 492.50	196.83
	半成品	38 896	37 050				
	燃料和动力	5 600	3 510		2 983.50	8 583.50	53.65
	直接人工	3 840	3 250		2 762.50	6 602.50	41.27
	制造费用	2 720	1 950		1 657.50	4 377.50	27.35
	合　计	51 056	45 760		38 896	51 056	319.10
按第一步骤半成品成本结构进行还原	直接材料		21 500	31 492.50÷43 100=0.73068	15 709.62	15 709.62	98.19
	半成品	31 492.50					
	燃料和动力	8 583.50	9 000		6 576.12	15 159.62	94.75
	直接人工	6 602.50	8 100		5 918.51	12 521.01	78.26
	制造费用	4 377.50	4 500		3 288.25	7 665.75	47.90
	合计	51 056	43 100		31 492.50	51 056	319.10

3.计算的结果见附表12-6和附表12-7。

附表12-6　**一车间产品成本计算单**　单位：元

项目	直接材料	燃料和动力	直接人工	制造费用	合计
月初在产品成本（定额成本）	1 600	400	800	360	3 160
本月发生费用	9 500	1 215	3 494	2 595	16 804
合计	11 100	1 615	4 294	2 955	19 964
完工半成品成本	10 700	1 515	4 094	2 865	19 174
月末在产品成本（定额成本）	400	100	200	90	790

附表12-7　　二车间产品成本计算单　　单位：元

项目	直接材料	燃料和动力	直接人工	制造费用	合计
月初在产品成本（定额成本）	4 650	792	1 176	420	7 038
本月发生费用		920	1 300	630	2 850
上车间转入	10 700	1 515	4 094	2 865	19 174
合计	15 350	3 227	6 570	3 915	29 062
完工产品成本	12 250	2 699	5 786	3 635	24 370
月末在产品成本（定额成本）	3 100	528	784	280	4 692

4.计算的结果见附表12-8至附表12-11。

附表12-8　　第一步骤产品成本计算单　　金额单位：元

行次	项目		直接材料	燃料和动力	直接人工	制造费用	合计
(1)	月初在产品成本		12 000	2 400	3 500	2 200	20 100
(2)	本月发生费用		31 500	6 240	8 650	5 900	52 290
(3)=(1)+(2)	合计		43 500	8 640	12 150	8 100	72 390
(4)	产量（件）	完工产品产量	100	100	100	100	
(5)		广义在产品数量	190	170	170	170	
(6)=(4)+(5)		合计	290	270	270	270	
(7)=(3)÷(6)	单位成本		150	32	45	30	257
(8)=(4)×(7)	应计入产成品成本中的份额		15 000	3 200	4 500	3 000	25 700
(9)=(3)-(8)	月末在产品成本		28 500	5 440	7 650	5 100	46 690

附表12-9　　**第二步骤产品成本计算单**　　金额单位：元

行次	项目		直接材料	燃料和动力	直接人工	制造费用	合计
(1)	月初在产品成本			2 200	3 120	2 000	7 320
(2)	本月发生费用			5 800	7 280	5 800	18 880
(3) = (1) + (2)	合计			8 000	10 400	7 800	26 200
(4)	产量（件）	完工产品产量		100	100	100	—
(5)		广义在产品数量		100	100	100	—
(6) = (4) + (5)		合计		200	200	200	—
(7) = (3) ÷ (6)	单位成本			40	52	39	131
(8) = (4) × (7)	应计入产成品成本中的份额			4 000	5 200	3 900	13 100
(9) = (3) - (8)	月末在产品成本			4 000	5 200	3 900	13 100

附表12-10　　**第三步骤产品成本计算单**　　金额单位：元

行次	项目		直接材料	燃料和动力	直接人工	制造费用	合计
(1)	月初在产品成本			650	890	600	2 140
(2)	本月发生费用			2 350	3 235	2 400	7 985
(3) = (1) + (2)	合计			3 000	4 125	3 000	10 125
(4)	产量（件）	完工产品产量		100	100	100	—
(5)		广义在产品数量		25	25	25	—
(6) = (4) + (5)		合计		125	125	125	—
(7) = (3) ÷ (6)	单位成本			24	33	24	81
(8) = (4) × (7)	应计入产成品成本中的份额			2 400	3 300	2 400	8 100
(9) = (3) - (8)	月末在产品成本			600	825	600	2 025

附表12-11　　**完工产品成本汇总计算单**　　单位：元

项目	直接材料	燃料和动力	直接人工	制造费用	合计
第一步骤	15 000	3 200	4 500	3 000	25 700
第二步骤		4 000	5 200	3 900	13 100
第三步骤		2 400	3 300	2 400	8 100
成本合计	15 000	9 600	13 000	9 300	46 900
单位成本	150	96	130	93	469

5.计算的结果见附表12-12至附表12-15。

附表12-12　　**一车间产品成本计算单**　　金额单位：元

项目	直接材料		直接人工		制造费用		合计
	定额	实际	定额	实际	定额	实际	
月初在产品成本	20 000	18 000	2 000	1 400	2 000	700	20 100
本月发生费用	85 000	83 850	10 300	6 595	10 300	3 482	93 927
合计	105 000	101 850	12 300	7 995	12 300	4 182	114 027
费用分配率	0.97		0.65		0.34		—
完工产品成本	90 000	87 300	10 400	6 760	10 400	3 536	97 596
月末在产品成本	15 000	14 550	1 900	1 235	1 900	646	16 431

附表12-13　　**半成品明细账**

计划单位成本：550元　　金额单位：元

项目	收入				发出				结存			
	数量（件）	实际成本	计划成本	差异	数量（件）	实际成本	计划成本	差异	数量（件）	实际成本	计划成本	差异
月初余额									80	44 403	44 000	403
本月入库	180	97 596	99 000	-1 404								
生产领用					170	92 845.5	93 500	-654.50				
月末结存									90	49 153.5	49 500	-346.50

附表12-14　　二车间产品成本计算单　　金额单位：元

项目	半成品		直接人工		制造费用		合计
	定额	实际	定额	实际	定额	实际	
月初在产品成本	32 000	30 000	3 500	2 500	3 500	1 050	33 550
本月发生费用	68 000	93 500	8 000	5 550	8 000	2 515	101 565
合计	100 000	123 500	11 500	8 050	11 500	3 565	135 115
费用分配率	1.235		0.7		0.31		
完工产品成本	80 000	98 800	8 000	5 600	8 000	2 480	106 880
月末在产品成本	20 000	24 700	3 500	2 450	3 500	1 085	28 235

附表12-15　　完工产品成本计算表

产量：200件　　单位：元

项目	半成品			直接人工	制造费用	合计
	计划成本	差异	实际成本			
总成本	98 800	-654.50	98 145.50	5 600	2 480	106 225.50
单位成本			490.73	28	12.40	531.13

6.计算的结果见附表12-16至附表12-20。

附表12-16　　第一步骤产品成本计算单　　金额单位：元

摘要	产量（件）	直接材料	直接人工	制造费用	成本合计
在产品成本（定额成本）		300 000	178 000	128 000	606 000
本月生产费用		680 000	300 000	176 000	1 156 000
生产费用累计		980 000	478 000	304 000	1 762 000
半成品成本	400	580 000	294 000	154 000	1 028 000
半成品单位成本		1 450	735	385	2 570
在产品成本（定额成本）		400 000	184 000	150 000	734 000

附表12-17

第一步骤半成品明细账

计划单位成本：2 500元/件

金额单位：元

月初余额			本月增加			累计					本月减少		
数量（件）	计划成本	实际成本	数量（件）	计划成本	实际成本	数量（件）	计划成本	实际成本	成本差异	成本差异率	数量（件）	计划成本	实际成本
300	750 000	773 975	400	1 000 000	1 028 000	700	1 750 000	1 801 975	51 975	2.97%	300	750 000	772 275
400	1 000 000	1 029 700											

附表12-18

第二步骤产品成本计算单

金额单位：元

摘要	产量（件）	半成品			直接人工	制造费用	成本合计
		计划成本	成本差异	实际成本			
在产品成本（定额成本）		750 000	—	750 000	118 000	96 000	964 000
本月生产费用		750 000	22 275	772 275	480 000	600 000	1 852 275
生产费用累计		1 500 000	22 275	1 522 275	598 000	696 000	2 816 275
半成品成本完工转出	1 000	1 250 000	22 275	1 272 275	544 000	632 000	2 448 275
半成品单位成本		1 250	22.28	1 272.28	544	632	2 448.28
在产品成本（定额成本）		250 000	—	250 000	54 000	64 000	368 000

附表12-19

第二步骤半成品明细账

计划单位成本：2 600元/件

金额单位：元

月初余额			本月增加			累计					本月减少		
数量（件）	计划成本	实际成本	数量（件）	计划成本	实际成本	数量（件）	计划成本	实际成本	成本差异	成本差异率	数量（件）	计划成本	实际成本
400	1 040 000	1 082 525	1 000	2 600 000	2 448 275	1 400	3 640 000	3 530 800	-109 200	-3%	600	1 560 000	1 513 200
800	2 080 000	2 017 600											

附表12-20　　**第三步骤产品成本计算单**　　金额单位：元

摘要	产量(件)	半成品			直接人工	制造费用	成本合计
		计划成本	成本差异	实际成本			
在产品成本（定额成本）		608 000		608 000	116 000	110 000	834 000
本月生产费用		1 560 000	-46 800	1 513 200	292 000	256 000	2 061 200
生产费用累计		2 168 000	-46 800	2 121 200	408 000	366 000	2 895 200
产成品成本完工转出	500	1 294 000	-46 800	1 247 200	348 000	307 650	1 902 850
产成品单位成本		2 588	-93.6	2 494.4	696	615.3	3 805.7
在产品成本（定额成本）		874 000		874 000	60 000	58 350	992 350

7.计算的结果见附表12-21和附表12-22。

附表12-21　　**成本还原计算表**　　金额单位：元

项目	产量(件)	还原分配率	半成品	直接材料	直接人工	制造费用	成本合计
还原前产成品成本			77 760		4 000	12 000	93 760
本月所产半成品成本			70 000		8 000	3 000	81 000
产成品成本中半成品还原		0.96	67 200		7 680	2 880	77 760
还原后产成品总成本	100		67 200		11 680	14 880	93 760
还原后产成品单位成本			672		116.80	148.80	937.60

附表12-22　　**成本还原计算表**　　金额单位：元

项目	产量(件)	还原分配率	半成品	直接材料	直接人工	制造费用	成本合计
还原前产成品成本			67 200		11 680	14 880	93 760
本月所产半成品成本				40 000	16 000	4 000	60 000
产成品成本中半成品还原		1.12		44 800	17 920	4 480	67 200
还原后产成品总成本	100			44 800	29 600	19 360	93 760
还原后产成品单位成本				448	296	193.60	937.60

8.计算的结果见附表12-23至附表12-25。

附表12-23　　**第一步骤产品成本计算单**　　金额单位：元

月	日	摘要	产量（件）	直接材料	直接人工	制造费用	成本合计
8	31	在产品成本（定额成本）		40 000	30 000	28 000	98 000
9	30	本月生产费用		160 000	84 000	70 000	314 000
	30	生产费用累计		200 000	114 000	98 000	412 000
	30	半成品成本	400	136 000	70 000	62 000	268 000
	30	半成品单位成本		340	175	155	670
	30	在产品成本（定额成本）		64 000	44 000	36 000	144 000

附表12-24　　**自制半成品明细账**　　金额单位：元

月份	项目	数量（件）	实际成本			
			直接材料	直接人工	制造费用	成本合计
9	月初余额	1 000	330 200	180 600	139 600	650 400
	本月增加	400	136 000	70 000	62 000	268 000
	累计	1 400	466 200	250 600	201 600	918 400
	单位成本		333	179	144	656
	本月减少	800	266 400	143 200	115 200	524 800
	月末余额	600	199 800	107 400	86 400	393 600

附表12-25 **第二步骤产品成本计算单** 金额单位：元

摘要	产量（件）	直接材料	直接人工	制造费用	成本合计
在产品成本（定额成本）		124 000	10 800	6 400	141 200
本月本步骤加工费用		—	19 000	13 600	32 600
本月耗用半成品费用		266 400	143 200	115 200	524 800
生产费用累计		390 400	173 000	135 200	698 600
本月转出产成品成本	640	214 400	121 600	95 200	431 200
产成品单位成本		335	190	148.75	673.75
在产品成本（定额成本）		176 000	51 400	40 000	267 400

9.计算的结果见附表12-26至附表12-28。

附表12-26 **第一步骤产品成本计算单**

单件材料定额费用：200元

单件工时定额：400小时 金额单位：元

摘要	产量（件）	直接材料		定额工时	直接人工	制造费用	实际成本
		定额	实际				
在产品成本		40 000	39 000	100 000	17 000	15 000	71 000
本月生产费用		160 000	157 200	300 000	42 000	36 000	235 200
生产费用累计		200 000	196 200	400 000	59 000	51 000	306 200
费用分配率			0.981		0.1475	0.1275	
产成品成本中本步骤的份额	600	120 000	117 720	240 000	35 400	30 600	183 720
在产品成本		80 000	78 480	16 000	23 600	20 400	122 480

附表12-27 **第二步骤产品成本计算单**

单件工时定额：300小时 金额单位：元

摘要	产量（件）	直接材料		定额工时	直接人工	制造费用	实际成本
		定额	实际				
在产品成本				48 000	12 600	11 000	23 600
本月生产费用				200 000	24 352	28 928	53 280
生产费用累计				248 000	36 952	39 928	76 880
费用分配率					0.149	0.161	
产成品成本中本步骤的份额	600			180 000	26 820	28 980	55 800
在产品成本				68 000	10 132	10 948	21 080

附表12-28 **产品成本汇总计算表** 金额单位：元

生产步骤份额	产量（件）	直接材料	直接人工	制造费用	成本合计
第一步骤份额	600	117 720	35 400	30 600	183 720
第二步骤份额	600	—	26 820	28 980	55 800
合计	600	117 720	62 220	59 580	239 520
产成品单位成本	600	196.20	103.70	99.30	399.20

10.计算的结果见附表12-29至附表12-33。

附表12-29　**第一生产车间产品成本计算单**　金额单位：元

摘要	产量（件）	直接材料	直接人工	制造费用	成本合计
在产品成本（定额成本）		200 000	25 000	23 000	248 000
本月生产费用		500 000	48 000	36 000	584 000
生产费用累计		700 000	73 000	59 000	832 000
半成品成本	800	566 000	55 000	38 000	659 000
半成品单位成本		707.50	68.75	47.50	823.75
在产品成本（定额成本）		134 000	18 000	21 000	173 000

根据“第一生产车间产品成本明细账”入库的半成品资料，应编制如下的会计分录：

借：自制半成品——A种半成品（第一车间）　659 000

贷：生产成本——基本生产成本——第一车间——A种产品　659 000

附表12-30　**第一生产车间自制半成品明细账（A半成品）**　金额单位：元

月初余额		本月增加		累计			本月减少	
数量（件）	实际成本	数量（件）	实际成本	数量（件）	实际成本	单位成本	数量（件）	实际成本
200	164 000	800	659 000	1 000	823 000	823	600	493 800
400	329 200							

从自制半成品库领出半成品成本时，应编制如下的会计分录：

借：生产成本——基本生产成本——第二车间——A种产品

493 800

贷：自制半成品——A种半成品　493 800

附表12-31　　**第二生产车间产品成本计算单**　　金额单位：元

摘要	产量（件）	直接材料	直接人工	制造费用	成本合计
在产品成本（定额成本）		170 000	15 300	12 400	197 700
本月生产费用		493 800	52 000	27 800	573 600
生产费用累计		663 800	67 300	40 200	771 300
半成品成本	500	443 800	49 000	25 700	518 500
半成品单位成本		887.60	98	51.40	1 037
在产品成本（定额成本）		220 000	18 300	14 500	252 800

第二车间完工的半成品入库时，应编制如下的会计分录：

借：自制半成品——A种半成品　　518 500

　贷：生产成本——基本生产成本——第二车间——A种产品　518 500

附表12-32　　**第二生产车间自制半成品明细账（A半成品）**　　金额单位：元

月初余额		本月增加		累计			本月减少	
数量（件）	实际成本	数量（件）	实际成本	数量（件）	实际成本	单位成本	数量（件）	实际成本
100	102 500	500	518 500	600	621 000	1 035	450	465 750
150	155 250							

第三车间领用半成品时，应编制如下的会计分录：

借：生产成本——基本生产成本——第三车间——A种产品

465 750

　贷：自制半成品——A种半成品　　465 750

附表12-33 **第三生产车间产品成本计算单** 金额单位：元

摘要	产量（件）	直接材料	直接人工	制造费用	成本合计
在产品成本（定额成本）		121 000	5 800	2 400	129 200
本月生产费用		465 750	28 000	19 000	512 750
生产费用累计		586 750	33 800	21 400	641 950
产成品成本	400	486 750	29 200	19 500	535 450
半成品单位成本		1 216.88	73	48.75	1 338.63
在产品成本（定额成本）		100 000	4 600	1 900	106 500

第三车间完工的产成品入库时，应编制如下的会计分录：

借：库存商品——A种产成品 535 450

贷：生产成本——基本生产成本——第三车间——A种产品 535 450

第十三章 成本计算的分类法

（一）单项选择题

1.C 2.B 3.A 4.A 5.D 6.C 7.B 8.A 9.D 10.C

（二）多项选择题

1.DE 2.ABCDE 3.ABC 4.AB 5.AB 6.ABCDE 7.ABC 8.CD 9.ABC 10.CDE 11.ABCD 12.ABC

（三）判断题

1.√ 2.× 3.√ 4.× 5.× 6.√ 7.× 8.× 9.√ 10.×

（四）计算题

1.计算结果见附表13-1和附表13-2。

附表13-1 **甲类产品系数计算表**

名称	直接材料		工时	
	单位产品定额（元）	系数	单位产品定额（小时）	系数
X	150	1	12	1
Y	120	0.8	15	1.25
Z	172.5	1.15	11.4	0.95

附表13-2　**甲类产品成本计算单**　金额单位：元

项目	产量（件）	直接材料系数	直接材料总系数	工时系数	工时总系数	直接材料	直接人工	制造费用	成本合计
分配率						160	60	80	
X	200	1	200	1	200	32 000	12 000	16 000	60 000
Y	200	0.8	160	1.25	250	25 600	15 000	20 000	60 600
Z	150	1.15	172.5	0.95	142.5	27 600	8 550	11 400	47 550
合计			532.5		592.5	85 200	35 550	47 400	168 150

2.M系列产品成本计算见附表13-3。

附表13-3　**M系列产品成本明细账**　金额单位：元

项目	直接材料	直接人工	制造费用	合计
月初在产品成本	73 500	20 400	26 200	120 100
本月生产费用	250 750	46 800	23 450	321 000
生产费用合计	324 250	67 200	49 650	441 100
月末在产品成本	61 750	34 200	25 650	121 600
完工产品成本	262 500	33 000	24 000	319 500
类内产品成本分配标准	37 500	6 000	6 000	
类内产品成本分配率	7	5.5	4	
M-10产品总成本	122 500	11 000	8 000	141 500
M-10产品单位成本	245	22	16	283
M-20产品总成本	140 000	22 000	16 000	178 000
M-20产品单位成本	175	27.5	20	222.5

编制会计分录如下：

借：库存商品——M-10　　141 500

借：库存商品——M-20　　　　　　　　178 000

　贷：生产成本——M-10　　　　　　　　　141 500

　　　　　　　——M-20　　　　　　　　　178 000

第十四章　成本计算的定额法

（一）单项选择题

1.D　2.C　3.B　4.B　5.C　6.D　7.D　8.D

（二）多项选择题

1.ACD　2.ACDE　3.ACDE

（三）判断题

1.×　2.√　3.√　4.√　5.×　6.√

（四）计算题

1.产品的实际成本计算结果如下：

月初在产品材料定额成本	300×50=15 000（元）
减：月初在产品材料定额成本降低	（50−48）×300=600（元）
加：本月投产产品材料定额成本	48×600=28 800（元）
定额成本合计	43 200元
加：材料定额超支差异	31 000−28 800=2 200（元）
加：材料定额变动差异	600元
完工产品材料实际成本	46 000元

2.计算结果见附表14-1。

附表14-1　　原材料定额费用及脱离定额差异汇总表

2×25年10月　　　　金额单位：元

原材料类别	材料编号	计划单价	定额费用		计划价格费用		脱离定额差异	
			数量（件）	金额	数量（件）	金额	数量（件）	金额
原料	A6	8	5 860	46 880	5 530	44 240	−330	−2 640
主要材料	A3	5	890	4 450	920	4 600	30	150
辅助材料	B1	2	380	760	350	700	−30	−60
合计				52 090		49 540		−2 550

3.甲产品应分配的原材料成本差异=（890 000+2 000）×2.5%=22 300（元）

4.产品的实际成本计算结果见附表14-2。

附表14-2 **产品成本计算单**

2×25年8月 金额单位：元

成本项目		直接材料
月初在产品成本	定额成本	20 000
	定额差异	−600
月初在产品定额变动	定额变动	1 500
	定额成本调整	−1 500
本月费用	定额成本	50 000
	定额差异	2 497.45
费用合计	定额成本	68 500
	定额差异	1 897.45
	定额变动	1 500
定额差异分配率		1 897.45÷68 500=0.0277
完工产品成本	定额成本	60 000
	定额差异	0.0277×60 000=1 662
	定额变动	1 500
	材料成本差异	（60 000+1 662）×5%=3 083.10
	实际成本	66 245.10
月末在产品成本	定额成本	8 500
	定额差异	0.0277×8 500=235.45

第十五章　标准成本制度

（一）单项选择题

1.C　2.B　3.B　4.A　5.A　6.C　7.B　8.D

（二）多项选择题

1. ABD　2. ACDE　3. CD　4. CDE　5. CDE　6. ABCE　7. BCD　8.ABCDE　9.ABCD　10.ABDE

（三）判断题

1.×　2.×　3.√　4.×　5.×　6.×　7.√　8.×　9.√　10.√

（四）计算题

1. 直接材料成本差异计算分析

分析对象：74 350−900×86=−3 050（元）

实际结构的平均标准单价=$\frac{2900 \times 15 + 1\,800 \times 20 + 150 \times 9}{4\,850}$≈16.6701（元）

标准结构的平均标准单价=86÷7≈12.2857（元）

（1）计算产出差异

（4 850÷7−900）×86≈−17 814（元）

（2）计算组合差异

4 850×（16.6701−12.2857）≈21 264（元）

（3）计算材料价格差异

2 900×（14−15）+1 800×（18−20）=−6 500（元）

直接材料成本差异总额=−17 814+21 264−6 500=−3 050（元）

2. 制造费用标准成本差异分析

（1）计算分析变动制造费用成本差异

变动制造费用预算分配率=25 000÷10 000=2.5（元/千克）

变动制造费用效率差异=（8 800−8 000）×2.5=2 000（元）

变动制造费用耗费差异=24 800−8 800×2.5=2 800（元）

（2）计算分析固定制造费用成本差异

固定制造费用预算分配率=16 000÷10 000=1.6（元/千克）

固定制造费用效率差异=（8 800−8 000）×1.6=1 280（元）

固定制造费用生产能力利用差异=（10 000−8 800）×1.6=1 920（元）

耗费差异=15 700−16 000=−300（元）

3. 有关计算见附表15−1至附表15−6。

附表15-1　　购入材料标准成本和价格差异计算表　　金额单位：元

材料名称	购入数量（千克）	标准		实 际		价格差异
		单价	成本	单价	成本	
A材料	42 000	20	840 000	19	798 000	−42 000
B材料	8 600	10	86 000	12	103 200	17 200
合计	—	—	926 000	—	901 200	−24 800

附表15-2　　直接材料标准成本和数量差异计算表　　金额单位：元

材料名称	标准单价	标准			实际		数量差异
		单位用量（千克）	总耗用量（千克）	总成本	总耗用量（千克）	总成本	
A材料	20	200	40 000	800 000	42 000	840 000	40 000
B材料	10	40	8 000	80 000	8 600	86 000	6 000
合计	—	—	—	880 000	—	926 000	46 000

附表15-3　　直接人工标准成本和差异计算表　　金额单位：元

标准				实际			差异	
单位工时	总工时（小时）	小时工资率	总成本	总工时（小时）	小时工资率	总成本	效率差异	工资率差异
80	16 000	10	160 000	18 000	9.5	171 000	20 000	−9 000

附表15-4　　变动制造费用标准成本和差异计算表　　金额单位：元

预算分配率	标准		实际		差异	
	总工时（小时）	总成本	总工时（小时）	总成本	效率差异	耗费差异
4	16 000	64 000	18 000	66 000	8 000	−6 000

附表15-5　　固定制造费用标准成本和差异计算表　　金额单位：元

预算			标准		实际		差异		
总工时（小时）	分配率	总成本	总工时（小时）	总成本	总工时（小时）	总成本	效率差异	生产能力利用差异	耗费差异
20 000	12	240 000	16 000	192 000	18 000	250 000	24 000	24 000	10 000

附表15-6　　产品入库和销售标准成本计算表　　金额单位：元

完工产品标准成本	单位产品标准成本	完工产品标准成本		销售产品标准成本	
		入库数量（件）	总成本	销售数量（件）	总成本
甲产品	6 480	200	1 296 000	160	1 036 800

根据上述计算结果，编制有关会计分录如下：

（1）购入材料的会计分录

借：原材料　　926 000

　贷：材料价格差异　　24 800

　　银行存款　　901 200

（2）领用材料的会计分录

借：生产成本　　880 000

　材料数量差异　　46 000

　贷：原材料　　926 000

（3）计算工资差异的会计分录

借：生产成本　　160 000

　工资效率差异　　20 000

　贷：应付职工薪酬　　171 000

　　工资分配率差异　　9 000

（4）实际发生制造费用的会计分录

借：固定制造费用　　250 000

　变动制造费用　　66 000

贷：银行存款　　316 000

（5）分配变动制造费用的会计分录

借：生产成本　　64 000

　贷：已分配变动制造费用　　64 000

（6）分配固定制造费用的会计分录

借：生产成本　　192 000

　贷：已分配固定制造费用　　192 000

（7）结清已分配和实际变动制造费用科目并记录其差异的会计分录

借：已分配变动制造费用　　64 000

　　变动制造费用效率差异　　8 000

　贷：变动制造费用耗费差异　　6 000

　　　变动制造费用　　66 000

（8）结清已分配和实际固定制造费用科目并记录其差异的会计分录

借：已分配固定制造费用　　192 000

　　固定制造费用效率差异　　24 000

　　固定制造费用生产能力利用差异　　24 000

　　固定制造费用耗费差异　　10 000

　贷：固定制造费用　　250 000

（9）结转完工产品成本的会计分录

借：库存商品　　1 296 000

　贷：生产成本　　1 296 000

（10）销售产品的会计分录

借：应收账款　　1 280 000

　贷：主营业务收入　　1 280 000

同时，结转已销产品成本：

借：主营业务成本　　1 036 800

　贷：库存商品　　1 036 800

（11）结转各种成本差异的会计分录

借：主营业务成本　　92 200

　　材料价格差异　　24 800

　　直接人工工资率差异　　9 000

借：变动制造费用耗费差异　6 000
　贷：材料数量差异　46 000
　　直接人工效率差异　20 000
　　变动制造费用效率差异　8 000
　　固定制造费用生产能力利用差异　24 000
　　固定制造费用效率差异　24 000
　　固定制造费用耗费差异　10 000

第十六章　作业成本法

（一）单项选择题

1.B　2.D　3.D　4.D　5.A　6.C　7.C　8.D　9.A　10.D　11.B　12.A　13.B

（二）多项选择题

1.ABCD　2.ABCD　3.ACD　4.AB　5.AC　6.ABCD　7.ACDE　8.AB　9.AD　10.BC　11.AC　12.ABCE

（三）判断题

1.×　2.×　3.√　4.√　5.√　6.×　7.√　8.√　9.×　10.√　11.√

（四）计算分析题

1.（1）质量检验作业成本分配率=6 000÷（5+15）=300（元/次）

订单处理作业成本分配率=24 000÷（10+30）=600（元/份）

机器运行作业成本分配率=40 000÷（200+800）=40（元/小时）

设备调整作业成本分配率=10 000÷（6+4）=1 000（元/次）

（2）甲设备分配的本月发生作业成本：

300×5+600×30+40×200+1 000×6=33 500（元）

乙设备分配的本月发生作业成本：

300×15+600×10+40×800+1 000×4=46 500（元）

或　=80 000−33 500=46 500（元）

2.A作业分配率=20 000÷（5+20+15）=500（元/次）

B作业分配率=25 000÷（2+10+8）=1 250（元/次）

检修甲设备总共发生的成本=5×500+2×1 250=5 000（元）

3.作业A调整率=［86 490−（55 000+38 000）］÷（55 000+38 000）×100%

=−7%

甲产品实际应承担的作业A的成本=55 000−55 000×7%=51 150（元）

4.（1）直接人工小时合计=25 000+75 000=100 000（小时）

间接成本分配率=20 000 000÷100 000=200（元/小时）

分配给豪华型产品的间接成本=200×25 000=5 000 000（元）

单位豪华型产品的间接成本=5 000 000÷5 000=1 000（元/台）

分配给普通型产品的间接成本=200×75 000=15 000 000（元）

单位普通型产品的间接成本=15 000 000÷15 000 =1 000（元/台）

豪华型产品单位成本=2 000+1 000=3 000（元/台）

普通型产品单位成本=800+1 000=1 800（元/台）

（2）作业成本法计算过程见附表16−1、附表16−2和附表16−3。

附表16−1 **每一作业成本的动因分配率**

作业动因	间接成本（元）	作业消耗	作业分配率
调整次数	3 000 000	300次	10 000元/次
机器小时	16 250 000	162 500小时	100元/小时
包装单数量	750 000	15 000个	50元/个

附表16−2 **豪华型产品（5 000台）应分配的间接成本**

作业动因	作业率	作业量	间接成本合计（元）	单位间接成本（元）
调整次数	10 000元/次	200次	2 000 000	400
机器小时	100元/小时	55 000小时	5 500 000	1 100
包装单数量	50元/个	5 000个	250 000	50
合计				1 550

附表16-3　　**普通型产品（15 000台）应分配的间接成本**

作业动因	作业率	作业量	间接成本合计（元）	单位间接成本（元）
调整次数	10 000元/次	100次	1 000 000	66.67
机器小时	100元/小时	107 500小时	10 750 000	716.67
包装单数量	50元/个	10 000个	500 000	33.33
合计				816.67

两种产品的单位成本：

豪华型产品单位成本=2 000+1 550=3 550（元/台）

普通型产品单位成本=800+816.67=1 616.67（元/台）

第十七章　期间费用的核算

（一）单项选择题

1.A　2.D　3.B　4.B　5.C

（二）多项选择题

1.ACE　2.ABCD　3.ABCD　4.BCD　5.ABE

（三）判断题

1.√　2.√　3.×　4.√　5.×　6.×　7.×　8.×

（四）业务题

编制有关的会计分录如下：

（1）借：销售费用　　125 000
　　贷：银行存款　　125 000

（2）借：销售费用　　3 300
　　贷：银行存款　　3 300

（3）借：销售费用　　6 000
　　贷：银行存款　　6 000

（4）借：管理费用　　4 000
　　贷：累计摊销　　4 000

（5）借：管理费用　　1 400
　　贷：银行存款　　1 400

（6）借：管理费用　　900
　　贷：银行存款　　900

（7）借：管理费用　　11 500
　　　　销售费用　　3 000
　　贷：累计折旧　　14 500

（8）借：财务费用　　1 200
　　　　应付利息　　1 800
　　贷：银行存款　　3 000

（9）借：管理费用　　3 500
　　贷：低值易耗品（或周转材料）　　3 500

（10）借：管理费用　　5 500
　　贷：银行存款　　5 500

（11）借：管理费用　　250 000
　　贷：应付职工薪酬　　250 000

（12）借：本年利润　　415 300
　　贷：销售费用　　137 300
　　　　管理费用　　276 800
　　　　财务费用　　1 200

第十八章　成本报表

（一）单项选择题

1.B　2.C　3.A　4.A

（二）多项选择题

1.ABCD　2.ABC　3.ABD

（三）判断题

1.×　2.√　3.×　4.×　5.×

（四）计算题

计算结果见附表18-1。

附表18-1

商品产品成本表

编制单位：　　　　2×25年3月　　　　金额单位：元

产品名称	计量单位	实际产量		单位成本				本月总成本			本年累计总成本		
		本月	本年累计	上年实际平均	本年计划	本月实际	本年累计实际平均	按上年实际平均单位成本计算	按本年计划单位成本计算	本月实际	按上年实际平均单位成本计算	按本年计划单位成本计算	本年实际
		1	2	3	4	5	6	7	8	9	10	11	12
可比产品合计	件	—	—					43 100	43 200	43 300	507 600	508 950	509 625
甲	件	100	1 100	163	162	161	161.50	16 300	16 200	16 100	179 300	178 200	177 650
乙	件	200	2 450	134	135	136	135.50	26 800	27 000	27 200	328 300	330 750	331 975
不可比产品合计	件	300	3 500		108	106	107		32 400	31 800		378 000	374 500
丙	件	300	3 500		108	106	107		32 400	31 800		378 000	374 500
全部商品产品成本合计									75 600	75 100		886 950	884 125

补充资料：

① 可比产品成本降低额为-2 025元。

② 可比产品成本降低率为-0.4%（本年计划降低率为-0.266%）。

第十九章　成本分析

（一）单项选择题

1.B　2.A　3.B　4.D　5.A　6.D　7.D　8.B　9.C　10.B　11.C　12.B　13.B　14.B　15.A　16.D　17.A　18.C　19.C　20.D

（二）多项选择题

1.ABCD　2.ABC　3.ABC　4.ACD　5.CDE　6.ACE　7.AD　8.BCDE　9.ABE　10.BCDE　11.BC　12.ABC　13.ABCD　14.ABC　15.BCD　16.ABD　17.BC　18.CD　19.ABCDE　20.BCD

（三）判断题

1.√　2.×　3.×　4.×　5.√　6.√　7.√　8.×　9.×　10.×　11.×　12.√　13.×　14.×　15.√　16.×　17.×　18.×　19.×　20.×　21.√　22.√　23.√　24.×　25.√　26.√

（四）计算题

1.运用连环替代法计算各因素影响如下：

材料计划成本=200×300×15=900 000（元）

材料实际成本=190×320×20=1 216 000（元）

分析对象：1 216 000-900 000=316 000（元）

计划指标：200×300×15=900 000（元）

第一次替代：190×300×15=855 000（元）

第二次替代：190×320×15=912 000（元）

第三次替代：190×320×20=1 216 000（元）

由于产量减少，使材料成本下降了45 000元；由于单耗上升，使材料成本上升了57 000元；由于材料单价上升，使材料成本上升了304 000元。以上三个因素共同影响，使材料总成本上升了316 000元（-45 000+57 000+304 000）。

2.运用差额计算法计算如下：

（1）由于产量减少，对材料成本的影响：

（190-200）×300×15=-45 000（元）

（2）由于单耗上升，对材料成本的影响：

（320−300）×190×15=57 000（元）

（3）由于单价上升，对材料成本的影响：

（20−15）×190×320=304 000（元）

以上三个因素共同影响，使材料总成本上升了316 000元（−45 000+57 000+304 000）。

3.（1）分析全部商品产品成本计划完成情况（见附表19−1）。

附表19−1　　**商品产品成本分析表（按产品别）**　　金额单位：元

商品产品	实际产量		差异	
	计划总成本	实际总成本	金额	百分比（%）
可比产品				
甲	135 900	123 300	−12 600	−9.27
乙	120 000	116 000	−4 000	−3.33
合计	255 900	239 300	−16 600	−6.49
不可比产品				
丙	100 000	102 000	2 000	2.00
全部商品产品	355 900	341 300	−14 600	−4.10

（2）确定可比产品成本降低任务和实际完成情况

①计划降低额：（160−151）×800+（62−60）×2 000=7 200+4 000=11 200（元）

计划降低率：11 200÷252 000×100%=4.44%

②实际降低额：（160−137）×900+（62−58）×2 000=20 700+8 000=28 700（元）

实际降低率：28 700÷268 000×100%=10.71%

③实际超计划降低额：28 700−11 200=17 500（元）

实际超计划降低率：10.71%−4.44%=6.27%

（3）用余额推算法分析可比产品成本降低任务完成情况

①产品单位成本变动的影响

超降额：900×（151−137）+2 000×（60−58）=16 600（元）

超降率：16 600÷268 000×100%=6.19%

②产品品种构成变动的影响

超降率：6.27%−6.19%=0.08%

超降额：268 000×0.08%=214.4（元）

③产品产量变动的影响

超降额：17 500−16 600−214.4=685.6（元）

各因素变动对降低额的影响合计：685.6+214.4+16 600=17 500（元）

各因素变动对降低率的影响合计：0.08%+6.19%=6.27%

4.MK公司可比产品成本降低任务完成情况分析

（1）分析对象

降低额：33−26=7（万元）

降低率：16.5%−14.44%=2.06%

（2）连环替代法

①计划成本降低额：180−154=26（万元）

计划成本降低率：26÷180×100%=14.44%

②按实际产量、计划品种构成、计划单位成本计算：

降低额：14.44%×200=28.88（万元）

降低率：14.44%

③按实际产量、实际品种构成、计划单位成本计算：

降低额：200−168=32（万元）

降低率：32÷200×100%=16%

④实际成本降低额：200−167=33（万元）

实际成本降低率：33÷200×100%=16.5%

上述分析结果列示见附表19−2。

附表19−2　　**各因素影响结果表**　　金额单位：万元

项目	降低额	降低率
产量影响②−①	28.88−26=2.88	0
品种构成影响③−②	32−28.88=3.12	16%−14.44%=1.56%
单位成本影响④−③	33−32=1	16.5%−16%=0.5%
合计	7	2.06%

（3）余额推算法（计算结果见附表19-3）

附表19-3　**各因素影响结果表**　金额单位：万元

<table>
<tr><td>分析对象1：
成本降低额7万元</td><td>产量影响：
7-（3.12+1）=2.88</td><td>分析对象2：
成本降低率2.06%</td><td>品种构成影响：
2.06%-0.5%=1.56%</td></tr>
<tr><td rowspan="2"></td><td>品种构成影响：
1.56%×200=3.12</td><td rowspan="2"></td><td rowspan="2">单位成本影响：
1÷200×100%=0.5%</td></tr>
<tr><td>单位成本影响：
168-167=1</td></tr>
</table>

5.RT公司可比产品成本降低任务完成情况分析

（1）实际降低额=10 000-8 600=1 400（千元）

实际降低率=1 400÷10 000×100%=14%

（2）分析对象

降低额=1 400-1 200=200（千元）

降低率=14%-12.5%=1.5%

（3）因素分析（见附表19-4）

附表19-4　**各因素影响计算表**　金额单位：千元

步骤	影响因素			降低额	降低率
	产量	品种构成	单位成本		
①	计划	计划	计划	1 200	12.5%
②	实际	计划	计划	12.5%×1 000=1 250	12.5%
③	实际	实际	计划	10 000-8 700=1 300	1 300÷10 000×100%=13%
④	实际	实际	实际	1 400	14%
②-①：产量影响				1 250-1 200=+50	0
③-②：品种构成影响				1 300-1 250=+50	13%-12.5%=+0.5%
④-③：单位成本影响				1 400-1 300=+100	14%-13%=+1%
合计				+200	+1.5%

6.RT公司W产品成本分析

（1）确定单耗和单价变动对直接材料项目的影响

分析对象：560-700=-140（元）

进行因素分析：

① 单耗变动影响（A材料）：−5×10=−50（元）

② 单价变动影响（A材料）：−2×45=−90（元）

（2）确定效率和工资分配率变动对直接人工项目的影响

分析对象：40−60=−20（元）

进行因素分析：

计算小时工资率：

计划数=60÷100=0.6（元/小时）

实际数=40÷80=0.5（元/小时）

① 效率因素影响：（80−100）×0.6=−12（元）

② 小时工资率因素影响：80×（0.5−0.6）=−8（元）

（3）确定效率和费用分配率变动对制造费用项目的影响

分析对象：200−200=0

进行因素分析：

计算小时费用率：

计划数=200÷100=2（元/小时）

实际数=200÷80=2.5（元/小时）

① 效率因素影响：（80−100）×2=−40（元）

② 费用分配率因素影响：80×（2.5−2）=+40（元）

7.RT公司A产品材料成本分析

（1）分析对象：527.4−585=−57.6（元）

（2）补充资料计算：

①计划配比的平均计划单价=585÷20=29.25（元）

②实际配比的平均计划单价=（5.4×20+3.6×40+2.7×25+6.3×30）÷18

=508.5÷18

=28.25（元）

③实际配比的平均实际单价=527.4÷18=29.3（元）

（3）进行因素分析：

①材料耗用总量差异的影响

（18−20）×29.25=−58.5（元）

②材料配比差异的影响

18×（28.25−29.25）=−18（元）

③材料价格差异的影响

甲材料：5.4×（18−20）=−10.8（元）

乙材料：3.6×（36−40）=−14.4（元）

丙材料：2.7×（32−25）=+18.9（元）

丁材料：6.3×（34−30）=+25.2（元）

小计：　　　　　　+18.9元

或者：18×（29.3−28.25）=18.9（元）

上述各因素影响结果合计：−58.5−18+18.9=−57.6（元）

第二十章　特殊行业成本核算

（一）单项选择题

1.C　2.B　3.D　4.C　5.A　6.C　7.C　8.C　9.B　10.D

（二）多项选择题

1.ABCDE　2.BCDE　3.ABCDE　4.ABD　5.ABCDE　6.ABE　7.ABCD　8.BDE　9.BCDE　10.ABCDE

（三）判断题

1.√　2.×　3.√　4.√　5.√　6.√　7.×　8.×　9.×　10.√　11.√　12.√　13.×　14.×　15.×

（四）业务题

1.（1）借：应收账款　　17 400 000

　　贷：工程结算　　17 400 000

（2）履约进度=1 540÷5 500×100%=28%

确认合同收入=6 000×28%=1 680（万元）

确认合同费用=5 500×28%=1 540（万元）

借：工程施工——合同毛利　　1 400 000

　　主营业务成本　　15 400 000

　贷：主营业务收入　　16 800 000

（3）履约进度=4 800÷6 400×100%=75%

确认合同收入=6 000×75%−1 680=2 820（万元）

确认合同费用=6 400×75%−1 540=3 260（万元）

借：主营业务成本　　　　　　　　　　　　32 600 000
　贷：主营业务收入　　　　　　　　　　　　　　　28 200 000
　　合同履约成本——工程施工　　　　　　　　　　　4 400 000
借：资产减值损失　　　　　　　　　　　　　1 000 000
　贷：存货跌价准备　　　　　　　　　　　　　　　1 000 000
（4）借：合同履约成本——工程施工　　　　　5 500 000
　　　主营业务成本　　　　　　　　　　　11 500 000
　　贷：主营业务收入　　　　　　　　　　　　　　17 000 000
（5）借：存货跌价准备　　　　　　　　　　　1 000 000
　　贷：主营业务成本　　　　　　　　　　　　　　1 000 000
借：工程结算　　　　　　　　　　　　　　62 000 000
　贷：合同履约成本——工程施工　　　　　　　　　62 000 000
2.（1）借：开发成本——房屋开发——写字楼（土地征用与拆迁补偿费）　4 200 000
　　　——住宅楼（土地征用与拆迁补偿费）　8 400 000
　　　——配套设施开发——社区中心（土地征用与拆迁补偿费）　1 400 000
　　贷：银行存款　　　　　　　　　　　　　　　　14 000 000
（2）借：开发成本——房屋开发——写字楼（前期工程费）　600 000
　　　——住宅楼（前期工程费）　1 200 000
　　　——配套设施开发——社区中心（前期工程费）　200 000
　　贷：银行存款　　　　　　　　　　　　　　　　2 000 000
（3）借：开发成本——房屋开发——写字楼（基础设施费）　1 200 000
　　　——住宅楼（基础设施费）　1 500 000
　　　——配套设施开发——社区中心（基础设施费）　300 000
　　贷：银行存款　　　　　　　　　　　　　　　　3 000 000

（4）借：开发成本——房屋开发——写字楼（建筑安装工程费）

3 600 000

——住宅楼（建筑安装工程费）7 200 000

贷：库存设备——电梯 10 800 000

（5）借：开发成本——房屋开发——写字楼（建筑安装工程费）

12 000 000

——住宅楼（建筑安装工程费）18 000 000

——配套设施开发——社区中心（建筑安装工程费）

1 700 000

贷：预付账款 10 000 000

银行存款 21 700 000

（6）公共配套设施费=140+20+30+170=360（万元）

分配率=360÷（2 000+2 500）=0.08

借：开发成本——房屋开发——写字楼（公共配套设施费）

1 600 000

——住宅楼（公共配套设施费） 2 000 000

贷：开发成本——配套设施开发——社区中心 3 600 000

（7）写字楼开发直接费用=420+60+120+360+1 200+160=2 320（万元）

住宅楼开发直接费用=840+120+150+720+1 800+200=3 830（万元）

分配率=123÷（2 320+3 830）=0.02

借：开发成本——房屋开发——写字楼（开发间接费用）

464 000

——住宅楼（开发间接费用） 766 000

贷：开发成本——开发间接费用 1 230 000

（8）借：开发产品——房屋——写字楼 23 664 000

——住宅楼 39 066 000

贷：开发成本——房屋开发——写字楼 23 664 000

——住宅楼 39 066 000

3.（1）借：生产性生物资产——未成熟生物资产 430 000

贷：生产性生物资产——种苗 180 000

原材料——肥料 90 000

贷：原材料——农药 10 000

应付职工薪酬 80 000

累计折旧 20 000

银行存款 50 000

（2）借：生产性生物资产——未成熟生物资产 270 000

贷：原材料——肥料 140 000

——农药 20 000

应付职工薪酬 70 000

银行存款 40 000

（3）借：生产性生物资产——未成熟生物资产 140 000

贷：原材料——肥料 58 000

——农药 25 000

应付职工薪酬 42 000

银行存款 15 000

借：生产性生物资产——成熟生物资产 840 000

贷：生产性生物资产——未成熟生物资产 840 000

借：农业生产成本 32 000

管理费用 32 000

贷：原材料——农药 6 000

应付职工薪酬 12 000

银行存款 4 000

生产性生物资产累计折旧 42 000

（4）借：农业生产成本 24 000

贷：银行存款等 24 000

借：农产品 56 000

贷：农业生产成本 56 000

2×24 年所产出的农产品的生产成本=32 000+24 000=56 000（元）